평범한 아이들은 어떻게 최상위권이 되었을까

평범한 아이들은 어떻게 최상위권이 되었을까

이창준 지음

스틸당.

● 무작정 문제집만 푼다고 아이의 성적이 오를까요? 이 책은 대기업 엔지니어 출신인 서울대 공대 아빠인 저자가 현장에서 아이들을 직접 지도하며 깨달은 '일상과 공부의 연결'이라는 공부법의 본질적 해답을 제시합니다. 타고난 지능이나 아이의 성향을 탓하기보다, 인지심리학에 기반한 9가지 공부 습관을 통해 평범한 아이도 최상위권으로 도약할 수 있는 구체적인 전략을 명쾌하게 풀어냅니다. 초등학생 시기, 우리 아이에게 흔들리지 않는 탄탄한 '공부 체력'을 길러주고 싶은 모든 학부모님께 이 책을 추천합니다.

_ **신종호**(tvN <유퀴즈> 서울대 공부법 주인공, 서울대 교육학과 교수)

● 프롬프트만 치면 거의 모든 정보를 얻을 수 있는 AI 시대, 더 이상 '무엇'을 말했느냐는 중요하지 않습니다. '누가' 말했느냐가 중요해졌습니다. 전문가 인터뷰 현장에서도 이런 점이 그대로 드러납니다. 같은 내용인데도 누가 말했느냐에 따라 울림이 다르고 생명력이 달라집니다. 이런 맥락에서 이창준 작가님의 글은 더욱 특별합니다.

'배우는 것'의 의미를 누구보다 깊이 고민하신 흔적이 문장 하나하나, 단어 하나하나에서 느껴집니다. 우리 아이에게 '배움'이란 무엇인지 알려주고 싶은 부모님들께 꼭 추천드립니다.

_ **브루스 PD** (구독자 28만 유튜브 가든패밀리)

● 아이 스스로 공부의 이유와 목표를 어떻게 설정하게 할 것인가는 우리 부부의 최대 과제였다. 특히 학습과 선행 과제로 이어지는 굴레 속에 스스로 생각하는 탐구 의식을 자리 잡게 하기란 여간 어려운 것이 아니었다. 그런 가운데 이창준 선생님을 만나게 되었다. 함께 방송하며 선생님의 교육관에 감명을 받았고 이 책을 만났다.

『평범한 아이들은 어떻게 최상위권이 되었을까』는 아이 교육에 대해 고민하는 우리 부부에게 큰 울림을 주었다. 많은 부모님이 이 책을 통해 우리 아이 공부법에 대한 혜안을 얻길 바란다.

_ **정미녀** (구독자 8.9만 유튜브 정전부부: '난장판육아')

분명 최상위권이 되는
효율적인 공부 방법은 있습니다!

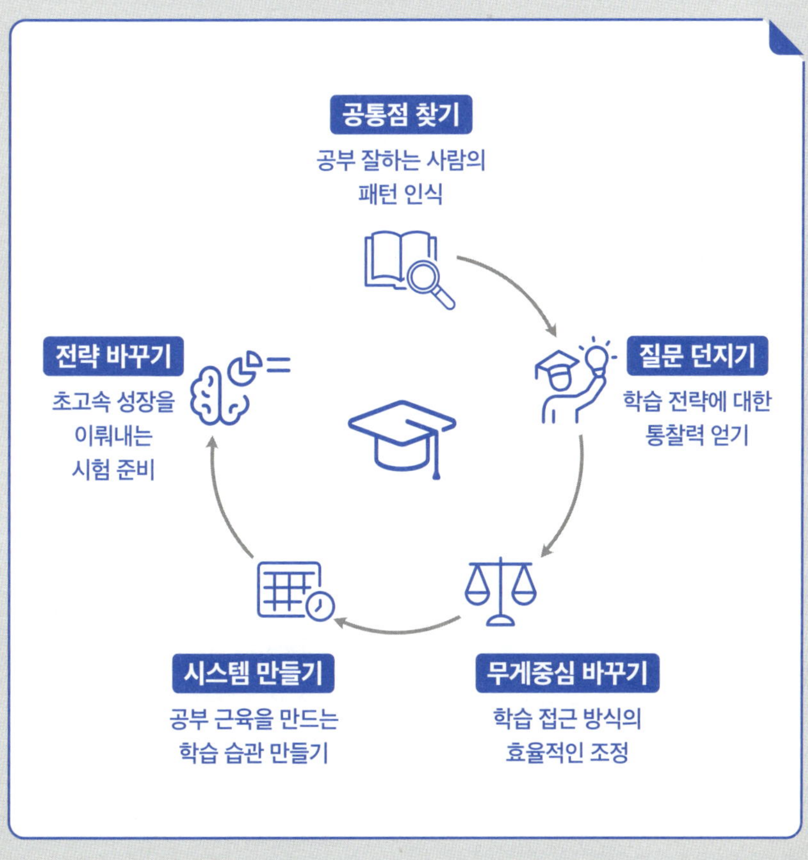

평범한 아이도
최상위권이 될 수 있습니다

생각루트 수학아카데미를 운영하고 있는 이창준입니다. 저는 서울대를 졸업하고 도쿄대에서 공학 박사 학위를 받은 후 삼성전자에 입사해서 11년이란 시간을 보냈습니다. 그런 제가 처음 학원을 차린다고 했을 때 사람들은 "왜 좋은 직업을 내버려두고?"라는 말을 꺼냈습니다. 답은 간단합니다. 저는 아이들을 가르치는 일을 참 좋아합니다.

과외, 강의, 강연, 컨설팅을 통해 오랜 시간 아이들을 가르쳐오고 유튜브 '생각루트'를 운영하면서 저를 찾아온 부모님과 아이들을 멘토링해왔습니다. 눈물을 글썽이며 감사하다는 인사를 전해오는 사람들을 보면서, 그리고 아이들의 성적이 놀랍게 향상되는 것을 보면서 이 일을 업으로 삼겠다고 결심할 수 있었습니다.

두 아들의 아빠이기도 한 저는 멘토링을 받으러 오신 분들이 이토록 감동받고 공감하는 본질적인 이유를 알고 있습니다. 문제 풀이 위주의 무리한 선행학습, 반복학습은 시험 점수로 모든 게 정해지는 한국 같은 나라에서는 결코 뿌리칠 수 없는 공부 방법입니다. 하지만 일부 학생에게만 효과가 있습니다. 또 이런 공부 방법은 생존자 편향에 의해 형성된, 리스크가 큰 방식입니다. 90%의 아이들은 이 과정을 따라가지 못하고, 스스로를 학원에 다녀봐야 공부를 잘할 수 없는 사람인 것처럼 여기기도 합니다. 그 결과 상위권 아이들은 점점 더 공부를 잘하게 되고, 중위권 아이들은 상위권에서 점점 더 멀어지는 상태로 가고 있습니다.

대학에 들어가는 방법은 계속 변화하고 있고 그에 따라 부모님들의 불안감은 가속화되고 있습니다. 그래서 저는 "한국 교육을 1%만 바꿔보자!"라는 모토로 2025년 생각루트 수학아카데미를 열게 되었습니다. 평범한 아이들도 공부를 잘하는 방법이 분명히 있다는 것을 알려주고 싶었습니다.

공부 근육이 생겼을 때
일어나는 놀라운 변화

이 책은 2025년에 중학생들을 대상으로 운영한 생각루트 수학아카데미의 시험 대비반 프로젝트에서 시작됐습니다. 시험 대비반은 성적이 오르지 않으면 전액 환불하겠다는 공언을 걸고 진행됐습니다. 물론 지금까지 환불을 요청받은 적은 없습니다. 2025년 4번에 걸쳐 진행한 시험 대비반 약 40명의 학생들은 평균 점수 8.3점, 수학 점수 평균 19점이 오르는 성장을 보였습니다. 평균 70점대 후반이다가 평균 97.5점을 받아서 반에서 1등이 된 아이부터, 수학 과목에서 26점을 받았다가 90점에 가까운 점수를 받은 아이까지, 부모님들이 '기적'이라는 단어를 쓸 정도로 다양한 점수대의 학생들이 좋은 결과를 냈습니다.

부모님들이 가장 신기하게 생각하는 부분은 수학을 가르치는 제가 전 과목의 성적을 올리도록 지도했다는 점이었습니다. 이것은 과목별 공부법보다 공부 그 자체를 잘하기 위한 공부 근육이 얼마나 중요한지, 공부 근육이 생겼을 때 얼마나 극적인 변화가 생길 수 있는지를 잘 보여주는 방증입니다.

전 과목 성적 향상!
시험공부 대비반의 모든 노하우

시험 대비반을 운영하기 전, 제가 운영하는 유튜브 채널과 SNS를 통해 6개월 동안 성적 올리기 프로젝트를 진행한 두 아이의 사례를 처음부터 끝까지 실시간으로 공유한 적이 있었습니다. 어머니가 평범한 아이라고 거듭 강조했던 중1 아이는 첫 시험에서 전교 1등으로 데뷔했습니다. 소위 "갓반고"라 불리는 수학 잘하는 학교에서 내신 6등급을 받았던 고1 아이는 이제 내신 1등급은 물론이고, 모의고사 전 과목에서 전국 4% 이내에 들어 1등급을 기록하고 있습니다.

이를 지켜본 많은 사람들이 어떻게 이런 일이 가능했는지, 성적을 올리는 노하우는 무엇인지 물었습니다. 공부를 이렇게 하면 된다는 저만의 노하우는 분명 있었지만 이야기를 정리해서 책으로 내는 것은 조심스러웠습니다. 저와 학생이, 그리고 부모님이 기대한 만큼 성적이 오르지 않았을 때 미안함을 느끼지 않을 자신이 없었기 때문입니다.

그럼에도 고민 끝에 이 책을 써보기로 결심한 이유는 '공부를 잘할 수 있는 확실한 방법'은 분명히 존재하고, 이 방법을 부모님들과 아이들에게 자세히 알려줄 수 있다면 아이들에게 느끼는 미안함을 조금은 덜 수 있지 않을까 하는 생각이 들었기 때문입니다.

아이들은 누구나 공부를 잘하고 싶어 하고, 나름대로 애쓰고 있다고 믿어 의심치 않습니다. '공부를 못 하는 상태'에 있는 아이들도 마찬가지입니다. 그 마음을 다루는 것은 생각보다 쉽지 않습니다. 그런데 어떻게 시작해야 하는지, 공부를 잘하려면 무엇을 어떻게 해야 하는지조차 알지 못하는 아이들에게 우리는 너무 쉽게 '불성실'이라는 딱지를 붙이고 있습니다. 우리나라 교육에서 가장 안타까운 부분은 평가와 등급 나누기에 너무 많은 에너지를 쏟는 나머지 정작 아이들이 어떻게 하면 공부를 잘할 수 있는지 잘 알려주지 않는다는 점입니다.

선행과 반복학습, 무조건적인 노력이 답일까요? 그렇지 않습니다. 이런 방법은 제대로 공부하는 방법을 모른 채 계속 같은 자리에서 맴도는 것과 마찬가지입니다. 살아오면서 방법을 잘 모르는데 무작정 열심히 하는 것은 너무 어렵고 막막하게 느껴지는 일입니다.

우리 어른들은 살아오면서 이런 사실을 이미 배워서 알고 있으면서도 유독 공부에 있어서만큼은 잘하지 못하는 아이들, 잠재력을 다 발휘하지 못하는 친구들에게 공감 능력을 발휘하지 않습니다. 그렇기에 기성세대의 한 사람으로서 저는 '나름대로 애쓰고 있지만 칭찬받지 못하고, 성실함이 부족한 것으로 낙인찍힌 많은 아이들'에게 어른으로서 미안함을 잊지 않으려고 노력하고 있습니다.

이런 미안한 마음을 담아 저만의 공부 방법을 이 책에 모두 풀어놓았습니다. 학생 때부터 공부하면서 정리해온 공부 방법, 공부 잘하는 사람들이 늘 쓰는 방법, 시험 성적을 내는 방법까지 모두 체계화시켰습니다. 또 이 방법을 아이들에게 적용해보고 효과가 좋았던 것들도 정리했습니다. "이렇게까지 모든 노하우를 가르쳐줘도 학원에는 지장이 없나요?"라는 이야기를 들을 만큼 아낌없이 담았습니다.

타고나지 않아도
누구나 공부를 잘할 수 있습니다

미리 말씀을 드리건대, 공부는 누구나 잘할 수 있습니다. 저는 이 사실을 의심해본 적이 없습니다. 난독증이 있어 40살 이후에 한글을 깨우친 '자칭 막노동꾼' 노태권 씨가 스스로 공부해 수능 모의고사에서 전 과목 만점을 받고 중학교를 중퇴한 두 아들을 직접 가르쳐 서울대에 보낸 사연이 세상에 알려진 것이 불과 몇 년 전입니다. 이런 이야기들 앞에서 '공부는 타고난 아이들이 결국 잘한다'라고 단정 짓는 것은 너무 터무니없는 결론입니다.

물론 누구나 공부를 '손쉽게' 잘할 수 있는 방법이 있다고 말씀드리는 것은 아닙니다. 아이들마다 몸에 밴 습관이 다르고, 주어진 환경, 타고난 재능이 다르기 때문에 필요한 노력의 양과 시간은 다를 수 있습니다. 그러나 불행인지 다행인지, 많은 아이들이 옳은 방법으로 공부하고 있지 않은 까닭에 옳은 방법으로 꾸준히 공부하고 노력한다면 흔히 말하는 '공부 좀 하는 아이'로 불리는 게 충분히 가능하다는 것을 저는 아이들을 가르치며 수많은 사례로 증명해왔습니다.

2026학년도 수능 시험 만점자 최장우 학생의 인터뷰에서도 이런 힌트를 분명히 찾아볼 수 있습니다. 어떻게 공부했는지 궁금해하는 기자의 질문에 최장우 학생은 이렇게 답했습니다.

"대학수학능력시험의 본질적인 목적에 집중했습니다. 수능은 학생이 대학에서 수업을 들을 역량을 얼마나 갖추고 있는지 판단하는 척도입니다. 단순히 수능 문제를 푸는 스킬을 키우기보다는 수능에서 요구하는 사고 영역, 문제를 보고 이해하고 글을 읽고 상상하고, 이런 모습을 키우려고 노력했습니다.”

어디서 많이 들어본 말 아닌가요? 최장우 학생의 인터뷰는 거의 매년 수능 만점자들이 하는 이야기와 비슷합니다. ‘너무 이상적이다’라고 생각할 수도 있지만 이것은 사실입니다.

우리에게 참 다행인 점은 수능이나 고등학교 내신 시험은 유명 학원가나 대형 프랜차이즈 학원의 도움이 있어야만 성공할 수 있는 시험이 아니라는 것입니다. 학생의 성장 과정과 진로 탐색 과정, 학습에 임하는 태도를 중요한 판단 근거로 삼겠다는 고교학점제하에서는 더욱 그렇습니다.

본격적인 이야기를 시작하기 전에, 이 책에서 말하는 ‘공부를 잘한다는 것’은 ‘입시에서 좋은 성과를 내는 것’, ‘시험을 잘 보는 사람이 되는 것’을 의미한다고 분명히 밝혀두고 싶습니다. 위에서 이야기한 사례들도 결국은 좋은 성적, 좋은 결과를 냈기에 소개할 수 있었습니다. 공부의 목적이 시험을 잘 보는 것에 국한되지 않는 것은 자명하지만, 이 책에서 ‘공부를 잘한다’라는 말이 시험을 잘 보는 사람이 되는 것으로 좁게 해석해주셨으면 합니다.

그러나 역설적으로 들릴지도 모르지만, 이 책은 시험을 잘 보는 요령만 집중적으로 다룬 책은 아닙니다. 공부를 잘하기 위해, 시험을 잘 보기 위해서는 '공부를 잘할 수 있는 사람'이 되는 것, '시험을 잘 보기 위해 필요한 역량을 가진 사람이 되는 것'이 가장 우선입니다. 이 책은 그 방법을 낱낱이 담았습니다.

저는 평소 아이들에게 '시험공부'와 '역량 강화'를 분명하게 구분하라고 강조합니다. 초등학교 아이들에게 몇 년 후의 시험을 준비시키는 것이야말로 소수의 타고난 아이들만 견뎌낼 수 있는 공부 방법입니다.

초등부터 수능까지, 평생 써먹는 공부 근육의 힘

현재 대부분의 초등학교에서는 시험을 따로 보지 않습니다. 때문에 우리 아이를 파악하기가 더욱 쉽지 않아졌습니다. 부모님들은 불안감이 더 커지고 사교육과 각종 사설 시험에 더욱 의존하게 되었습니다. 저는 이 책을 읽는 부모님들이 공부를 잘하기 위한 역량에는 어떤 것들이 있는지 생각해보고, 우리 아이가 지금 공부를 잘할 수 있는 아이로 성장하고 있는지 확인할 수 있도록 힌트를 드리고 싶습니다. 무엇보다도 아이들과 부모님들이 '시험공부'에 너무 매몰되지 않고 일상을 활용해 공부 근육을 키워가서 입시라는 장기 레이스에서 결국 성공할 수 있도록 돕고 싶습니다.

중고등학교 때 성적이 잘 나오도록 하는 결정적 요소는 초등학생 때 만들어진 공부 근육입니다. 초등학생 자녀를 둔 부모님들이 이 책을 읽고 이 책에서 말하는 바를 아이들과 함께 차근차근 실천해나간다면 분명 6년이란 시간 동안 튼튼한 공부 근육을 만들 수 있을 것입니다.

'성적'에 대한 본격적인 고민이 시작되는 초등학교 4~6학년, 중학교 1~2학년 자녀를 둔 부모님들에게 이 책을 추천합니다. 또 넓게는 초등학생 자녀를 둔 모든 학부모님, 당장 시험을 보고 결과를 내야 하는 중고등 자녀들을 기술적으로, 정신적으로 돕고 싶은 모든 부모님들에게 이 책을 권하고 싶습니다.

일상생활과 공부를 연결시키고, 공부와 관련된 근육을 키우는 것은 입시뿐 아니라 아이들 인생 전반과 관련된 중요한 작업입니다. 공부 근육이 잘 형성된 아이는 중학교에 가서도, 고등학교에 가서도 대학교를 졸업하고도 평생 공부하는 사람이 될 수 있습니다. 또 계속해서 변화하는 입시 제도 속에서 흔들리지 않고 살아남을 수 있습니다.

이 책에 담겨진 내용들이 아이들과의 관계를 해치지 않으면서 중고등 시절을 잘 준비해나가도록 도울 수 있다고 확신합니다.

우리 아이 맞춤별
공부 솔루션

저는 영어, 일본어를 자유롭게 구사하면서 중국어와 스페인어를 취미로 공부하는 사람이지만 지금껏 한 번도 공부에 타고난 사람이라고 생각해본 적이 없습니다. 서울대에서, 일본 도쿄대에서, 회사에서 저보다 공부를 더 잘하는 사람, 더 공부를 즐겁게 하는 사람, 공부에 더 몰입되어 있고 더 좋은 성과를 내는 사람들을 많이 만났기 때문입니다.

제가 공부를 잘했기 때문에 가질 수 있었던 최고의 특혜는 이런 사람들을 만나는 과정에서 인사이트를 얻을 수 있었던 것입니다. 사람에 대해 관심이 많은 저는 공부 잘하는 사람들을 관찰하고, 그 사람들과 대화하면서 공부를 잘하기 위해서는 스스로에게 어떤 질문들을 던져야 하며 어떤 편견을 버려야 하는지, 어떤 습관을 가져야 하는지 알 수 있었습니다. 그리고 그런 질문과 고민, 습관들이 '타고나지 않은 사람들'도 타고난 천재들과 어깨를 나란히 하며 공부를 비롯한 각종 분야에서 놀라운 성과를 내도록 만들어준다고 확실히 말할 수 있습니다.

많은 아이들과 함께하면서 이런 관찰의 결과들을 다듬고 실천할 수 있는 형태로 만들어 그 방법론들을 적용해볼 수 있었습니다. 그 결과 성적이 향상된 친구들을 배출하는 성과로 나타났습니다. 최근 빠른 속도로 발전하고 있는 뇌과학에 대한 책을 읽고 전문가들의 조언을 구하면서 아이들에게 적용하는 방법론에 대한 고민의 답에 더욱 확신을 갖게 되었습니다. 그리고 분명한 건 특별한 재능을 타고나지 않은 평범한 아이들도 최상위권이 될 수 있다는 것을 보여주었다는 겁니다.

PART 1에서는 '공부를 잘할 수밖에 없는 사람'들의 특징은 무엇인지, PART 2에서는 공부 잘하는 사람이 되기 위해서 어떤 질문들을 스스로에게 던져봐야 하는지, PART 3에서는 어떤 생각들을 가져야 하고 어떤 생각들을 버려야 하는지, PART4에서는 어떤 습관을 가져야 하는지를 집중적으로 다루어보겠습니다. 그리고 PART 1에서 PART 4까지의 내용을 (아이의 성향에 맞게) 실제로 적용하는 것을 돕기 위해 PART 5에서는 아이들의 사례를 유형별로 묶어 공부 솔루션을 설명해보겠습니다.

마지막으로, 이제는 충분한 역량을 갖춘 아이들이 어떻게 시험을 준비하고 치르면 좋을지 시험공부 방법을 다루며 시험 대비반에서 썼던 6주 PLAN을 그대로 담았습니다.

목차를 펼친 부모님들은 이 책을 처음부터가 아닌 PART 5부터 먼저 읽으셔도 괜찮습니다. 우리 아이와 비슷한 사례가 보인다면, 또는 흥미 있는 사례가 보인다면 솔루션을 먼저 읽고 다시 앞으로 돌아와주세요. 처음부터 천천히 읽으면서 아이가 변화하는 이야기 뒤에는 어떤 노력들과 어떤 고민, 어떤 방법론들이 필요했는지를 더 자세히 이해하실 수 있으리라 생각합니다.

이 책은 아이들이 각자의 사정을 가지고 나름 애쓰고 있다는 것을 이야기하며 부모의 역할을 강조하고 있지만 부모님들도 마찬가지로 각자의 사정을 가지고 애쓰고 있다는 것을 우리 모두가 기억했으면 합니다.

이 책을 읽으면서 지금까지 아이를 이해해주지 못했던 일들, 그래서 혼냈던 일들을 생각하면서 자책하실 필요는 없습니다. 저를 비롯한 모

든 부모님들은 어른이지만 아직도 그저 성장하는 과정에 있습니다. 다
만 이 책을 읽으면서 아이들이 공부라는 긴 레이스 경주를 하는 동안
부모로서 우리가 어떤 역할을 할 수 있는지에 대해 다시 한 번 생각해
보는 계기가 되었으면 좋겠습니다.

- 2026년, 봄

이창준

목차

3 PART 공부를 잘하기 위해서는 생각을 바꾸는 게 먼저다

PART 4 평생의 시스템을 만들어주는 9가지 공부 습관

아이는 안 바뀝니다, 전략을 바꾸세요

평범한 아이들도
성적 향상을 이뤄내는
공부법의 비밀

공부와 일상생활이 연결된 사람은
누구도 이길 수 없다

"우리 아이를 어떻게 키워야 공부를 잘하는 사람이 될까요?"

"어떤 사람이 공부를 잘할까요?"

"공부를 보다 빠르고 효율적으로 잘하는 방법은 없을까요?"

이 질문에 답하려면 우선 공부 잘하는 사람의 공통점부터 찾아봐야 합니다. 공부 잘하는 사람들의 특징이 무엇일까요? 높은 아이큐일까요? 남들보다 오래 앉아 있는 인내심일까요? 물론 2가지를 모두 갖고 있을 수 있지만, 제가 만난 공부 잘하는 사람들의 공통점은 1가지로 일관되었습니다. 이들은 일상생활과 공부를 연결시키는 힘을 가지고 있었습니다. 배운 것을 써먹고, 써먹기 위해서 배우는 그런 습관 말이죠.

서울대를 다니면서 만난 친구들, 도쿄대에서 공부할 때 만난 친구들, 삼성전자에서 일할 때 만난 동료들, 유튜브와 블로그를 통해 만난 수학 전문가들과 영재들은 모두 하나의 공통점을 가지고 있었습니다. 밥을 먹고 양치질을 하는 것처럼 자연스럽게 공부와 일상생활을 연결시켰습니다. 옷을 갈아입는 것처럼 어렵지 않게 모르는 것을 찾아보거나 질문했습니다. 게임을 하는 것처럼 책을 읽었고, 축구를 하는 것처럼 일상생활에서 토론을 했습니다. 항상 무엇인가를 궁금해했고, 주변에 일어나는 일들을 지금까지 쌓아온 지식을 통해 해석하고 싶어 했습니다.

저는 오랜 기간 공부 잘하는 사람들을 관찰하고 고민하면서 확신하게 되었습니다. 일상생활과 공부를 연결하는 습관이 따라잡을 수 없는 공부 격차를 만들어냅니다. 배운 지식을 일상생활에서 활용하면서 자유자재로 꺼내 쓰게 되면 지식을 효율적으로 장기 기억에 보낼 수 있게 됩니다. 게다가 받아들이는 지식의 양도 자연스럽게 많아지고, 다양한 관점으로 지식을 받아들이면서 사고의 깊이가 깊어집니다.

타고나지 않아도 공부가 재밌어지는 건 가능하다

많은 사람들이 오해하는 1가지가 있습니다. 일상생활과 공부를 연결시키는 습관은 타고난 사람만 가능할 거라는 생각입니다. 하지만 일상생활과 공부를 연결시키고, 머리가 좋아지면서 자연스럽게 공부가 재밌어지는 일은 누구에게나 일어날 수 있습니다. 우리는 "공부가 재밌어요"라는 말이 타고난 몇 명에게만 허락된 것이라고 생각하기 때문에 적당히 열심히 공부하는 방법을 찾아 타협해버립니다. 하지만 단언할 수 있습니다.

"타고나지 않은 사람도 공부가 재밌어지는 건 가능한 일입니다."

저를 만난 많은 아이들이 일상생활과 공부를 연결시키기 위해 노력했고, 그 결과 믿을 수 없을 정도의 놀라운 성적 향상을 이뤄냈습니다. 좋은 결과를 얻은 것도 고무적이지만, 무엇보다도 공부가 재밌어지고 쉬워졌다는 것이 더 중요한 일입니다. 한 번 공부의 재미를 느낀 아이들은 그 기억을 가지고 학년이 올라가도, 나이가 들어도 계속해서 공부를 하게 될 테니까요.

우리는 '공부'라는 단어를 들으면 '책상', '의자', '학교', '학원' 등을 떠올립니다. 하지만 그 공간, 그 환경에서 만들 수 있는 변화는 생각보다 크지 않습니다. 남들도 비슷한 노력을 하고 있기 때문이기도 하고, 학교에서나 학원에서 혹은 집에 돌아와 혼자 공부하는 시간이 우리가 생각하는 것만큼 길지 않기 때문입니다. 한국의 중고등학생들이 학교를 마치고 학원에 다녀와서 혼자 공부하는 시간은 하루에 2시간을 넘기기 힘듭니다. 그나마도 나만 하는 것이 아니라 다른 사람들도 비슷하게 노력한다는 것을 생각하면 현실적으로는 현상 유지가 1차적인 목표가 됩니다.

그러나 일상생활이 공부와 연결되면, 그때부터는 이야기가 달라집니다.

일상생활과 공부를 연결시킨
사람들이 만드는 차이

일상생활과 공부를 연결시켰을 때 일어나는 놀라운 결과에 대해서는 이미 역사 속 위대한 위인들의 이야기로부터 증명이 되었습니다.

학생들에게 자주 이야기해주는 사람이 있습니다. 아이작 뉴턴Isaac Newton과 아르키메데스Archimedes 입니다.

정원에 앉아 있던 뉴턴이 사과가 떨어지는 걸 보고 만유인력의 법칙을 생각해냈다는 이야기는 유명합니다. 이 일화는 윌리엄 스투클리William Stukeley라는 사람이 70대가 된 뉴턴과 대화하며 기록한 뉴턴의 회고록에 실리면서 유명해졌습니다. 뉴턴이 사과가 떨어지는 순간에 바로 만유인력의 법칙을 생각해낸 것으로 알고 있는 사람들이 많은데, 사실 이 이야기는 다소 과장되었습니다. 뉴턴은 만유인력의 법칙에 대해 꾸준히 연구했고, 사과가 떨어진 순간을 목격한 지 20년 뒤인 1687년『프린키피아The Mathematical Principles of Natural Philosophy』라는 책을 출간하면서 만유인력의 법칙을 완성된 형태로 언급했습니다. 만유인력의 법칙을 발견해낸 순간이 사과가 떨어지는 그 짧은 순간 아니라고 해서 뉴턴의 발견

(공부)이 위대하지 않을까요? 오히려 일상생활에서의 발견을 20년 동안이나 발전(공부)시켰다는 것에 경의가 일어납니다.

이미 아시겠지만 아르키메데스가 일상생활 속에서 부력을 발견한 이야기도 흥미롭습니다. 고대 그리스 시라쿠사의 왕 히에론Hieron 2세는 금 세공사에게 순금을 주고 왕관을 만들게 했는데, 왕관이 완성되자 은이 섞여 있는 게 아닌가 하는 의심이 들었습니다. 왕은 당시 기술과 지식으로는 확인할 방법이 없자 아르키메데스에게 의뢰했습니다. 어떻게 해결해야 할지 고민하던 아르키메데스는 목욕을 하던 중 욕조에 잠긴 것의 부피만큼 물이 넘친다는 것을 발견했습니다. 같은 무게라도 순금은 밀도가 높아 부피가 작고, 은은 부피가 더 큽니다. 왕관을 물에 담갔을 때 넘치는 물의 양을 비교하면 순금인지 여부를 판별할 수 있겠다는 생각에 이르렀습니다. 이때 바로 "유레카!"를 외치며 밖으로 뛰어나갔다는 일화는 아직도 많은 사람들에게 전해지고 있습니다.

이 두 이야기는 일상생활과 공부를 연결시킬 때 얼마나 놀라운 성과를 낼 수 있는지 알려주는 상징적인 예시입니다.

이런 일은 자연과학 분야에서뿐만 아니라 다양한 분야에서 일어납니다. 피카소Picasso가 파리에서 신문을 읽다가 '그림을 실제로 그리지 않고 신문지를 오려 붙이면 어떻게 될까?'라는 의문을 가진 데서 입체주의가 시작되었다는 것은 잘 알려진 일화입니다. 스티브 잡스Steve Jobs가 서예 수업에서의 경험을 살려 애플 제품에 사용되는 글꼴을 만들어냈다는 것 역시 일상생활에 공부를 연결시킨 사람들이 어떤 결과물을 만들어내는지 잘 알려주는 사례입니다.

저 또한 유사한 경험이 많습니다. 일본 도쿄대에서 박사 학위 과정 연구를 할 때 넘을 수 없는 벽에 부딪혀 괴로워하던 시기가 있었습니다. 그때 친구와 함께 도쿄의 한 성당 건물에 앉아 있다가, 성당 한쪽 벽의 무늬를 보고 연구하던 소재의 원자 배열에 대한 아이디어를 얻었습니다. 그 자리에서 메모를 하고 연구실에 가자마자 컴퓨터를 커서 원자 배열을 그려보았던 기억이 아직도 생생합니다.

공부와 일상생활을 연결시킨 사람들이 어떤 성과를 내는지, 어떤 차이를 만들어내는지에 대해서는 다양한 사례를 끝없이 열거할 수 있을 정도입니다.

우리는 여기서 중요한 힌트를 얻을 수 있습니다. 우리 아이들에게도 일상생활에서 이런 순간을 경험시켜주는 것이 나중에 공부 격차를 만들어내는 중요한 포인트가 된다는 것입니다.

공부의 효율을 결정하는
3가지

공부를 잘하는 아이와 그렇지 않은 아이의 차이는 단순히 머리가 좋고 나쁘고, 열심히 하고 열심히 하지 않고에서 발생하지 않습니다. 진짜 차이는 공부가 일상생활과 얼마나 연결되어 있느냐에서 벌어집니다.

많은 학생들이 학교에서는 공부를 하고, 교실 밖에서는 배운 것을 잊습니다. 교과서 속 문장은 따로 외워야 하는 것이고, 문제집의 문장은 현실과는 상관없는 낯선 언어라고 느낍니다. 예를 들면 "100g의 소금물 중 30%가 소금이면, 소금은 몇 g이니?"라고 물어보면 대부분의 아이들이 30g이라고 쉽게 답을 이야기하는데, 수학 문제에서 '농도가 30%인 소금물 100g'이라는 문장이 나오면 소금이 30g 들어 있다는 생각으로 쉽게 전환시키지 못합니다.

하지만 우리 주변의 정말 공부 잘하는 사람들은 어떤가요? 보통의 사람들과는 조금 다릅니다. 놀이터에서 시소를 탈 때는 물리의 원리를 떠올리고, 자동차를 타고 갈 때는 번호판 속 수를 가지고 놀고, 어떤 장면을 보면 이 현상을 설명할 수 있는 용어와 책 속에서 보았던 유사한 사례를 떠올립니다. 위에서 이야기한 소금물 문장을 보면 마치 소금물이 앞에 있는 것처럼, 혹은 일상생활 속에서 대화로 물어본 것처럼 자연스럽게 '소금이 30g 들어 있다는 뜻이네'라고 생각해냅니다.

이렇게 문제집에서 접하는 문장을 보고도 일상생활 속에서 접했던 현상들을 떠올리는 아이들에게 공부는 억지로 외워야 하는 것이 아니라 '세상을 이해하는 하나의 언어'입니다. 이 책에서 이야기하는 '일상생활과 공부가 연결된 상태'는 바로 이런 상태를 뜻합니다. 교과서의 지식이 머릿속에만 저장되어 있는 것이 아니라, 삶의 경험 속에서 스스로 떠오르는 상태입니다. 공부한 내용을 떠올리기 위해 따로 '공부 모드'로 전환할 필요가 없는 상태입니다. 이미 배운 것을 자연스럽게 생활 속에서 활용하고 있고, 배운 지식들이 이미 삶의 일부로 작동하고 있는 상태입니다.

인지심리학적으로 보면, 공부가 일상생활과 연결되어 있다는 말은 단순한 비유가 아닙니다. 배운 개념이 잘 저장되고 실제 상황에서 작동하는지에 대해 직결하는 문제입니다. 반대로, 공부와 일상이 분리되어 있으면 배운 것 같지만 사실은 쓸 수 없는 상태가 됩니다. 전이 효과,

메타인지적 반성, 점화 효과에 대해서 알아보면 그 이유를 더 정확하게 이해할 수 있습니다.

전이 효과,
메타인지적 반성, 점화 효과

먼저, 전이 효과Transfer를 살펴보겠습니다. '전이'란 배운 지식이나 전략이 새로운 상황에서도 자연스럽게 적용되는 현상을 말합니다. 학교에서 분수를 배운 학생이 시험문제를 풀 때뿐만 아니라 요리를 하면서 비율을 계산할 수 있다면, 이는 전이가 일어난 것입니다. 세계적인 인지심리학자이자 교육 심리학자인 데이비드 퍼킨스David Perkins와 가브리엘 살로몬Gavriel Salomon은 '전이'를 학습의 궁극적인 목표로 생각했습니다. 단순히 배운 내용을 '기억하는 것'을 넘어 배운 지식을 새로운 맥락에 맞게 다시 구성하고 활용할 수 있는 능력이야말로 진정한 이해라고 설명했습니다. 1992년 발표한 논문 「학습 전이Transfer of Learning」에서 "공부를 통해 배운 것은 실생활에 도움이 안 된다"는 비판에 해답을 제시했습니다. 배운 것을 아무 맥락에나 잘 전이시키는 것은 결코 쉽지 않고, 대부분의 학생에게서는 전이가 저절로 일어나지 않는다는 것이었습니다. 한마디로 배웠다고 해서 자동으로 써먹을 수 있는 게 아니라는 뜻입니다. 결국 일상생활과 공부의 연결이란 학습된 내용을 현실의 맥락으로

인지심리학적 관점으로 본 일상생활과 공부 연결의 효과

	핵심 개념	효과	실전 예시
전이 효과	학습으로 배운 지식과 전략이 새로운 상황에 적용되는 현상	학습한 내용을 현실 문제를 해결하는 살아 있는 도구로 활용하게 됨	수학의 '비율' 개념을 배운 뒤, 마트에서 할인율을 직접 계산해 보는 것
메타인지적 반성	자신의 사고 과정을 인식하고 스스로 조절하는 능력	스스로 질문을 던지는 과정을 통해 지식의 연결망이 확장되고 사고의 깊이가 깊어짐	"오늘 배운 경제 법칙이 어제 뉴스에 나온 상황과 관련이 있을까?"라고 스스로 질문하기
점화 효과	이전의 자극이 이후의 사고나 행동에 무의식적인 영향을 주는 현상	의식적인 노력 없이도 학습한 개념이 자연스럽게 연상되어 일상 속에서 지식 활용도가 높아짐	빙판길에 미끄러지는 경험을 한 뒤 과학 시간에 '마찰력'을 배우면 더 잘 이해됨

옮겨오는 전이 능력을 길러주는 과정이라 할 수 있습니다.

두 번째로 메타인지적 반성Metacognitive Reflection에 대해 살펴보겠습니다. 메타인지는 '자신의 사고를 인식하고 조절하는 능력'을 말합니다. 아이가 "이 개념은 어디에 쓰일까?", "이와 비슷한 경험이 있었나?"라고 스스로에게 질문하는 순간, 학습 내용은 단순한 정보가 아니라 사고의 도구로 전환됩니다. 퍼킨스와 살로몬의 연구에서도 배운 내용을 다른 상황과 비교하고 연결하려는 반성적 사고가 전이를 강화한다고 밝혔습니다. 즉, 메타인지적 반성이 일상생활과 공부를 잇는 다리 역할을 하는 것입니다. 학습 후 "이걸 어디에 쓸 수 있을까?", "우리 생활에서 이런 일이 있었지?" 같은 질문을 던지는 것만으로도 아이의 인지는 새로운 연결을 만들어냅니다.

세 번째로 점화 효과_{Priming Effect}에 대해 살펴보겠습니다. 점화 효과란 이전에 노출된 자극이 이후의 사고나 행동에 무의식적으로 영향을 미치는 현상입니다. 예를 들어, 아이가 수업 전에 '확률'이라는 개념을 떠올릴 만한 짧은 예시나 상황을 접하면, 학교 수업에서 확률을 배울 때 자연스럽게 '확률' 개념이 활성화됩니다.

이는 생활 속 자극이 공부 개념의 '불씨'가 되는 과정입니다. 이런 점화 경험을 꾸준히 제공받은 학생은, 별도의 의식적인 노력 없이도 학습된 개념이 자주 떠오르고 자연스럽게 활용할 수 있게 됩니다.

공부와 일상생활이 연결되면
정서적 동기와 몰입도가 높아진다

인지심리학적인 측면뿐 아니라 정서적인 측면에서도 왜 일상생활과 공부를 연결하는 것이 중요한지를 설명할 수 있습니다.

공부가 일상생활과 연결되면 정서적 동기와 몰입도가 높아집니다. 인지심리학이 학습의 구조를 다룬다면, 정서심리학은 그 구조를 움직이는 에너지를 설명합니다. 다중지능 이론으로 유명한 교육 심리학계의 거장이자 하버드대학교 교수 하워드 가드너Howard Gardner는 "학습은 감정적으로 의미 있는 순간에 각인된다"고 얘기했습니다.

실제로 정서와 학습의 관계를 보여주는 여러 연구가 있습니다. 미국의 신경과학자 안토니오 다마지오Antonio Damasio는 사고로 뇌 손상이 일어나 감정이 결여된 환자들을 대상으로 실험을 했는데, 환자들의 뇌는 논리적으로 판단 가능한 상태였음에도 실제 상황에서 아주 작고 사소한 일도 결정 내리지 못했다고 설명했습니다. 즉, 감정이 의사 결정과 학습의 필수 요소라는 것을 알 수 있습니다. 우리 뇌는 '의미 있다', '나와 관련 있다', '재미있다'라고 생각할 때 쉽게 이해하고, 잘 기억하면서, 의사 결정을 내릴 수 있게 됩니다.

물리학자이자 뇌과학자인 정재승 교수도 여러 저서에서 뇌의 편도체 역할을 강조했습니다. 그는 감정적으로 긍정적인 경험이 수반될 때 편도체가 활성화되어 기억 강화에 기여한다고 밝혔습니다. 즉, 학습자가 '내 경험과 닿아 있는' 개념을 배울 때, 뇌는 그것을 단순한 정보가 아닌 '의미 있는 사건'으로 인식합니다. 예를 들어, 아이가 '속도'를 배울 때 자전거를 탈 때의 바람과 긴장감을 함께 떠올리면 그 개념은 감정과 함께 저장되어 쉽게 잊히지 않습니다.

결국 지식을 쌓는 것만으로는 공부를 효과적으로 하는 것이 불가능합니다. 여러 연구 사례는 일상생활과 공부가 연결된 사람과 그렇지 않은 사람은 공부의 효율이 비교할 수 없을 만큼 차이가 날 수밖에 없다는 것을 받쳐주고 있습니다.

본격적으로 일상생활과 공부를 연결시키는 방법에 대해서 이야기하기 전에 마지막으로 해결해야 하는 의문점이 있습니다.

우리 아이는 그렇게 머리가 좋지 않고, 공부에 관심이 크지 않은데도 가능하냐고 물어보시는 부모님들이 종종 있습니다. 다음 글에서 이 의문점의 답을 내려보려고 합니다.

타고나지 않은 사람에게도
최대 효율을 내는 공부 방법

'일상생활과 공부를 연결시키는 것은 결국 타고난 사람들에게나 가능한 일이 아닌가?'라는 의문이 드는 것은 어찌 보면 당연합니다. 일상생활과 공부를 연결시키는 것은 공부를 잘하는 사람들에게서 보이는 특징이므로 원래 좋은 머리를 타고난 사람들만 할 수 있는 일로 오해할 수 있습니다. 하지만 우리는 이제껏 원인과 결과를 잘못 알고 있었습니다. 머리가 좋은 사람들만 일상생활과 공부를 연결시키는 게 가능해서 공부를 잘하는 것이 아닙니다. 일상생활과 공부를 연결시킨 사람이 머리가 좋아지고, 그래서 공부를 잘하게 되는 것입니다.

먼저 우리가 가진 편견에 대해 다시 한번 짚고 넘어가겠습니다. 타고나지 않은 사람은 공부를 할 때 많이 반복하고 외우는 것밖에는 방법이 없다는 믿음입니다. 여러분은 어떻게 생각하나요? 사실 이 문제에 대해서는 다양한 답을 내릴 수 있고 다양한 형태의 토론이 벌어질 수 있지만, 교육 현장에서는 '반복학습 외에는 답이 없다'라고 정해놓고 아이들을 가르치고 있습니다. 부모님들과 학생들도 다른 대안을 가지고 있거나 다른 공부 방법에 대한 강한 확신이 있는 것은 아니기 때문에 찜찜한 마음은 들지만 트렌드를 따라가고 있다는 인상을 지울 수 없습니다.

저는 우리가 가진 목표에 따라서 이 질문에 대한 답이 달라진다고 생각합니다. 만약 우리가 원하는 것이 지금 수준에서 조금이라도 좋으니 빨리 향상되는 것, 일정 수준의 시험을 통과하는 것이라면 빨리 외우고 많이 반복하는 방법이 효율적입니다. 하지만 상위권 진입을 목표로 하고 있고, 지금은 도달하기 힘들지만 노력해서 더 높은 대학에 입학하기를 원한다면 얘기는 달라집니다. 당연한 이야기겠지만 상위권 학생들도 최상위권을 노리거나 한 단계 더 업그레이드되는 것을 목표로 하고 있습니다. 그렇다면 지금처럼 공부해서는 지금 같은 결과가 나올 뿐입니다. 그저 외우고 많이 반복하는 것만으로는 지금과 다른 일이 일어나지 않습니다.

이런 이야기를 하면 반론을 제기하는 분은 거의 없습니다. 오히려 "맞는 말인데 그게 아무나 되는 게 아니다", "당신은 좋은 머리를 타고 났으니 하는 얘기다"라며 우려를 표합니다. 현실적으로 실현 가능성이 낮다는 걱정 차원으로 들립니다. 이 말들은 절반은 맞고 절반은 틀립니다.

타고난 사람들에게는 공통점이 있습니다. 공부하는 재능을 타고난 아이들은 가르쳐주지 않아도 스스로에게 질문하고 공부와 일상생활을 쉽게 연결시킵니다. 이 부분은 맞습니다.

하지만 일상생활과 공부를 연결시키는 것은 '관점'의 영역으로, 관점은 훈련되고 길러질 수 있습니다. 타고난 사람들만 할 수 있는 게 아니란 거죠. 바로 이 부분이 틀렸습니다. 이것은 제가 그동안 가르쳤던 아이들을 통해 얻은 결과일 뿐만 아니라, 수십 년간 쌓인 연구들도 공통된 결과를 가리키고 있습니다.

하워드 가드너 교수는 다중지능이라는 관점을 제시하면서 '똑똑함'의 패러다임을 바꿨습니다. 그냥 '머리가 좋다, 나쁘다'라는 이분법적 잣대에서 벗어나 지능은 언어, 논리·수학, 공간, 신체·운동, 음악, 인간 친화, 자기성찰, 자연탐구, 실존 영역으로 나뉘며, 이런 여러 가지 지능들이 모여 개인의 역량을 결정한다고 설명했습니다. 그리고 그중에서도 자기성찰 지능은 다른 지능들의 발달과 활용에 중요한 역할을 한다고 보았습니다. 예를 들면, 자기성찰 지능이 발달하면 우리가 자주 이야기하는 메타인지 능력이 향상되어 논리·수학 지능이나 언어 지능을 더 효과적으로 활용할 수 있게 됩니다. 따라서 자기성찰 지능을 키우면 다른 지능들의 발달에도 긍정적인 영향을 미칠 수 있습니다.

자기성찰 지능은 일상생활 속에서 아이가 끊임없이 질문하고 궁금해하는 습관을 갖도록 격려하면, 자연스럽게 길러집니다. 예를 들어,

사소한 선택을 스스로 해보고 결과를 점검하게 하거나, 일기와 반성 노트, 그림이나 글로 자신의 생각과 감정을 표현하게 하는 활동은 자기 이해 능력을 강화시킵니다. 또한, 자신이 왜 배우는지, 어떤 목표를 갖고 있는지 성찰하면, 내적 동기intrinsic motivation가 강화되어 공부에 더 적극적으로 참여하게 됩니다. 즉, 자기성찰 지능은 단순히 자신을 이해하는 능력을 넘어 학습 동기와 자기주도 학습 능력을 높이는 역할을 합니다.

이 과정에서 중요한 점이 바로 일상생활과 공부를 연결하는 것입니다. 논리·수학 지능이나 언어적 지능 같은 특정 학습 능력을 키우는 것도 중요하지만, 자기성찰 지능이 잘 발달하면 아이는 자신의 학습 상태를 스스로 점검하고, 전략을 조절하며, 동기를 유지할 수 있습니다. 따라서 일상생활 속에서 질문하고, 생각을 표현하고, 선택을 점검하는 경험을 꾸준히 제공하는 것은 단순히 학습 기술을 향상시키는 것을 넘어 장기적으로 효과적인 학습 습관과 성취를 만들어줍니다.

평범한 아이들의 드라마틱한 성적 향상의 비밀

일상생활과 공부를 연결시키는 습관이 어떤 변화를 만들 수 있는지 증명하기 위해 6개월간 프로젝트를 진행했습니다. 저와 함께 일주일에 한 번씩 만나 세 시간 정도 이야기한 후 공부하고 6개월 동안의 변화와 결과를 많은 사람들에게 공유하는 데 참가할 학생과 부모님을 모집했습니다. 그리고 중1 고은이와 고1 한결이가 함께할 프로젝트 멤버로 발탁됐습니다.

중학교 1학년 고은이는 '심화 문제는 손도 안 대고, 모르면 바로 별표를 치며, 연산 실수가 너무 많아 늘 지적을 받는다'라는 사연으로 어머니가 신청해주셨습니다. 저와 함께 공부한 고은이는 어떻게 됐을까요? 3개월 후에 고은이는 첫 시험에서 전교 1등이라는 놀라운 성적을 거뒀습니다. 걱정이 많던 부모님도 깜짝 놀랐습니다.

고등학교 1학년 한결이는 중학교에서는 최상위권의 학생이었지만, 지역의 잘하는 학생들이 모이는 고등학교에 진학하고 나서는 모의고사 3등급, 내신 7등급이라는 성적을 받아 고민이었습니다. 한결이는 저와 함께 공부한 뒤 어떻게 됐을까요? 3개월 뒤 한결이는 수학 모의고사 1등급, 기말고사 기준 내신 3등급이 되었습니다. 얼마 전에는 모의고사 전 과목 1등급, 내신 수학 시험 1등급을 받았다고 기뻐하며 연락을 주었습니다.

고은이와 한결이의 성적이 향상된 비밀은 무엇이었을까요? 고은이와 한결이를 만나는 동안, 저는 아이들에게 문제를 풀어주거나 내용을 설명해준 적이 거의 없습니다. 제가 이 아이들과 함께한 작업은 계속 질문하고 생각하도록 만듦으로써 일상생활과 공부를 연결시키는 훈련이었습니다. 드라마틱한 성적 향상은 일상생활과 공부를 연결시켰을 때 얻을 수 있는 결과라는 것을 잘 보여줍니다.

이제 일상생활과 공부를 연결시키는 것이 타고난 아이들에게만 가능한 게 아니라, 이 방법이야말로 우리 아이를 똑똑하게 만드는 공부 방법이라는 것에 공감이 가셨을 거라 생각합니다. 그럼 어떻게 하면 그렇게 될 수 있을까요? 앞으로는 그 방법을 구체적으로 설명해보겠습니다.

일상생활과 공부를 연결시키기 위해서는 먼저 아이들에게 해야 할 질문이 있습니다. 그 질문에 대해 이야기해보겠습니다.

PART 2

공부를 시작하기 전에 먼저 해야 할 6가지 질문

공부를 꼭 잘해야 할까?
좋은 대학을 꼭 가야 할까?

공부와 관련된 고민으로 저를 찾아오는 친구들에게 실제로 하는 핵심 질문 6가지를 소개해보겠습니다. 공부를 하고 있는 학생이라면, 그리고 공부를 잘하고 싶은 마음이 조금이라도 있는 학생이라면 꼭 생각해봐야 하는 질문입니다.

아이들이 공부를 잘하도록, 열심히 하도록 만들기 위해서 누군가는 던져줘야 하는, 꼭 필요한 질문들입니다. 이 질문을 차례대로 아이들에게 던지고, 대답을 기다려주고, 함께 대화해나가는 과정은 앞으로 오래 계속해야 할 길고 긴 공부라는 여정의 기초 체력이 됩니다.

첫 번째 질문은 아마 이 책을 읽고 있는 여러분도 한 번씩 마음에 품어봤을 '의문'일 겁니다.

이 질문은 보통 아이들이 어른에게 먼저 던지는 경우가 많습니다. 아이들이 이런 질문을 던졌을 때는 높은 확률로 공부가 힘들거나 하기 싫은 상태일 겁니다. 그리고 '공부가 이렇게까지 할 가치가 있는 것인지? 정말 공부를 잘하는 게 그렇게까지 중요한 것인지? 다른 길은 없는지?' 생각할 수도 있습니다.

이 질문에 답을 하는 것이 어려운 이유는 간단합니다. 아이들이 "그렇지 않다"는 답을 듣고 싶어 하기도 하고, 어른들은 공부는 꼭 해야 하는 일이라고 자신들을 설득할 것이라는 예상을 이미 하고 던진 질문이기 때문이기도 합니다. 하지만 아이들도 "공부는 사실 안 해도 된다. 필요 없는 것인지도 모른다"는 답을 기대하면서 질문을 하고 있지는 않을 겁니다. 어쩌면 생각도 못 한 답으로 자기 자신을 설득할 만한 이유를 찾고 있을지도 모르고, 어쩌면 어른들이 하는 답을 받아쳐서 공부를 안 해도 되는 이유를 정당화하려고 하고 있을지도 모릅니다. 어느 쪽이든 아이들이 이 질문에 대한 답에 큰 기대를 하고 있지 않다는 것은 분명합니다.

이 질문에 답을 하기 전에 이 책을 읽고 계신 분들에게 제안하고 싶은 게 있습니다. 이 글을 읽으시는 분들은 기성세대로서 "정말로 공부를 꼭 잘해야 하느냐, 공부를 잘하는 것 외에 다른 길은 없나?"는 질문에 어떤 답을 내릴 수 있는지 먼저 생각해보셨으면 좋겠습니다. 사실 우리 어른들도 공부 잘한다고 별거 없다, 공부를 잘 못 해도 잘 사는 방법은 얼마든지 있다고 생각하면서 아이들에게는 있는 그대로 이야기할 수 없다고 생각하는 경우가 많지 않을까요?

이 질문에 우리가 아이들에게 돌려주는 대답은 대부분 "안 하는 것보다는 낫다"는 의미를 가진 대답들입니다. '안정성', '많은 기회', '평판', '태도', '연습' 등의 단어로 포장하지만 대부분 '공부를 잘하는 사람이 통계적으로 더 안정적으로 잘 살더라'라는 메시지를 담고 있고, 아이들은 이 대답에 큰 감흥을 느끼지 못합니다.

이 질문에 대한 답은 '성공'이라는 단어에 있습니다. 우리는 성공한 사람들이 어떻게 살았는지, 어떤 특징을 가졌는지에 굉장히 관심이 많습니다. 성공의 정의가 사람마다 다르긴 하지만, 어떤 정의를 가지고 있더라도 '공부를 잘한 사람'보다 '성공한 사람'의 이야기가 더 매력적으로 다가옵니다. 그리고 성공한 사람들에 대해 우리가 가지고 있는 공통적인 이미지는 '에너지', '열정', '인내', '집요함', '성실', '책임감'입니다. 한마디로 가진 것을 다 쏟아부을 수 있는 원동력이 되는 그런 특성들입니다.

지금까지 살아오면서 만난, 주변에서 성공한 사람들 모두 이런 특성을 가지고 있었습니다. 공부와 연구를 오랫동안 쌓아올려 서울대 교수가 된 친구들도, 사업을 크게 성공시킨 선후배들도, 대기업에서 높은 자리에 올라간 사람들도 다 자기가 가지고 있는 에너지를 자신의 일에 쏟아부을 수 있는 힘이 있었습니다. 하고자 하는 일에 자신이 가진 모든 것을 쏟아붓는 힘을 발휘할 줄 아는 사람은 매사에 그런 힘을 발휘합니다. 그래서 저는 그것을 습관이라고 부릅니다. 가진 것을 다 쏟아부어서 어떤 일을 해보려고 하는 '습관' 말이죠.

저는 제 아들들에게도, 가르치는 학생들에게도 이렇게 얘기합니다.

> "좋은 대학을 나온다고 다 잘 사는 것도 아니고
> 행복도 성적순이 아니니,
> 꼭 좋은 대학을 안 나와도 돼.
> 그런데, 자기가 갈 수 있는 최고의 대학은 나와야 돼."

12년간 학교에서 자기가 가진 것을 다 쏟아부어본 학생은 나중에 어떤 일을 하더라도 자기가 가진 역량을 다 쏟아부을 것이라고 우리는 모두 예상할 수 있습니다. 또 그렇게 모든 것을 쏟아부을 수 있는 일을 능동적으로 찾을 것임을 믿어 의심치 않습니다.

그래서 우리는 학교생활에서 모든 것을 쏟아부어본 흔적이 보이는 사람을 채용하고 싶어 하고, 그런 사람과 함께 일하고 싶어 합니다. 반대로 주어진 12년 동안 자기 자신의 역량을 쏟아붓는 경험을 해보지 못한 사람이 나중에 나이가 좀 더 들었다고 해서 그런 '습관'이 생길 거라고 생각하는 사람은 많지 않습니다. 물론 어떤 계기로, 또는 본인의 자각과 노력으로 그런 역량을 갖추게 될 수도 있지만 그것을 증명하는 과정은 녹록치 않습니다. 공부할 때는 그런 역량이 없었지만 이제는 그역량을 갖추었다고 증명하는 것은 정말 쉽지 않은 일입니다.

성공에 이르는 습관,
자신이 가진 모든 것을 쏟아붓는 힘

자기가 가진 모든 것을 쏟아붓는 것은 '습관'입니다. 그리고 이 습관을 가장 손쉽고 안전하게 얻을 수 있는 시간은 바로 '공부'하는 기간입니다. 이 시간을 절대 놓쳐서는 안 된다고 저는 아이들에게 강조하고또 강조합니다. 잘하지 못해도 괜찮다는 말은 빈말이 아닙니다. 그러나아이들 누구나 소위 말하는 '좋은 대학'에 갈 정도로는 공부를 잘할 수있다는 것 또한 사실입니다.

게다가 교과 과정에서 배우는 것들은 사회에서 어떤 일에 내 역량을 다 쏟아붓고자 할 때 유용하게 사용될 수 있는 내용들로 가득 차 있습니다. 글과 맥락을 이해하고 표현하는 능력, 사회와 자연을 바라보는태도, 현상을 해석하고 적용하고 문제의 원인을 찾아보는 프로세스, 예술과 사람의 마음을 이해하는 관점 등을 배울 수 있습니다. 또한, 이것들을 활용했을 때 어떤 일에 몰입하기 위한 준비, 몰입 상태에서 효율적으로 문제를 해결해나갈 수 있는 역량을 가질 수 있습니다.

피겨스케이팅 올림픽 금메달리스트 김연아 선수의 인터뷰 중 아직도 꾸준히 회자되는 대답이 있습니다.

"무슨 생각을 하면서 하세요?"
"(깔깔 웃으며) 무슨 생각을 해요. 그냥 하는 거지…….
내가 고생이 많다?"

저는 이 인터뷰를 보고서 "어떻게 공부를 해야 잘해요?"라는 질문을 받은 공부 잘하는 사람들의 대답과 참 비슷하다고 느꼈습니다. 공부 잘하는 사람들의 '비법'을 많은 사람들이 궁금해하는데, 제가 만난 공부 잘하는 사람들은 대체로 공부할 때 무슨 특별한 비법이나 요령을 떠올리며 문제를 풀고 있지 않았습니다. 그보다는 해야 할 것을 정해진 기준에 맞게 차분히 해나갔습니다. 처음에는 하나하나 의식하며 배우고, 자주 틀려도 오래 고민하면서 기준을 만들어갔습니다. 그러다 어느 순간부터는 굳이 머릿속으로 떠올리지 않아도 자연스럽게 손이 움직이고, 문제를 대하는 태도가 먼저 나왔습니다.

김연아 선수가 말한 것처럼 '공부는 내가 해야 하는 고생이지만', '그냥 특별한 생각 없이' 하게 되는 연습입니다. 나의 모든 것을 쏟아붓는 데 익숙해진 사람은 주어진 상황에서 자기 역량을 자연스럽게 꺼내 쓰게 됩니다. 그런 상태를 만들어주는 가장 확실한 훈련의 시간이 바로 공부하는 기간입니다.(운동을 했던 사람들이 공부를 시작하면 잘하게 된다는 속설도 결국 이런 맥락이겠죠.)

"공부를 꼭 해야 하는지, 대학은 꼭 잘 가야 하는 것인지"에 대한 답만큼은 어른들이 아이들에게 줘야 합니다. 확신을 가지고 아이들을 이끌어주지 않으면 공부는 '안 하는 것보다는 나은', '피할 수만 있으면 (다른 성공의 길만 있으면) 피하고 싶은 길'이 될 것이기 때문입니다.

누구나 성공을 원합니다. 그리고 성공하는 사람이 되는 길은 공부에 있습니다. 공부를 잘해서 얻는 것보다 '모든 것을 다 쏟아붓고 공부를 마지막까지 해내서' 얻는 것이 훨씬 더 큽니다. 모든 것을 쏟아붓는 것은 갑자기 노력한다고 되는 것이 아니라 몸에 배어야 하는 '습관'이기 때문입니다.

결과에 집착하며 빠르고 편한 길을 찾는 아이들보다 '고생스럽지만 그냥 열심히 하는' 아이들이 결국 좋은 성적을 거두기 마련입니다. 하지만 열심히 하는 것은 단순히 '의지'의 문제가 아닙니다. 자기가 하고 있는 일과 자기의 삶을 연결시키는 것, 그 과정을 루틴으로, 습관으로 만들어내는 것은 훈련과 경험으로 만들어내야 하는 역량입니다. 그 역량을 가장 효과적으로 안정하게 기를 수 있는 기회는 바로 공부할 때인 것이죠.

자, 이제 드디어 첫 번째 질문을 끝마쳤습니다. 뒤에 이어질 5가지 질문은 정말로 아이들에게 대답을 듣고 싶은 질문입니다. 각각의 질문에 대해 아이들이 직접 고민해보고 자신만의 답을 찾는 과정을 지도가 아니라 '코칭'의 영역에서 이끌어주세요. 지도가 방향과 방법을 직접적으로 알려주는 것이라면, 코칭은 질문과 대화를 통해 아이들이 직접 방향과 방법을 설정하도록 돕는 것입니다. 질문을 통해서 아이들의 생각과 성향을 파악할 수 있고, 아이들의 반응에 맞춰 공부의 흐름도 미묘하게 바뀔 수 있습니다.

나는 정말 공부를
잘하고 싶을까?

"진짜로 공부를 잘하고 싶어?"

처음 만나는 아이와 공부에 대한 이야기를 본격적으로 시작하기 전에 제가 꼭 물어보는 질문입니다. 이 질문을 받은 아이들은 보통 어리 둥절한 표정을 짓습니다. 그도 그럴 것이 부모님의 손에 이끌려 왔든, 자기 발로 선뜻 나섰든, 먼 길을 달려 저를 만나러 온 아이들 중에 공부를 잘하고 싶다고 말하지 않는 아이는 없습니다. 심지어 자기는 대학교에 안 가도 상관없다고 이야기하는 친구도 사실 속으로는 '공부 잘하면 좋겠다'라고 생각합니다. 어떻게 보면 답이 정해져 있는 질문인 거죠.

조금만 더 들여다보면 "공부를 잘하고 싶다"는 말을 하면서 떠올리는 이미지는 아이들마다 제각각입니다. 성적표의 숫자를 떠올리는 아이들도 있을 테고, 부모님이나 선생님의 칭찬과 만족스러운 표정을 기준으로 생각하는 아이들도 있을 테고, 친구들과의 비교를 먼저 생각하는 아이들도 있습니다. "공부를 잘하고 싶다"는 말이 실제로는 '혼나고 싶지 않다', '뒤처지고 싶지 않다', '불안하지 않고 싶다'라는 감정의 표현인 경우도 적지 않습니다. 그래서 이 질문은 생각보다 간단하지 않습니다. 정말로 공부 자체를 잘하고 싶은 것인지, 아니면 공부 때문에 생기는 불편한 감정에서 벗어나고 싶은 것인지를 먼저 구분해봐야 하기 때문입니다.

공부를 잘하고 싶다는 마음과 공부를 위해 불편함을 감수하거나 생활에서 변화를 만들어낼 준비가 되어 있는지는 전혀 다른 이야기입니다. 이해가 잘 되지 않는 내용을 붙잡고 한 번 더 생각해보는 시간, 재미없고 단조로운 연습을 반복하는 과정, 당장 성과가 보이지 않아도 같은 자리를 지키는 인내는 모두 불편함을 동반합니다. 이 불편함을 기꺼이 받아들일 수 있을 때 비로소 "공부를 잘하고 싶다"는 말은 힘을 갖습니다. 반대로 이 과정이 빠진 채 결과만 바라는 마음은 쉽게 좌절로 이어집니다.

그래서 저는 아이들에게 묻습니다.

> "너는 공부를 잘하고 싶은 걸까,
> 아니면 공부를 잘하는 사람으로 보이고 싶은 걸까?"

이 두 질문은 아주 비슷해 보이지만, 실제로는 전혀 다른 선택을 요구합니다. 공부를 잘하고 싶은 사람은 오늘의 태도와 습관을 바꾸려 하고, 공부를 잘하는 사람으로 보이고 싶은 사람은 결과가 빨리 보이지 않으면 쉽게 방향을 틉니다. 이 차이를 스스로 인식하는 순간부터 아이는 비로소 자기 자신의 공부를 시작하게 됩니다.

"네, 잘하고 싶어요"라는 대답을 뻔히 예상하면서도 제가 아이들에게 굳이 이 질문을 던지는 이유는 위에서 찾을 수 있습니다.

'나도 공부를 잘하고 싶다'라고 생각하는 것으로는 어떤 차이도 발생시킬 수 없고, 그렇게 생각하는 것만으로는 진짜로 공부를 잘하기 원한다는 게 아니라는 걸 스스로 인지할 필요가 있습니다. 나뿐 아니라 모든 사람이 공부를 잘하고 싶다고 생각하기 때문에, '그렇다면 나는 내가 경쟁하고 있는 친구들에 비해서 더 큰 변화를 만들어낼 준비가 되어 있는지' 여부를 고민해볼 필요가 있습니다. 당연한 이야기처럼 들리지만, 우리는 이런 고민을 잘 하지 않습니다. '공부를 잘하고자 하는 마음이 생기면 열심히 할 것이고, 열심히 하면 성적이 오를 것이다'라는 가상의 프로세스가 우리 모두의 머릿속에 있는데, 그 프로세스대로 잘 흘러가지 않기 때문에 많은 부모님들과 학생들이 고민하고 있는 것이니까요.

그래서 이렇게 질문을 하게 됩니다.

"너 말고 다른 친구들도 다들 공부 잘하고 싶다고 하잖아. 선생님 주변에는 공부를 잘하고 싶지 않다는 사람이 거의 없는 것 같거든. 다들 선생님한테 와서 공부 잘하고 싶다고 이야기한단 말이야. 그런 거 같지 않아?”

이렇게 말하면 아이들은 대부분 고개를 끄덕끄덕합니다. 바로 이 순간이 제가 진짜 물어보고 싶었던 질문을 할 타이밍입니다.

“그럼 너는 그 사람들이랑 뭔가 다른 점이 있어?”

“시험을 잘 보다”라는 말이나 “성적이 오른다”는 말을 잘 생각해보면, 대부분의 경우 누군가와의 비교를 바탕으로 그 의미가 존재합니다. 비교할 대상이 없다면 시험을 잘 봤다는 말도, 성적이 올랐다는 말도 큰 의미가 없다는 뜻이죠. (남들은 다 평균 10점 올랐는데 나는 1점만 오른 상황을 떠올려보세요.) 내가 열심히 하겠다고 마음을 먹는 것보다 더 중요한 건, 경쟁하는 다른 친구들보다 더 잘할 수 있는 방법을 찾는 것이라는 의미가 됩니다.

그런데 저는 ‘그 친구들과 나는 다르다’라고 자신 있게 이야기하는 학생을 거의 보지 못했습니다. 오히려 대부분 ‘그런가? 나는 사실 공부를 잘하고 싶은 게 아니었나?’ 갸우뚱해 합니다.

공부를 잘하기 위해서 가장 먼저 해야 하는 것은 자신의 상태와 마음가짐을 돌아보는 일입니다. 단순히 열심히 하고 싶다고 생각하는 것만으로는 어떤 변화도 만들어지지 않습니다. 나는 왜 공부를 잘하고 싶은지, 내가 이겨야 하는 아이들은 어떤 아이들인지, 내가 그 아이들을 이기기 위해서는 어떤 점을 보완해야 하고 어떤 전략이 필요한지 생각해봐야 합니다. 이렇게 생각해보도록 만드는 것이 바로 메타인지입니다.

메타인지는 생각을 구체화시키고, 전략으로 바꾸고, 실행으로 옮기도록 하는 데 필요한 핵심 역량입니다. 다시 말하면 공부를 잘하는 아이들은 알게 모르게 이런 생각들을 늘 하고 있을 가능성이 높습니다. 끊임없이 스스로에게 이런 질문을 하고, 생각을 구체화시키고, 실행으로 옮기는 아이들을 막연히 잘하고 싶다는 생각으로 이겨낼 수 없는 것은 너무도 당연한 이야기입니다.

그럼 어떻게 메타인지를 길러줄 수 있을까요? 다행히도 뇌과학이 발달하면서 메타인지에 대한 연구 결과들을 쉽게 찾을 수 있고, 메타인지를 기르기 위한 방법들도 많이 소개되고 있습니다. 많은 연구 결과가 스스로 설명하고 구조화하고 답변하고 점검하는 활동들이 메타인지를 향상시킨다고 이야기합니다. 그리고 그렇게 할 수 있도록 돕는, 가장 간단하면서도 효과적인 방법은 질문을 받는 것입니다.

> 즉, 첫 번째 스텝은
> "나는 정말 공부를 잘하고 싶은가? 남들보다 더 그런가?"
> 하는 질문을 받고 그 답을 생각해보는 것입니다.

메타인지를 발달시키는
가장 쉬운 방법, 질문

질문을 많이 받아본 아이들이 스스로에게 질문을 던질 수 있습니다. 위에서 이야기한 것처럼, 제가 아이들에게 질문했을 때 아이들은 그때서야 비로소 공부를 잘하고 싶어 한다는 게 어떤 의미인지, 어떤 부분을 채워야 공부를 잘하게 될지, 그 부분을 채우려면 어떤 전략이 필요한지 고민을 시작했습니다. 그 고민들을 바탕으로 '공부를 잘할 수 있었으면 좋겠다'라는 막연한 생각을 구체적이고 실천 가능한 형태로 바꾸어갈 수 있게 되었습니다.

제가 아이들에게 해주었던 질문을 아이들이 자기 스스로에게 하도록 해주는 것, 이것이 공부를 잘하기 위한 첫 번째 스텝이고, 그렇게 만들어주는 방법은 바로 '질문해주기'입니다.

나보다 공부를 잘하는 아이들은 무엇이 다를까?

> "너희 반에 공부 잘하는 애 있지?
> 네가 보기에 쟤는 진짜 못 이길 것 같다 생각이 드는 그 아이.
> 걔는 너랑 뭐가 다른 것 같아?"

공부를 잘하고 싶다고 찾아왔는데 대뜸 진짜로 공부 잘하고 싶은 거 맞냐고 질문을 받은 학생에게 그다음에는 어떤 이야기를 해주면 좋을까요? 이제 자기 자신의 상태와 마음에 대해서 고민하는 관점을 가지게 되었으니 목표에 대해서 이야기해보는 것이 필요합니다.

무슨 일이든 마찬가지지만 공부는 특히 목표를 잘 수립하는 것이 중요합니다. 이렇게 얘기하는 이유는 역설적으로 공부에서 목표를 구체적으로 설정하는 것이 굉장히 어렵기 때문입니다. 아이들에게 공부와 관련해서 목표를 세워보라고 하면 평균 점수 몇 점 올리기, 반에서 몇 등 하기, 좋은 대학 가기 같은 이야기를 합니다. 이는 모두 목표라기보다는 막연한 열망이라고 표현할 수 있겠죠. 이런 목표를 가지고는 공부를 잘하는 다른 아이들보다 더 공부를 잘하는 게 쉽지 않습니다.

미국의 경영학자 조지 도란George Doran이 제시한 좋은 목표의 기준 5가지, 즉 'SMART 목표 설정법'은 교육에서도 유용하게 활용됩니다. 그중에서도 특히 구체성Specific, 측정 가능성Measurable, 실행 가능성Achievable은 학습 목표를 세우는 데 중요한 요소로 받아들여지고 있습니다. 좋은 목표는 막연하지 않고 구체적이어서 무엇을 달성하고 싶은지 사람들이 쉽게 이해할 수 있어야 하고, 달성 여부를 누구나 파악할 수 있어야 합니다. 또 목표를 세우는 사람이 실제로 실현 가능하다고 인식할 수 있는 것이어야 합니다.

20세기는 가장 영향력 있는 심리학자 중 한 명인 알버투 반두라Albert Bandura도 위와 같은 기준으로 목표를 세우고 성취해가는 과정에서 "결국 자기효능감을 느끼고 그 자기효능감이 동기로, 동기가 행동으로, 행동이 성취로, 성취가 다시 자기효능감으로 이어지는 선순환고리를 만든다"고 이야기한 바 있습니다.

좋은 목표의 5가지 기준 'SMART'

S	**구체성** Specific	목표는 더 효과적으로 계획할 수 있도록 구체적이어야 한다.
M	**측정 가능성** Measurable	목표에 도달하기까지 진행 상황을 측정 가능해야 한다.
A	**실행 가능성** Achievable	정해진 시간에 현실적으로 달성 가능한 목표여야 한다.
R	**관련성** Relevant	목표가 가치관과 장기적인 비전에 부합해야 한다.
T	**시간 제한** Time-Limited	현실적이면서도 도전적인 마감 기한을 설정해야 한다.

그런데 목표를 잘 세우는 것과 서두에서 이야기한 질문은 어떤 관계가 있는 걸까요? 우리 반에서 공부 잘하는 아이와 나의 차이를 묻는 질문에 답하는 것과 목표를 세우는 것은 언뜻 보면 상관없는 것처럼 느껴질 수 있지만, 위 질문에 대답하는 과정에서 많은 친구들이 '공부를 잘한다'라는 평가 항목에 기준 자체를 가지고 있지 않다는 것을 알 수 있습니다. 그저 나보다 점수가 높거나 등수가 높은 친구들이 공부를 잘한다고 생각하는 것이지 어떤 상태가 공부를 잘하는 것인지에 대해선 생각해본 적이 별로 없는 거죠.

이 질문을 받은 학생들 중 "걔네들이 나보다 열심히 한다"라는 답을 내놓는 비율은 생각보다 높지 않았습니다. 오히려 공부를 더 잘하는 이유로 '발표를 잘해서', '질문을 많이 해서', '말을 잘해서'와 같이 구체적인 항목을 제시하는 경우가 많았습니다. 아마도 단순히 열심히 하는 것만으로는 그 아이들을 이길 수 없다는 것을 많은 아이들이 무의식중에 알고 있다는 증거가 아닐까 생각합니다.

구체적이고 측정 가능한 목표로 전환될 때 완성되는 마음가짐

공부 잘하는 아이들과 나를 비교하는 과정에서 '공부를 잘하고 싶다'는 마음가짐은 비로소 구체적이고 측정 가능한 목표로 전환될 수 있습니다. 공부를 잘하는 사람이 되기 위해서는 결국 실질적인 변화가 필요합니다. 더 성실해져야 할 수도 있고, 집중력을 향상시켜야 할 수도 있습니다. 공부를 더 재미있게 느껴야 할 수도 있고, 배운 지식을 효율적으로 활용하는 연습을 해야 할 수도 있습니다. 기억력을 보완해야 할 수도 있고, 구조화를 통해 쉽게 머리에 집어넣고 지식을 인출하는 요령을 익혀야 할 수도 있습니다. 이 모든 항목들에 많은 시간과 노력을 투자한다면 누구나 공부를 잘할 수 있겠지만 시간과 에너지 같은 자원에는 한계가 있습니다. 결국 선택과 집중, 효율적인 전략이 필요한데, 그 전략은 내가 앞으로 되어야 하는 모습과 지금 내 모습의 차이를 파악하는 것으로부터 세울 수 있습니다. 그리고 '공부 잘하는 아이들과 나의 차이'를 묻는 질문에 답하면서 그 차이를 파악할 수 있습니다.

아이들이 이야기한 '공부 잘하는 아이들과 나의 차이' 중 인상 깊었던 몇 가지 사례를 소개합니다. 아이들의 말을 어떤 의미로 받아들일 수 있는지도 함께 살펴보겠습니다.

- 평소에 배운 걸 자꾸 써먹어요.

  → **지식을 기억하고 인출하는 능력이 좋다.**

- 발표를 잘해요. 말을 잘해요.

  → **말을 사고의 도구로서 활용한다.**

- 게임을 안 좋아해요.

  → **시간을 효율적으로 쓴다.**

어떤 점이 보완되어야 공부를 잘하게 될지 알게 되었다면 그 부분을 보완하는 것이 목표가 됩니다. 시간을 효율적으로 써야겠다고 느낄 수도 있고, 내가 배운 것들을 평소에 써먹는 훈련을 해야 할 수도 있습니다. 발표나 대화를 통해서 아는 것들을 써먹는 습관을 통해 지식을 장기 기억으로 쉽게 저장하는 것을 전략으로 삼을 수도 있습니다. 또 수업을 들을 때, 공부할 때 집중력을 기르는 것이 필요하다고 느낄 수도 있습니다.

여러분도 눈치채셨겠지만, 질문에 대답하면서 아이들은 스스로 공부를 잘하기 위한 방법들을 찾아갑니다. 그리고 그 방법들을 모아보면 결국 '일상생활과 공부를 연결하는 것'이라는 결론에 도달합니다. 하지만 아직은 '구체적이고 측정 가능한' 목표를 세우지 못했습니다. 다음 장에서는 질문을 통해 구체적이고 측정 가능한 목표를 만들어가는 과정에 조금 더 가까이 가보겠습니다.

어떻게 하면 그 아이들을
이길 수 있을까?

이 책을 여기까지 읽으신 분들은 '일상생활과 공부를 연결시키는 게 그냥 마음만 먹는다고 되는 것은 아니구나'라는 걸 깨달으셨을 거라고 생각합니다. 공부를 그냥 막연히 열심히 하는 것만으로는 충분하지 않다는 것을 깨닫고, 공부 잘하는 아이와 나의 차이는 어디서 오는 것인지 고민을 제대로 하게 되었다면 성공입니다.

"그 아이들이 그냥 머리가 좋아서 공부 잘하는 게 아니라는 거구나. 그럼 네가 그 아이들보다 공부를 잘하려면, 아니면 적어도 그 친구만큼 잘하고 싶으면 어떻게 하면 될 것 같아?"

몇 개의 질문을 통해서 아이들은 '공부를 잘하는 아이들이 있다'라고 막연하게 생각만 하던 상태에서 '공부를 잘하는 아이들이 가진 특징을 파악해보는' 단계로 올라왔습니다. 아이들은 이제 공부를 잘하기 위해서 어떻게 해야 하는지 조금 더 구체적으로 생각하는 것이 가능해졌습니다.

대화가 여기까지 왔을 때 대부분의 아이들은 표정이 벌써 초반과 사뭇 달라집니다. '정신 차리고 똑바로 대답해야겠다'라는 생각이 나타난다고나 할까요.

그럼 이제는 그 아이들을 이길 방법을 생각해볼 차례입니다.

> **"어떻게 하면 그 아이들을 이길 수 있을까?"**

이 질문을 받은 아이들은 생각이 더 깊어집니다. 대부분의 아이들은 앞에서 언급한 그런 아이들을 이길 수 있다고 생각해본 적 없고, 이기기 위해서 무엇인가를 해야 한다고 생각해본 적은 더더욱 없을 테니까요.

이 글을 읽고 있는 여러분에게 누군가 이런 질문을 던진다면 어떻게 대답하시겠어요? 의외로 아이들의 답은 대부분 비슷합니다. 여러분도 조금만 고민해보시면 사실 답은 정해져 있다는 생각이 들 겁니다.

"저도 그 아이들처럼 그렇게 해야 돼요."

대부분의 아이들이 이미 알고 있습니다. 그 아이들을 이기기 위해서는 단순히 더 오래 앉아 있는 것, 더 많은 문제집을 푸는 것으로는 부족하다는 걸 말이죠. 공부 잘하는 아이들은 이미 공부를 '일상생활 속에서 계속 이어가고 있는 사람들'이고, 내가 그 아이들을 이기려면 나도 그렇게 되어야 한다는 걸 말이죠. 대화를 하다 보면 제가 오랫동안 고민하면서 찾아온 답을 사실 우리 모두가 이미 다 알고 있었던 게 아닌가 하는 생각이 들 때가 많습니다.

예를 들어, 분수를 배운 아이가 피자를 나눌 때 '이건 8분의 3이구나'라고 생각하면서 적용해보는 순간, 문제집을 풀 때만 분수를 다루는 아이와는 상대가 되지 않을 만큼 공부를 잘하게 된다는 것을 아이들도 이미 알고 있다는 거죠. 그래서 그 아이들을 이길 방법, 적어도 그만큼 공부를 잘하게 되기 위한 방법은 그 아이들처럼 생각하고 그 아이들처럼 고민하는 수밖에 없다는 답을 얻게 됩니다. 물론 이미 일상생활과 공부를 연결시키며 지식을 받아들이고 있는 친구들에게도 이런 고민을 하는 시간은 충분히 의미가 있습니다.

그들을 이기기 위해서
어떻게 해야 하는지 고민해보는 과정

"그 아이들을 이기려면 어떻게 해야 하지?"라는 질문에 대답하기까지 시간이 오래 걸리는 이유는 이길 수 있다고 생각해보지 않았기 때문입니다. 이 질문에 다다르기 위해서는 '공부를 잘하는 아이들을 원래 머리 좋은 애들'이라고 규정하는 것에서 벗어나야 합니다. 원래 머리 좋은 애들이 공부를 잘하는 게 세상의 이치라면, 그리고 나는 그렇지 않다면 애초에 그 아이들을 이길 수 없는 게임을 하고 있는 셈이니까요.

이런 상황에서 "이기려면 어떻게 해야 해?"라는 질문은 아이들에게 큰 의미로 다가옵니다. 첫 번째, '이긴다'라는 표현의 의미에 대해 생각해보게 됩니다. 여기서 '이긴다'라는 표현은 승부에서 누구를 꺾는다는 의미가 아니라 '나도 그렇게 될 수 있느냐'라는 의미로 쓰이고 있습니다. 아이들도 이런 뉘앙스를 자연스럽게 의도 그대로 받아들입니다. 제가 이 질문을 던졌을 때 그 아이의 책을 숨긴다거나 공부를 못 하게 방해한다는 등 그 아이를 꺾어버릴 방법 자체에 집중해서 이야기한 아이는 없었습니다. 나도 그 아이처럼 되려면 어떻게 해야 하는지 생각해보라고 질문하는 것은 우리가 아이들에게 경쟁에 대해 잘못된 인식을 심어주고 있는 것은 아닌지 다시 한번 생각해보게 만드는 지점입니다. 그리고 이 질문이 아이들로 하여금 잘못된 인식을 가지지 않도록 돕는다고 생각합니다.

두 번째, '이길 수 있다'라는 상황을 생각해보게 된다는 점입니다. 공부는 자신과의 싸움이기도 하지만, 다른 아이들과의 비교를 통해 스스로 자기 자신의 위치를 파악하는 것 또한 피할 수 없는 일이고, 이는 어떤 면에서는 필요한 과정입니다. 이길 수 없을 것 같다고 느끼던 상대를 '한 번쯤 따라가볼 수 있다는 사고 방식'으로 바라보게 되는 인식의 전환은 외부에서 던져주는 질문으로도 충분히 만들 수 있습니다. 이 지점에 도달한 아이들은 아직 성적이 오르지 않았더라도 예전과는 전혀 다른 상태가 되어 있을 겁니다.

지금까지 '공부를 잘하려면 어떻게 해야 할까? 나는 왜 공부가 어렵고 싫을까?' 같은 복잡하던 생각이 점점 선명해지고 단순해지는 과정을 다뤘습니다. 질문을 통해 "공부를 잘하는 아이들의 특징을 파악하고, 그 아이들을 이기기 위해서는 어떻게 해야 하는지" 고민해보는 과정은 공부를 잘하기 위한 방법을 찾는 일일 뿐 아니라, 앞으로 살아가면서 수많은 문제를 해결해나갈 때 사용할 수 있는 문제 해결 능력을 기르는 과정입니다. 내가 해결해야 하는 문제가 뭔지 정확하게 파악하고, 그것을 해결하기 위해서 택할 수 있는 의미 있는 해결책이 뭔지 고민해보는 과정이 바로 문제 해결 능력의 핵심입니다. 하지만 우리는 학창 시절에 있어 가장 중요한 공부에 대해서도 이런 질문을 잘 던져보지 않는 경우가 많습니다.

지금까지의 4가지 질문을 받은 친구들은, 결국 공부 잘하는 사람들의 특징을 가져야 나도 공부 잘하는 사람이 될 수 있다는 생각을 갖게 됩니다. 그럼 이제 한 발짝 더 나아갈 차례입니다. 이제부터는 '어떻게' 라는 질문에 대해 고민해보겠습니다.

구체적으로 무엇을
해야 할까?

이제 행동의 변화에 대해 이야기할 시간입니다.

지금까지의 대화를 통해 아이들은 '나보다 공부를 잘하는 사람은 일상생활과 공부를 연결시키면서 살고 있다' 그리고 '나도 그렇게 되어야 그 아이들을 이기고 진짜 상위권이 될 수 있다'는 것을 깨닫게 되었습니다. 이제 아이들에게 변화를 일으키기 위한 행동에 대해 생각하고, 그 행동을 앞에서 이야기한 적 있는 구체적이고 측정 가능한 목표로 치환하는 작업이 필요합니다.

> "그럼 그 아이들처럼 되려면 구체적으로 무엇을 해야 할까?"

일상생활과 공부를 연결하는 것은 스킬이 아니라 관점입니다. 이 단계에서 '구체적으로 어떤 방법을 쓰면 좋을까?'라고 먼저 제시하는 것은 좋지 않습니다. 아이들이 어떤 방법을 통해 일상생활과 공부를 연결할 수 있을까 고민해보는 것 자체가 훌륭한 '일상생활과 공부를 연결하는 연습'이기 때문입니다. 아마 이 순간은 아이들이 의식적으로 본인의 일상생활과 공부를 연결하는 첫 경험이 될 겁니다.

저는 사실 이 질문을 할 때 굉장히 기대됩니다. 아이들이 저마다의 관점으로 생각하지도 못했던 여러 가지 방안들을 내놓기 때문이죠. 기상천외한 이야기들도 많이 나옵니다. 예를 들면, "그런 친구들한테 평소에 무슨 생각을 하는지 물어보고 따라한다"라는 다짐도 있었고, "자주 명상을 하겠다"라는 작전을 내놓은 친구도 있었습니다. "한국에서는 그런 게 힘드니 외국으로 유학을 가고 싶다"는 이야기를 해서 부모님이 당황스러운 표정을 지으셨던 기억도 있습니다.

여기서 중요한 것은 앞서 말한 대로 '내가 실천했는가를 남들도 판단할 수 있는 형태의 행동인지, 그러기 위해서 목표와 계획이 측정 가능한지' 여부입니다.

아이들이 자주 세우는 계획 중 하나로 '공부를 열심히 하겠다'라는 게 있습니다. 하지만 이 계획은 하루가 지나도 스스로 잘 지켰는지 평가하기 어렵습니다. 반면 '오늘부터 매일 두 시간씩 빠지지 않고 4주간 공부하겠다'는 계획은 지켰는지 안 지켰는지 판단할 기준이 분명합니다.

'문제를 풀 때 고민하고, 많이 풀겠다'는 목표 역시 측정이 어렵습니다. 대신 언제까지 무슨 문제집을 풀되 정답률이 80% 나올 때까지 풀고, 그래도 모르는 문제는 모아뒀다가 부모님과 같이 풀어보겠다고 목표를 잡으면 지켰는지 여부를 스스로 알 수 있습니다.

이렇게 측정 가능한 목표를 설정해야 하는 이유는 간단합니다. 뇌과학적으로 볼 때, 학습을 지속시키는 핵심은 의지가 아니라 도파민 보상 시스템이기 때문입니다. 여기서 중요한 점은, 도파민은 '열심히 했을 때'가 아니라 '진전이 감지될 때' 분비된다는 사실입니다. 막연한 목표는 진전을 감지하기 어렵습니다. '수학을 잘하고 싶다', '집중력을 키우고 싶다' 같은 목표는 뇌가 변화를 포착할 수 없습니다.

반면 목표가 측정 가능해지면 상황은 달라집니다. 지난주엔 최고난도 문제 중 50%를 맞혔는데 이번주에는 80%를 맞혔다면 뇌가 '나아지고 있다'는 신호를 명확하게 인식합니다. 이런 신호가 들어올 때, 뇌는 공부를 고통이 아니라 '보상해줘야 하는 행동'으로 분류하기 시작합니다. 반대로 측정 없는 노력은 뇌의 입장에서 보면 보상 없는 반복 노동에 가깝습니다.

한 번 더 강조하지만, 이런 과정에서 '일상생활과 공부를 연결시키는 방법을 찾겠다'라는 관점을 갖는 것 자체가 가장 중요합니다. 그리고 그 구체적인 방법들을 찾을 때 '내가 정말 실천하고 있는지 스스로 인지할 수 있는 측정 가능한 형태로 만드는 것'이 핵심입니다.

기록하는 습관,
복습하는 습관

저는 이 단계에서 아이들에게 몇 가지 조언을 해줍니다.

첫 번째, 많이 관찰하고 기록해야 한다는 것입니다. 두 번째, 지금 배운 것을 예전에 배운 것과 연결시켜보기 위해 작년, 재작년에 배운 내용을 복습하는 습관을 가져야 한다는 것입니다. 이 2가지는 단순히 노력하는 것에 그치지 않고 결과물이 남기 때문에 측정 가능하고, 스스로 노력 여부를 점검할 수 있기 때문에 효과적입니다.

이 과정에서 본인이 다짐한 실행 계획은 누가 알려준 그 어떤 효과적인 조언보다 중요하고 의미가 있습니다. 스스로 의미를 부여했을 때의 학습 효과는 그렇지 않았을 때에 비해 비교할 수 없을 정도로 높아지기 때문입니다. 스스로 방법을 찾아봤을 때, 이 책의 뒷부분에서 이야기하려는 방법론들이 진정한 의미를 갖게 됩니다.

아이들에게 "방금 네가 말한 것들을 실천하면, 성적이 오를 것 같니?"라고 물어보면 대부분의 아이들이 "네, 많이 오를 것 같은데요"라고 이야기합니다.

이제 이 대화의 마지막 질문이 남았습니다. 바로 '의지가 약한 인간이 이 과정을 실제로 행동으로 옮기고 습관으로 만들어낼 수 있을까?'라는 의문에 대한 이야기입니다.

마음을 먹는다고
열심히 할 수 있을까?

사실 여기까지 이야기가 이뤄지면 아이들의 표정과 옆에서 지켜보는 부모님의 표정이 상당히 고무적으로 변합니다. 이제 집에 돌아가서 실천하면 곧 변화가 시작되고, 성적이 오르지 않을까 하는 기대감이 생긴 덕분이겠죠.

그런데 많은 아이들을 만나온 저로서는 찬물을 끼얹는 느낌이 들면서도 하지 않을 수 없는 질문이 있습니다.

> "그런데, 이렇게 하겠다고 마음먹고 집에 가면
> 계속 그렇게 일상생활과 공부를 연결시키고
> 꾸준히 열심히 노력할 수 있을까?"

이런 질문을 받은 아이들은 여러 가지 상황을 떠올려본 후 약간 자신 없는 목소리로 "글쎄요"라고 대답하는 경우가 많습니다. 지금까지 해보지 않은 일이니 자신 있게 할 수 있다고 말하기 어렵습니다. 그렇다고 해보지도 않고 못 한다고 할 수도 없는 노릇이니 당연한 반응입니다.

진정한 변화를 일으키는 데 의지만으로는 부족할 수 있다는 사실을 꼭 인지해야 합니다. 진짜 변화는 습관이 바뀔 때 일어나고, 습관의 변화는 시스템의 변화가 뒷받침되어야 일어납니다. 시스템을 바꾸는 것에 대한 고민이 없으면 그 어떤 결심도 흔히 말하는 작심삼일로 끝날 수밖에 없다는 것을 우리는 수차례 반복되는 결심을 통해서 이미 잘 알고 있습니다.

"그럼 가장 방해되는 건 뭘까?"

이 질문의 답은 다양하지만, 아이들의 입에서 가장 많이 나오는 단어는 바로 '휴대폰'과 '게임'입니다. 아이들 스스로도 고민하고 생각하는 데 방해가 되는 요소가 무엇인지 잘 파악하고 있다는 걸 알 수 있습니다.

"그럼 어떻게 하면 좋을까?"

이제는 이 간단한 질문만으로도 아이들 스스로 휴대폰과 게임을 자제할 방법을 찾는 장면을 보게 됩니다. 평소에는 어른들이 제시해도 받아들이지 않던 그 방법들을 아이들 스스로 대책으로 내놓는 것을 보면 부모 입장에서는 신기하기도 하고 가끔은 허탈하기까지 합니다. 저를 만난 어떤 중학생 아이는 휴대폰을 전화와 문자 메시지만 쓸 수 있는 기기로 변경하기도 했습니다. 또 다른 아이는 요즘 이 부분을 공부하고 있는데 생각해볼 만한 좋은 질문을 던져줄 수 없냐고 연락을 해오기도 했습니다. 어찌 보면 당연한 결과이지만, 스스로 고민한 과정을 통해서 결정 내린 행동은 주위에서 주입한 자극을 받아들이는 것과는 차원이 다른 변화를 만들어냅니다.

여기까지 질문이 끝났다면 지금까지의 대화를 같이 잘 정리해보고, 실제로 이 일들을 어떻게 실천하고 있는지 함께 점검할 수 있는 방법을 고민하고, 후에 어떤 변화가 어떻게 일어났는지 기다리는 일만 남았습니다. 실천으로 옮기고 변화를 만들어내는 것은 본인의 몫이지만, 좋은 질문이 그런 과정을 더 수월하게 수행하도록 도와줄 수 있는 것은 분명합니다.

스스로에게 질문하고 답하면서
찾아가는 공부 역량

중3이 되기 직전 겨울방학에 부모님과 함께 저를 찾아와 6가지 질문으로 대화를 나눈 여학생이 있었습니다. 그 친구는 주위에서 보기에도 정말 끊임없이 노력하고 공부를 더 잘하기 위해서 고민하는 학생이었습니다. 비교적 우수한 성적을 거두고는 있었지만 노력에 비하면 턱

없이 부족한 성적이라고 생각하고 있었습니다. 이야기를 나누어보니 각 과목의 점수는 90점 언저리였고, 특히 지난 시험에서 과학 과목 점수가 80점대 초반으로 나와서 속상해했습니다. 분명히 누구보다도 열심히 했고, 빠짐없이 공부했는데 점수가 더 이상 오르지 않아 뭐가 문제인지 모르겠다는 마음 반, 여기까지가 내 능력의 한계인 것 같다고 느끼는 마음 반이었습니다.

3시간의 대화 이후에 그 친구에게는 참 많은 변화가 있었습니다. 이 친구는 질문과 대화에서 느낀 점들을 정리해서 저에게 보내주었습니다. 거기에 더해 극상위권과 본인의 차이를 생각해보고, 앞으로 어떤 점들을 어떻게 고칠지 계획을 세워서 이야기해주었습니다. 핵심은 평소의 생각과 공부를 연결시킬 수 있느냐 여부였습니다. 어머니는 "빠른 결과 도출을 위한 생각 없는 움직임, '열심히'에만 초점이 맞춰진 힘이 빡 들어간 공부"가 문제였던 것 같다고 소감을 보내주셨습니다.

3개월 후, 이 친구에게서 연락이 왔습니다. 이 친구는 한 과목을 제외한 모든 과목에서 100점을 받았고, 나머지 한 과목도 90점을 넘겨서 마침내 최상위권 점수를 이뤄냈다고 좋아했습니다. 메시지만으로도 얼마나 기뻐하는지가 느껴져서 매우 뿌듯했습니다. 이 친구는 얼마 전에 원하던 특목고에 진학하게 되어 부모님으로부터 다시 한번 연락을 받고 함께 기뻐하기도 했습니다.

짧게 6개 질문을 나열하고 넘어갈 수도 있었는데, 이렇게 상세하게 글을 써내려간 이유가 있습니다. 6개 질문에 대해 생각하고 답하는 과정 그 자체가 아이들이 일상생활 속에서 갖추어야 할 질문의 프로세스이기 때문입니다. 일상생활과 공부를 연결하는 구체적인 팁들과 방법론들은 결국 이 장에서 설명한 내용의 질문을 해주는 사람이 없어도 아이들이 스스로에게 질문하고 스스로에게 답하면서 역량을 기르는 습관을 갖도록 하는 데 그 목적이 있습니다.

이제 다음 장에서는 일상생활과 공부를 연결시키는 과정을 보다 수월하게 하려면, 어떤 생각들이 바뀌어야 하는지에 대해서 하나하나 짚어보려고 합니다.

PART 3

공부를 잘하기 위해서는 생각을 바꾸는 게 먼저다

무엇을 하느냐보다
무엇을 하지 않느냐가
중요하다

이번 장에서는 일상생활과 공부를 연결시킨 사람들과 그렇지 않은 사람들은 생각하는 방식이 어떻게 다른지 고민해보겠습니다.

"공부를 잘하려면 어떻게 해야 하나요?"

이 질문은 제가 대중을 상대로 강연을 하면서 가장 많이 들은 질문입니다. 뭘 해야 공부를 잘할 수 있을까요? 무엇을 해야 제가 이 책에서 계속 이야기하고 있는 것처럼 일상생활과 공부를 연결시킬 수 있을까요?

많은 아이들과 부모님들을 만나면서, 그리고 현장에서 아이들을 가르치면서 '이 아이는 뭘 해야 공부를 잘하게 될까?' 늘 고민합니다. 제가 찾은 거의 유일한 답은 '일상생활을 공부와 연결시키고, 좋은 태도로,

많은 시간 공부해야 한다'라는 것입니다.

그런데 문제는 일상생활과 공부를 연결시킨 상태에서 좋은 태도를 가지고, 제대로 된 방법으로, 많이 공부를 하는 게 생각만큼 쉽지 않다는 겁니다. 왜 어려울까요? 이유는 그렇게 공부하기 이전 상태에서 찾아야 합니다. 일상생활을 공부와 연결시키기 위해서, 그리고 좋은 태도로, 제대로 된 방법으로 많이 공부하기 위해서 우리가 할애해야 하는 자원들이 이미 다른 것들로 너무 많이 채워져 있습니다.

제가 아이들에게 공부에 대해 이야기할 때 가장 먼저 강조하는 것은 바로 이것입니다.

> "공부를 잘하기 위해서는 무엇을 하느냐보다
> 무엇을 하지 않느냐가 중요하다."

이 이야기는 2가지 의미를 가집니다.

가장 먼저, 공부를 잘하기 위해서는 일상생활을 단순하게 만들어야 한다는 의미입니다. 어떻게 하면 생활을 심플하게 만들 수 있을까요? 좀 더 직설적으로 풀어보겠습니다. "공부를 잘하기 위해서 무엇을 포기할 수 있느냐?"는 것이죠. 그리고 무엇인가를 포기해야만 하는 이유는 우리가 지키기로 약속한 것을 꼭 지켜내기 위해서입니다.

주변에서 공부 잘했던 사람들을 한번 생각해보세요. (물론 예외도 있겠지만) 대부분 삶이 단순하다는 인상을 받지 않았나요? 와야 하는 시간에 오고, 하기로 한 일을 합니다. 그리고 하지 말아야 할 일을 하지 않고, 그만둬야 하는 시간에 그만둡니다.

반면 자기만의 해야 할 일이 많고, 사연도 많고, 변수도 많이 발생하는 친구들은 공부를 잘하기가 어렵습니다. 공부를 하려고 자리에 앉으면 집중이 흐트러지고, 급하게 처리해야 하는 다른 일들이 생각나고, 다양한 돌발 변수들이 생깁니다. 그러다 보면 체력을 다른 곳에 많이 소비해버려서 정작 공부할 때는 지친 상태인 경우가 다반사입니다. 게다가 어긴 약속들이 쌓이면서 뒤의 일정에도 계속 영향을 줍니다.

애초에 공부할 마음이 별로 없어서 이런 일이 발생한다면 이해가 가는데, 공부를 해보겠다고 마음먹은 학생도 이런 생활에서 벗어나지 못하는 것은 너무 많은 변수를 끌어안고 있기 때문인 경우가 대부분입니다. 조금만 변수가 발생해도 그 이후의 모든 약속들이 어긋날 수밖에 없는 아슬아슬한 스케줄, 체력적인 변수를 고려하지 않은 일정 등이 주된 이유입니다.

10년 넘게 회사 생활을 하면서, 그리고 학생들을 지도하면서 느낀 것은 정말 실행해야만 하는 일에 대해서는 보수적으로 계획을 잡아야 한다는 것입니다. 정말 꼭 지켜야 하는 일에 대해서 계획을 세울 때는 변수를 최소화하고 안정적으로 계획을 잡아야 합니다. 그러다 보면 우선순위를 정하게 됩니다. 우선순위를 정한다는 건 무엇인가를 포기할 준비를 한다는 것을 의미하죠. 이건 공부에서도 마찬가지입니다.

정말로 공부를 잘하겠다고 맘을 먹은 친구들과 함께 계획을 세우다 보면 "이 계획을 반드시 지키기 위해 무엇을 포기해야 하는가?"에 대해서 꼭 이야기합니다. 기존에 하던 모든 것들을 다 하면서 공부를 잘하게 되는 것은 제아무리 기가 막힌 공부 방법을 익히더라도 불가능하기 때문입니다.

무엇인가 포기한다는 건 곧 우선순위를 정한다는 일

많은 아이들을 지켜본 결과, 루틴과 약속이 깨지는 가장 큰 이유는 3가지로 압축할 수 있었습니다. '너무 빡빡한 스케줄'과 '굳이 하지 않아도 되는 일들에 쏟는 시간', 그리고 '인간관계'입니다. 아이들에게 공부를 많이 해야 하는데 이 중에서 뭘 포기하겠느냐고 다짜고짜 물어본다고 해서 결단하고 행동으로 옮기는 건 쉽지 않습니다. 이때 어른들이 도와줄 수 있는 가장 좋은 방법은 함께 계획을 세워주는 겁니다.

앞에서 이야기한 한결이와 저는 시험 준비를 하면서 필요한 시간이 몇 시간이고, 현재 확보된 시간이 몇 시간인지 분석해봤습니다. 한결이는 지난 학기의 공부한 양, 그때 얻은 성적과 비교했을 때 100시간 정도 필요하다고 생각했습니다. 하지만 실제로 공부에 쓸 수 있는 시간은 75시간 정도였습니다.

　그럼 어떻게 하면 25시간을 더 확보할 수 있을까요? 한결이는 절대 포기할 수 없는 몇 가지를 제외한 상태에서 고민을 시작했습니다. 한결이는 휴대폰으로 체스하는 시간을 아깝지만 포기하기로 했고, 기숙사에서 저녁을 먹기 위해 서 있는 시간을 의미 없이 보내지 않고 영어 단어를 외워보기로 결심했습니다.

　한결이는 이런 작업을 통해서 우선순위를 조정했고, 스스로 포기할 것들을 찾아서 실행에 옮긴 결과, 성적이 단기간에 오르는 성과를 낼 수 있었습니다.

시험 기간보다
시험 기간이 아닐 때가 더
중요하다

공부와 시험은 같은 단어일까요? 우리는 흔히 시험 점수를 잘 받으면 공부를 잘한다고 표현합니다. 하지만 공부를 잘하는 것과 시험을 잘보는 것은 다른 영역입니다. 공부와 시험을 구분하는 것은 결과적으로 아주 큰 차이를 만들어냅니다.

입시제도는 오랜 시간에 걸쳐 계속 바뀌어왔고 아직도 바뀌고 있지만, 어렸을 때 한두 번의 큰 시험으로 대학이 결정되던 시기에 학창 시절을 보낸 현재의 부모님 세대는 '공부'라는 단어를 들으면 자연스레 시험을 준비하는 과정을 떠올리곤 합니다. '시험'이라는 단어를 들으면 '긴장감', '압박감', '점수' 같은 단어들이 연결되어 생각납니다. 그러니 부모님들에게 공부가 '긴장감에 가득 차서 손을 바쁘게 움직이고, 문제를 많이 푸는 장면'을 떠오르게 하는 건 이상하지 않습니다.

하지만 지금 아이들이 준비하는 시험은 과거와 성격이 전혀 다릅니다. 입시제도는 대학수학능력시험 의존도를 낮추는 방향으로 가고 있습니다. 내신 성적을 산출하는 방식도 지필고사 점수에만 의존하지 않고 다양한 수행평가 점수를 반영하는 것으로 바뀌고 있습니다. 한마디로, 대한민국의 입시제도는 점점 아이들의 '일상'을 들여다보는 쪽으로 바뀌고 있습니다.

지금의 시험은 단발성 승부가 아니라, 아이가 일상생활에서 얼마나 꾸준히 사고하고 학습했는지를 점검하는 '중간 확인' 성격이 강합니다. 그런데도 여전히 많은 아이들이 공부를 '시험을 위한 공부'라고 오해합니다. 책장을 초조하게 넘겨가며 바쁘게 문제를 풀고, 단기 기억에 의지하는 공부 방식을 반복합니다. 이 방식은 부모님 세대에게 익숙한 방식이고, 가장 쉽게 택할 수 있는 공부 방법입니다. 하지만 개인의 역량을 최대화하는 방법과는 거리가 멀고, 최근의 입시 트렌드와도 맞지 않습니다.

중간고사나 기말고사를 보기 직전에 책을 넘기며 "혹시 이 부분이 시험에 나오면 어떡하지?" 하고 정신없이 읽어 내려간 적이 있으실 겁니다. 손은 빠르게 움직이지만 눈은 제대로 읽지 못하고, 머리는 이미 과열되어 정작 아무것도 들어오지 않습니다. 사실상 공부가 이뤄지지 않는 상태죠. 그저 불안감과 압박을 잠시 눌러주는 행동일 뿐, 학습적인 효과는 거의 없습니다.

그런데 문제는 많은 아이들이 이 '시험 직전의 불안한 상태'를 평소 공부에도 그대로 적용하고 있다는 것입니다. 항상 마음이 급하고, 항상 새로운 것을 채워 넣어야 할 것만 같고, 항상 지금 무엇을 놓치고 있는지 걱정하면서 공부합니다. 1년 내내 시험공부를 하고 있는 느낌으로 말이죠. 이런 상태에서는 절대 실력이 쌓일 수 없습니다.

역량이 강화되는 공부 방법은 불안과 긴장 속에서 빠르게 입력하는 활동이 아니라, 여유와 반복 속에서 구조화하는 활동입니다. 불안과 긴장 속에서 빠르고 정확하게 결과를 도출해내는 연습은 기초가 다 완성된 상태에서 의미가 있는 작업이지 기본 체력을 올려주는 효과는 기대하기가 어렵습니다.

그래서 저는 아이들에게 시험공부와 '역량을 강화하는 공부'를 철저히 구분해야 한다고 강조합니다. 시험공부는 말 그대로 시험 범위를 확인하고, 내가 알고 있는 것과 모르는 것을 점검하는 과정입니다. 이미 배운 내용을 정리하고, 실수할 가능성이 높은 부분을 한 번 더 체크하고, 시험에 나올 만한 문제를 예상해서 유형별로 익숙해지도록 반복하면 됩니다.

반면 실력을 쌓는 공부, 즉 역량을 강화하는 공부는 방식이 전혀 다릅니다. 이해하고, 구조를 잡고, 연결하고, 문제를 스스로 풀어보며 사고력을 확장하는 과정입니다. 이 과정은 시간이 걸립니다. 느리고, 깊게 생각해야 하니까요. 또 디폴트 모드 네트워크DMN, Default Mode Network(아무것도 하지 않고 가만히 있을 때 오히려 활성화되는 뇌 네트워크)가 활성화되는 멍 때리는 시간, 산책하는 시간, 조용히 머릿속에서 개념을 재배치하는 시간이 반드시 포함되어야 합니다. 이런 과정 없이 시험 직전처럼 무작정 문제를 많이 풀면서 급하게 지식을 흡수하는 방식으로는 절대 실력이 늘지 않습니다. 쉽게 휘발되는 방식으로 지식을 습득하려고 하고 있기 때문에 효율 또한 높은 상태가 아닙니다. 역량을 강화해야 하는 시간에 문제만 많이 풀면서 시험 기간처럼 공부를 하고 있다가, 막상 시험이 닥쳐왔을 때 평소와 다름없는 방식으로 (공부량만 조금 더 늘리면서) 공부하는 것은 이치에 맞지 않습니다.

시험 기간인 것처럼 공부하던 것을 멈춘 후에야 비로소 오른 성적

아직 시험을 보지 않는 초등학교 학생들에게 이런 고민이 더욱 필요합니다. 최근 몇 년간 아이들에게 극선행, 극심화 교육을 시키는 것이 트렌드처럼 되어서 많은 설왕설래가 있습니다. 제가 학부모님들에게 가장 많이 받는 질문 중 하나가 "선행을 시켜야 하나요? 심화를 시켜야 하나요?"입니다. 이런 질문에 저는 아이를 직접 만나서 성향과 상태를 봐야 정확한 대답을 할 수 있다고 답하지만, 그래도 절대로 양보할 수 없는 원칙은 있습니다.

아이의 수준과 상황에 맞는 선행학습, 예습은 당연히 도움이 되지만 7~8년 후에나 볼 시험을 지금부터 공식을 외우고 반복해서 문제를 푸는 방법으로 준비한다면, 오히려 모르는 것들이 쌓여가는 과정만 반복하게 됩니다.

엄마와 함께 저를 찾아온 예비 중3 남학생이 있었습니다. 이 친구는 주위에서 보기에도 열심히 공부를 하는데 생각처럼 성적이 나오지 않아서 고민이었습니다. 정말 죽기 살기로 공부해서 준비한 시험에서 평균 90점 언저리를 벗어나지 못하자 낙심했고, 저에게 도움을 청했습니다. 이 친구와 이야기하면서 너무 높은 긴장도를 항상 유지하면서 시야가 좁아진 채로 공부하는 게 문제란 것을 쉽게 알 수 있었습니다.

저는 이 친구에게 아직 배우지 않은 범위의 수학 문제를 주고 몇 가지 질문을 하면서 풀이를 이끌어줬습니다. 이 친구는 30분 정도 걸려서 문제를 풀어냈습니다.

제가 이렇게 물었습니다.

"'이 문제를 보고, 배운 적이 없는데 어떻게 풀어야 하지?'라는 생각이 들었을 텐데 어떻게 풀었을까?"

"선생님이 옆에서 이 문제를 풀기 위해서는 무엇이 필요한지, 그것을 알아내기 위해서 활용할 수 있는 지식은 무엇인지 물어봐줬기 때문에 풀 수 있었어요"라는 답이 돌아왔습니다.

저는 다시 이렇게 질문했습니다.

"내가 매일 너를 따라다니면서 그런 질문을 해줄 수는 없으니까, 그 질문은 누가 누구에게 해야겠니?"

"제가 저 스스로에게요?"

"맞아! 너 스스로에게 해야지. 그런데 하나 기억해야 할 게 있어. 마음이 급하고 시야가 좁을 때는 그런 질문을 절대 스스로 할 수 없어. 고개를 좀 들고 더 멀리 보고, 심호흡을 하면서 공부를 해야 그런 질문을 스스로에게 할 수 있거든. 평소에 문제 푸는 양을 조금 줄이더라도 이런 활동을 해야 해. 그래야 진짜 시험을 잘 볼 수 있는 역량이 생기는 거야."

이 친구는 돌아가서 제 말을 있는 그대로 실천하기 위해 노력했습니다. 그 결과, 4개월 후 중3 1학기 중간고사를 봤을 때 5과목 중 4과목에서 100점을 받았다는 좋은 소식을 전해왔습니다.

이 친구의 성적이 올라간 건 공부를 더 오래 하거나, 시험공부를 더 열심히 했기 때문이 아니었습니다. 1년 내내 마치 시험 기간인 것처럼 공부하던 것을 멈춘 후에야 비로소 '아무리 공부해도 오르지 않던 성적이 급상승하는 경험'을 할 수 있었습니다. 배운 지식들을 정리하고 활용하는 연습을 하고, 스스로에게 질문하는 습관을 기르고 나서야 높은 정리해보겠습니다. 진짜 실력을 키우기 위해서 평소 공부는 차분히 해야 하고, 넓은 범위를 아우르면서 서로 다른 지식들을 연결시켜야 합니다. 그리고 이 과정에서 일상생활과 공부를 연결시키는 작업이 이루어져야 합니다. 이것은 시험공부와 역량을 강화하는 훈련을 철저하게 분리해서 생각할 때에만 가능하다는 것을 꼭 기억하셨으면 합니다.

공부 체력을 만드는 것,
초등 저학년이 핵심이다

여러분에게 다음과 같은 질문을 드리겠습니다.

"자녀에게 같은 사교육비를 써야 한다면, 초등학교 3학년 때 쓰는 것이 좋을까요? 아니면 고등학교 3학년 때 쓰는 것이 좋을까요?"

아마 많은 부모님들이 "그래도 고3이 더 중요하지 않을까요?"라고 말할 것입니다. 고학년이 될수록 시험 부담이 커지고 성적이 직접 숫자로 드러나기 때문에, 우리는 자연스럽게 고학년 공부가 더 어렵고 더 중요한 것처럼 느끼게 됩니다. 그래서 초등 저학년 때는 '그냥 잘 가르치는 선생님이면 된다'고 생각하다가, 중고등학교에 들어서면 갑자기 불안해져 고액 과외나 유명 강사를 찾기 시작합니다. 주변에서도 경쟁을 이야기하니 마치 이 흐름이 자연스러운 것처럼 보입니다.

하지만 우리가 놓치고 있는 중요한 게 있습니다. 공부의 기본기, 공부 체력은 고학년이 아니라 저학년에 만들어집니다. 고학년이 되면 아이들의 사고력이 저절로 깊어질 것이라고 흔히 생각하지만, 실제로는 그렇지 않습니다. 아이가 어떤 방식으로 세상을 바라보고, 문제를 분석하고, 새로운 개념을 받아들이는지와 같은 '사고 구조'는 초등 저학년 시기에 거의 완성됩니다. 다시 말해, 저학년 시기에 일상생활과 공부가 자연스럽게 연결되어 있었느냐가 이후 학습 전체의 질을 결정합니다. 저학년은 단순히 기초 지식을 배우는 과정이 아니라 '생각하는 법'을 배우는 시기입니다. 이때 형성된 사고의 틀은 고학년의 성장을 지탱하는 기초가 됩니다.

뇌과학 연구를 보면 이 사실은 더욱 분명해집니다. "인간의 뇌 발달은 경험에 의해 달라질 수 있다"라는 이론으로 유명한 소아 뇌 발달의 권위자이자 신경과학자인 피터 허튼로커Peter Huttenlocher는 아동과 어른 뇌의 시냅스 밀도에 대한 연구 결과를 발표한 적이 있습니다. 시냅스는 신경세포인 뉴런이 정보를 주고받는 길이라고 할 수 있는데, 무엇인가를 배울 때 이 시냅스 연결이 굵어지기도 하고 강해지기도 합니다. 또 반대로 잘 사용하지 않는 지식은 시냅스가 약해지면서 연결이 끊어지기도 하죠. 시냅스 연결 상태가 바뀌면서 지식끼리 연결되기도 하고, 버려지기도 합니다. 그런데 흥미로운 건, 허튼로커의 연구에 의하면 아동기의 시냅스 밀도는 성인보다 2~3배 높다는 겁니다. 이 말을 더 쉽게 표현하면 인간의 뇌는 초등 저학년 시기에 가장 가소성이 크다, 즉 '변하기 쉽다'라는 이야기가 됩니다. 이 시기의 뇌는 시냅스 밀도가 높은 만큼, 새로운 경험을 받아들여 회로를 재구성하는 속도가 빠릅니다. 쉽게 말해, 배우는 데 최적화된 상태이죠. 반면 고학년으로 갈수록 뇌 회로는 점점 정돈되고, 이미 형성된 방식 안에서 새로운 정보를 처리하려는 경향이 강해집니다. 그래서 저학년 때 만들어진 사고의 틀이 고학년까지 그대로 영향을 미칩니다.

인지심리학에서도 비슷한 연구 결과가 있습니다. 아동 인지발달 이론을 만든 스위스의 발달 심리학자 장 피아제Jean Piaget는 10세 이후에 나타나는 추상적 사고는 사실 새로 생기는 것이 아니라 이전 단계에서 형성된 '구체적 사고 틀'을 확장한 것이라는 말을 남겼습니다. 중학교 시기에 공부를 못하는 아이들은 중학교 과정이 아니라 그 이전에 구체적 사고 틀이 제대로 잡히지 않았을 가능성이 큰 거죠.

이 글을 읽다가 혹시 "그럼 중학교 시기 이후에는 공부를 해도 소용이 없다는 말인가요?"라는 의문을 가지실 수 있는데, 그에 대한 답변은 이 글의 마지막에 다시 언급하겠습니다. (101쪽 참고)

저학년 때 생각해보고 고민해보는 연습이 더 의미 있는 또 하나의 이유는 '의미 기반 학습'이 자연스럽다는 점, 즉 일상생활과 공부를 연결시키는 것이 수월하다는 점 때문입니다. 인지심리학에서는 새로운 정보를 오래 기억하려면 일상과 의미가 자연스럽게 연결되어야 한다고 설명합니다. 저학년 교과의 개념은 대부분 일상생활 속에 존재하기 때문에 아이는 배우는 순간 바로 실생활과 연결해 사고할 수 있습니다.

'왜 그런지', '어떤 상황에서 쓰이는지'를 자연스럽게 떠올릴 수 있기에 기억도 오래가고 개념 이해도 깊어집니다. 이 단계를 건너뛰고 바로 추상적 개념을 받아들이기 시작하면 모든 것을 '단순 암기'로 해결할 수밖에 없게 됩니다.

반면 고학년으로 올라갈수록 배우는 내용은 더 추상적이고 공식화됩니다. 일상생활의 경험과 공부를 바로 연결시키기가 힘들어지는 것이죠. 그러다 보니 고학년에서의 학습은 이해와 연결보다는 '체화된 사고 틀 위에 정보를 얹는 과정'이 됩니다. 기초가 튼튼한 아이는 정보를 얹는 속도가 빠르지만, 기초가 약한 아이는 항상 '이해하는 데까지' 시간이 오래 걸립니다. 결국 고학년에서 투자하는 시간이 대부분 '구멍을 메우는 시간'으로 흘러가게 됩니다.

흥미로운 점은 영어 교육에서는 이미 이런 사실을 받아들여 교육 방식이 크게 변했다는 것입니다. 과거에는 영어도 중고등학교에서 '문법과 시험' 중심으로 가르쳤지만, 지금은 완전히 다른 방식이 자리 잡았습니다. 조기 노출, 듣기·읽기 중심, 자연스러운 언어 입력 등 언어의 특성에 맞추어 저학년 때의 경험을 중시하게 된 것이죠. 그리고 많은 학부모들이 그 효과를 체감했고, 영어 유치원이 유행하기에 이르렀습니다.

하지만 수학이나 과학 같은 다른 교과는 여전히 20~30년 전 공부 방식에 머물러 있습니다. 어렸을 때가 중요다고 여겨지는 언어 영역과 달리 저학년은 '그냥 쉬운 시기', 고학년이 '진짜 공부가 시작되는 시기'라는 인식이 여전히 강하게 남아 있습니다. 그러나 어릴 때가 중요하다는 이론은 언어뿐 아니라 모든 과목에 적용됩니다. 특히 수학이나 과학처럼 논리와 개념 구조가 중요한 과목일수록 저학년 시기의 경험이 훨씬 중요합니다.

저학년에서 자연스럽게 쌓여야 하는 경험들이 있습니다. 예를 들어, 양감과 비율을 느끼는 경험, 문제를 그림과 글로 표현해보는 능력, 패턴을 발견하는 능력, 단위를 몸으로 익히는 경험, 일상에서 수학적 언어를 사용해보는 경험 등입니다. 이런 경험들은 고학년의 문제 풀이에서 더 깊은 이해를 끌어내는 발판이 됩니다. 이 과정 없이 고학년의 공식과 문제 풀이로 곧바로 넘어가는 것은, 기초 공사 없이 건물을 올리려는 것과 다르지 않습니다.

수십 배의 속도와 이해도를 만들어내는 '학습 자본'

같은 10만 원을 쓰더라도, 같은 열 시간을 공부하더라도 저학년 시기에 쓰는 비용과 시간의 효율이 훨씬 높습니다. 고학년 공부는 이미 만들어진 사고 틀 안에서 점수를 끌어올리는 과정이지만, 저학년 공부는 사고 틀 자체를 만드는 과정이기 때문입니다. 저학년의 학습 경험은 나중에 수십 배의 속도와 이해도를 만들어내는 학습 '자본'과 같습니다. 이 이야기를 듣고 '저학년이 중요하다니까 문제집을 많이 풀게 하고 학원을 보내야겠다'라고 생각하실까 봐 조심스러운데요. 이 책에서 계속 반복해서 말씀드리듯이, 저학년 시기에 가장 중요한 것은 공부와 일상 생활을 연결시키는 일입니다.

그런데 아이의 학습에서 초등 시기가 중요하다는 이야기를 하면 많은 부모님들이 이런 걱정을 털어놓습니다.

"그럼 우리 아이는 지금 중학생인데…… 이미 늦은 건가요?"

저학년 시기가 중요한 것은 틀림없지만, 그 시기가 지났다고 해서 포기할 필요는 전혀 없습니다. 인간의 두뇌는 특정 시점이 지나면 닫혀 버리는 문이 아니라 사용되는 방식에 따라 언제든 다시 성장하는 구조를 가지고 있습니다. 뇌과학자들은 청소년기를 '두 번째 기회의 창'이라고 부릅니다. 전전두엽을 중심으로 사고력·집중력·계획력 같은 상위 기능이 빠르게 확장되는 시기이기 때문입니다. 초등 시기가 '기초를 만드는 시기'라면, 중학생은 이미 만들어진 기반을 재구조화하고 한 단계 더 높은 사고로 도약할 수 있는 황금기입니다.

다만, 똑같은 방식으로 무작정 열심히 해서는 어린 시절에 효율 좋게 배운 사람을 앞지를 수 없습니다. 중학생이 되어서도 개념을 다시 정리하고, 논리적 사고를 연습하고, 문제 해결 전략을 새롭게 학습하면 뇌는 그에 맞게 시냅스를 강화하고 회로를 재정비합니다. 피아제가 말한 것처럼, 추상적 사고는 갑자기 생겨나는 능력이 아니라 이전 단계에서 형성된 사고의 틀을 확장하는 과정입니다. 중학생 시기는 여전히 그 틀을 다시 만들고 확장할 수 있는 충분한 발달 여지를 갖고 있습니다.

중요한 것은 일단 방향을 잘 잡고, 그 이후에 가능한 한 빠르게 뛰는 것입니다.

물론 노력과 인내가 필요하지만, 학습의 성장 곡선은 언제든 다시 그릴 수 있습니다. 중요한 것은 지금부터 무엇을 어떻게 쌓아갈 것인가입니다. 아이의 두뇌는 여전히 변화 중이고, 새로운 경험을 받아들일 준비가 되어 있습니다. '중학생이면 이미 글렀다'는 말은 과학적으로도 교육적으로도 근거가 없는 오해일 뿐입니다.

정리해보겠습니다.

> 뇌의 가소성이 뛰어난 저학년 시기에,
> '일상생활과 공부를 연결시키는 방식'으로,
> 나이가 들면서 추상적인 사고가 쉽게 얹어질 수 있는 구조를
> 만들어주는 것이 무엇보다도 중요합니다.

'이미 늦은' 시기는 없습니다. 10세 이전의 시기를 놓쳤다 하더라도 무조건적인 반복학습으로 극복하려고 하지 말고, 일상생활과 공부를 연결시키는 작업부터 차근차근 시작하면 됩니다.

공부하는 시간보다
공부하고 있지 않은 시간이
중요하다

우리는 공부를 얼마나 오래 했는지에 대해 지나칠 만큼 집착합니다. 하루 동안 책상 앞에 몇 시간이나 앉아 있었는지, 문제집을 몇 장이나 풀었는지, 학원 숙제를 빠짐없이 했는지를 기준 삼아 아이의 학습 상태를 판단하려고 합니다. 그런데 아이들의 학습 변화는 이런 시간에만 일어나는 것이 아닙니다. 오히려 눈에 보이지 않는 순간들, 즉 아이가 공부를 멈추고 있을 때 뇌는 더 활발하게 움직이며 중요한 정리 작업을 수행합니다.

이번 글에서 꼭 기억하셨으면 하는 말은 2가지입니다. 첫 번째는 우리가 아무것도 하지 않는 순간에 작동하는 우리 뇌의 '디폴트 모드 네트워크'이고, 두 번째는 '지식의 인출'입니다.

망각과 학습에 대해 연구로 유명한 세계적인 인지심리학자 로버트 비요크Robert Bjork는 이런 말을 한 적 있습니다.

> "진짜 학습은 책을 펼쳤을 때가 아니라,
> 책을 덮었을 때 시작된다."

이 말은 디폴트 모드 네크워크와 지식의 인출 2가지의 중요성을 동시에 시사합니다.

먼저 아무것도 하지 않는 순간, 즉 디폴트 모드 네크워크의 중요성에 대해 이야기해보겠습니다. 우리가 아무런 외부 과제에 집중하지 않고 있을 때 활성화되는 뇌 회로를 "디폴트 모드 네트워크"라고 부릅니다. 이름 그대로, 뇌의 기본 상태에 가까운 네트워크입니다. 사람들은 문제를 풀거나 새로운 정보를 외울 때처럼 특정 과제에 집중할 때 뇌가 가장 활발히 움직일 거라고 생각합니다. 하지만 우리 생각과 다르게 뇌는 멍하니 있을 때, 산책할 때, 샤워할 때, 창밖을 바라볼 때처럼 외부 자극이 적은 순간에 가장 활발하게 작동합니다.

새로운 내용을 들을 때 뇌는 일단 입력을 합니다. 그리고 학습과 학습 사이의 쉬는 시간에 입력된 상태의 정보를 정돈, 재구성하고 구조화하면서 장기 기억으로 넘겨주는 과정이 일어납니다. 이 과정을 거쳐야 비로소 '필요할 때 꺼내서 써먹을 수 있는 지식'이 됩니다. 수업 중엔 잘 디폴트 모드 네트워크의 역할을 잘 설명해주는 깜짝 놀랄 만한 실험 결과들도 찾아볼 수 있습니다. 영국 에딘버러대 연구팀은 사람들을 두 그룹으로 나눠서 처음 듣는 이야기를 들려준 뒤 한 그룹에게는 10분간 눈을 감고 조용히 쉬는 시간을 갖도록 했고, 다른 그룹에게는 크게 어렵지 않지만 집중해야 하는 퀴즈 게임을 10분간 풀도록 했습니다. 그런 뒤 이 두 그룹을 대상으로 들려준 이야기를 잘 기억하고 있는지 테스트해보았습니다. 실험 직후에는 두 그룹 간에 큰 차이가 없었지만, 7일 후 다시 테스트해보자 큰 차이로 조용히 쉰 사람들이 잘 기억하고 있다는 결과를 얻었습니다. 정보를 장기 기억으로 옮기고, 그 기억을 공고하게 만드는 뇌의 작업이 학습과 학습 사이의 빈틈에서 이루어진다는 것을 확인할 수 있는 실험 결과라고 할 수 있습니다.

겉으로 보기에는 아무 일도 하지 않는 것처럼 보이는 그 순간에 뇌 안에서는 아주 중요한 작업이 이루어집니다. 하루 동안 들어온 정보들을 정리하고, 서로 연결하고, 의미를 붙이는 작업입니다. 공부 시간 동안 우리는 물건을 계속 창고에 들여놓습니다. 하지만 정리되지 않은 채 쌓아두기만 하면, 나중에 필요할 때 꺼내 쓰기 어렵습니다. 디폴트 모드 네트워크가 활성화되는 시간은 바로 이 창고를 정리하는 시간입니다. 심지어 최근에는 정리되지 않은 감정들을 처리하는 순간도 디폴트 모드 네트워크가 활성화되는 시간이라는 것이 밝혀졌습니다.

역사 속에서 자주 언급되는 위대한 통찰의 순간들도 디폴트 모드 네트워크의 중요성을 잘 이야기해줍니다. 뉴턴이 사과가 떨어지는 장면을 보고 만유인력에 대한 생각을 발전시켰던 순간, 아르키메데스가 목욕을 하다 부력의 원리를 떠올렸던 순간, 멘델레예프^{Mendeleev}가 잠자리에 들며 주기율표의 구조를 떠올렸던 순간. 이 장면들의 공통점은 모두 무언가를 열심히 하고 있던 중이 아니라, 오히려 힘을 빼고 있던 순간이었다는 점입니다. 바로 디폴트 모드 네트워크가 활발히 작동하는 때입니다.

학습의 관점에서 보면, 디폴트 모드 네트워크는 '이해'와 '장기 기억'을 가능하게 만드는 핵심 조건입니다. 아이가 문제집을 많이 풀고, 학원을 연달아 다니며, 눈앞의 과제를 빠르게 처리한다고 해서 실력이 자동으로 쌓이지 않는 이유는 바로 여기에 있습니다. 디폴트 모드 네트워크가 작동할 시간과 여백이 확보되지 않으면, 공부한 내용은 기존 지식과 연결되지 못한 채 흩어져버립니다.

정보의 인출이야말로
가장 강력한 학습

공부하는 시간보다 공부하지 않는 시간이 더 중요한 이유는 다른 측면에서도 설명할 수 있습니다. 그건 바로 일상생활 속에서 이루어지는 정보의 인출이야말로 가장 강력한 학습이라는 겁니다. 써먹기 위해 뇌에 저장된 정보를 떠올릴 때마다 기억은 더 선명해지고, 더 구조화되고, 더 오래갑니다.

그렇다면 어떻게 해야 '공부하지 않는 시간'을 잘 활용하면서 일상생활과 공부를 연결시킬 수 있을까요? 뇌과학, 인지심리학이 워낙 빠른 속도로 발전하고 있어 조금만 살펴보면 중요한 힌트들을 얻을 수 있습니다.

반복해서 말씀드리지만, 공부를 하고 나서 뇌에 '이건 중요한 정보야. 나는 앞으로도 이 정보를 계속 써먹을 거야'라고 알려주는 가장 확실한 방법은 일상생활에서 그 지식을 끄집어내 다시 '사용'하는 것입니다. 우리는 이 과정을 '인출'이라고 부릅니다. 책을 덮고 난 뒤의 시간, 즉 공부를 하지 않는 시간 동안 뇌가 정보를 정리하고 강화하는 과정(이걸 '기억의 공고화'라고 부릅니다.)이 본격적으로 시작되고, 이때 뇌는 '이 정보는 쓸모 있고, 앞으로도 자주 필요하겠구나'라고 판단합니다.

그 이유는 앞의 글에서도 얘기한 뇌가 정보를 저장하는 방식을 떠올려보면 쉽게 이해할 수 있습니다. 공부를 통해 들어온 정보는 처음에는 '휘발성'에 가까운 형태로 존재합니다. 그런데 이 정보가 실제 생활에서 다시 활성화되고, 주의를 받고, 재사용될 때마다 그 정보는 새로운 맥락과 연결되고, 회로가 더 단단해집니다. 이를 "시냅스 강화synaptic strengthening"라고 부르는데, 인출이 자주 일어날수록 시냅스가 안정적으로 유지되고, 그 결과 기억은 장기 기억으로 이동하거나 지속됩니다. 단순히 책만 오래 들여다보는 '재노출 re-reading'로는 절대 같은 효과를 만들 수 없습니다.

지식을 뇌에서 인출함으로써 우리는 뇌에 '지금 이 정보는 살아 있다'고 알려주게 되고, 뇌는 이런 정보들을 더 꺼내 쓰기 쉽도록 처리합니다. 반대로 공부한 뒤 아무 연결도 시도하지 않으면, 뇌는 '이것은 잠깐 쓰고 버릴 정보'라고 판단해서 기억에서 빠르게 밀어내기 시작합니다. 공부를 열심히 해도 일상생활에서 꺼내 쓰지 않으면 금방 사라지는 이유가 바로 여기에 있습니다.

지식을 인출하는 습관은 절대 '특별한 시간'을 잡아야만 할 수 있는 활동이 아닙니다. 오히려 일상생활 속에서 무심코 떠올리는 것, 친구에게 설명해보는 것, 보이는 것들을 배운 개념과 연결해보는 것이 인출의 핵심입니다. 뇌는 공부한 내용과 실제 세상 사이의 연결이 자주 일어날수록 그 지식을 더 중요한 것으로 평가합니다. 시험이라는 인위적인 순간을 위해서만 기억을 준비하는 것이 아니라, 일상적인 환경 자체가 학습의 연장선이 되는 것이죠.

이 책의 전반에서 강조하고 있듯이 일상생활 속에서 공부한 내용을 떠올리고 지식을 인출하는 것은 타고난 아이들만 할 수 있는 일이 절대 아닙니다. 제가 학생들을 가르칠 때 가장 강조하는 것 중 하나가 "배운 것들을 일상생활 속에서 사용하는 것"입니다. 실제로 저는 일상생활에서 떠올리고 써먹을 수 있는 재료들을 주기 위해 노력합니다. 그 결과 수학 공부 때문에 고민이 많던 부모님들의 긍정적인 피드백을 받았던 사례를 소개해보겠습니다.

수학 공부만 하자고 하면 울던 초등학교 2학년 여자아이를 가르친 적이 있었습니다. 성실한 학생이었는데 수업 시간에 배운 내용을 다 알아들었는지, 수학을 좋아하게 되었는지 궁금했습니다. 그러던 어느 날, 제 SNS에 어머니가 이런 메시지를 남기셨습니다.

"아름이가 선생님 수업을 들으면서 점점 수학에 대한 거부감이 없어지더니 어느 날 '아빠, 우리 저 나무에 있는 나뭇잎이 몇 개인지 페르미추정으로 맞혀볼까?'라고 이야기하는 걸 듣고 깜짝 놀랐어요. 저희에게는 은인 같은 수업입니다."

비슷한 경우는 더 있습니다.

초등학교 친구들과 분수를 공부하고 있었는데, 그중 한 아이가 수업 듣는 것은 재미있지만 문제 푸는 건 재미없다면서 울상을 지었습니다. 아이의 어머니는 걱정된 나머지 '수업을 끝까지 들어야 할지' 고민을 하셨습니다. 그런데 그 아이가 집에서 빵을 먹다가 엄마가 먹으려는 조각을 가리키면서 "엄마가 1/4을 먹네"라고 말해서 어머니가 깜짝 놀라 "그게 무슨 말이야?"라고 다시 물었답니다. 그랬더니 아이가 "반을 먹으면 1/2이고, 그거의 반을 먹으면 1/4이지"라고 대답을 했습니다. 아이가 이전과 달리 문제 풀이에 적극적으로 임하기 시작한 시기와 이 일이 일어난 시기는 정확히 겹칩니다.

이 사례 또한 지금까지 배운 것들을 일상생활 속에서 다루기 시작할 때 일어나는 기대 효과를 잘 보여줍니다. 바로 공부가 재미있어지고 의미 있는 것으로 느끼기 시작하는 거죠.

아무것도 하지 않는 시간을 일과에 포함시키고, 아이에게 질문을 던져주기

일상생활과 공부를 연결하기 위해 부모님이나 아이가 실천할 수 있는 구체적인 방법들에는 무엇이 있을까요?

먼저, 아무것도 하지 않는 시간을 일과에 포함시키는 것입니다. 그냥 가만히 아무것도 하지 않는 채로 있는 것이 습관이 되지 않아 힘들다면, 하루 20분 산책, 탕 목욕 등도 좋습니다. 이마저도 마음대로 되지 않는 친구들에게는 바둑돌을 쏟아놓고 흰 돌과 검은 돌 가르기, 레고 블록을 색깔별로 분리하기 같은 단순 반복 작업을 권유하기도 합니다. 저는 학원에서 수업을 시작하기 전에 모든 아이들에게 10분 동안 주제를 주고 글을 쓰도록 지도합니다. 이 시간에 무엇인가 그럴듯하게 쓰는 것도 중요하지만, 무엇을 쓸지 생각해보고 멍하니 구상하는 시간 자체가 큰 의미가 있습니다.

배운 지식을 일상생활 속에서 자꾸 인출해서 활용하는 연습을 할 때 초반에는 누군가의 도움이 필요합니다. 최근에 무엇을 배웠는지, 그걸 배우면 뭘 할 수 있게 되는 것인지 질문해주는 방법만큼 좋은 것은 없습니다. 초등 저학년 때 부모님이 직접 책상에 앉아 가르치는 것보다 더 효과적인 것은 대화를 통해 무엇을 배웠는지 정리하고 떠올리게 만들어주는 것입니다.

특히 과학이나 사회 과목 같은 경우 일상생활 속 대화가 지식이나 이론으로 쉽게 연결되기 때문에 이런 방식으로 접근하기 용이할 뿐더러 부모와 자녀 간의 관계에도 좋은 영향을 줄 수 있습니다. 예를 들면, "사람들은 주식을 왜 사는 걸까?"처럼 질문해주는 겁니다.

또 생활 속에서 받아들이는 자극들을 흘려보내지 않고 그에 반응하면서 기존 지식들을 활용하는 놀이를 도입해볼 수 있습니다. 한국에는 편의점이 몇 개나 될지 추측해본다거나, 간판에 보이는 한자어와 같은 한자어를 쓰는 단어를 생각해보는 것 등은 좋은 예입니다.

결국, 공부하지 않는 시간은 공부와 전혀 분리된 시간이 아닙니다. 오히려 그 시간이야말로 뇌가 정보를 진짜 '나의 지식'으로 흡수하는 핵심적인 시간입니다. 책의 뒷부분에서도 계속 강조하겠지만 일상생활 속에서 지식을 떠올리고, 다시 꺼내 쓰고, 설명해보고, 연결해보는 습관은 공부를 잘하기 위한 가장 중요하고도 핵심적인 요소라는 것을 꼭 기억하셨으면 좋겠습니다.

어려운 문제보다
쉬운 문제가 중요하다

공부를 잘하는 학생을 떠올릴 때 우리는 자연스럽게 '어려운 문제를 잘 푸는 아이'를 먼저 생각합니다. 학교 시험에서 고난도 문제를 맞히는 아이, 자기 학년보다 더 높은 학년의 문제를 아무렇지 않게 푸는 아이, 대부분의 아이들이 다 틀리는 킬러 문제를 풀어내는 아이를 보면서 "역시 똑똑하네"라고 감탄합니다. 어려운 문제를 해결하는 능력은 분명 탁월함의 상징처럼 보입니다.

하지만 저는 공부 잘하는 사람들을 오랜 시간 관찰하면서, 어려운 문제를 잘 푸는 것보다도 '쉬운 문제를 쉽게 푸는 것'이 훨씬 중요하다는 사실을 확신하게 됐습니다. 이 말을 듣는 분들 중에 의아함을 느끼시는 분들도 있을 겁니다. '쉬운 문제는 누구나 풀 수 있으니 쉬운 문제인 거고, 답을 맞히는 게 아닌가?'라는 생각이 들기 때문이지요. 어차피 맞힐 수 있는 문제에 집중해야 할 필요가 있을까 싶기도 할 겁니다. 그러나 실제로는 모두가 풀 수 있는 문제를 풀 때 학생의 사고 구조, 연산 습관, 풀이 순서, 개념 연결력 등이 모두 그대로 드러납니다. 마치 기초적인 걷기 자세만 봐도 그 사람의 체력과 균형감각이 드러나는 것처럼요.

어려운 문제보다 쉬운 문제를 잘 푸는 것이 중요한 이유는 간단합니다. 어려운 문제를 잘 풀기 위한 능력은 모두 쉬운 문제를 푸는 데서 만들어지기 때문입니다. 다시 말해, 어려운 문제를 풀기 위한 능력은 쉬운 문제를 풀 때 길러집니다. 어려운 문제는 쉬운 문제들의 조합으로 해석해냈을 때 풀 수 있게 됩니다.

입장 바꿔 선생님들이 문제를 내는 상황을 생각해보면 조금 더 선명하게 이해할 수 있습니다. 선생님들은 시험 문제를 구성할 때 보통 난이도를 적절히 섞습니다. 쉬운 문제, 중간 난이도 문제, 어려운 문제를 골고루 섞어 시험을 구성합니다. 그중에서 가장 풀기 어려운 문제는 흔히 '킬러 문제'라는 이름으로 불립니다.

그럼, 선생님들이 문제를 어렵게 만드는 방법은 무엇이 있을까요? 크게 2가지가 있습니다. 첫 번째는 여러 개의 쉬운 문제를 섞어서 복잡한 문제를 만드는 것이고, 두 번째는 보통 사람들이 쉽게 생각하기 힘든 발상이 필요한 문제를 만드는 것입니다. 우리가 보통 '킬러 문제'라고 부르는 것은 두 번째 방법, 즉 쉽게 생각하기 힘든 발상이 필요한 문제들입니다. 이 문제는 시간을 아무리 많이 준다고 해도 풀 수 없는 경우가 많죠.

따라서 우리가 먼저 집중해야 하는 것은 쉬운 문제들을 섞어 어려운 문제를 만들어낸 경우입니다. 대부분 여러 단위 개념이 섞여 있는 문제입니다. 첫눈에 보기에는 분명히 어려운 것 같지만, 답지를 보고 한 단계 한 단계 밟아가면 너무 당연하다는 듯이 풀리는 경우가 많습니다. 이런 경우에는 각 단계가 이해되고 '못 알아듣는 부분이 없기 때문에' 이 문제를 완전히 이해했다고 착각하기 쉽습니다. 한 문제 안에 비례식, 소수 계산, 도형 해석, 분수 연산이 함께 들어가면 문제가 갑자기 복잡해지는데 각각의 평가 요소들은 이해하고 있기 때문에 설명을 듣고 있으면 '이해가 안 가는 부분'이 없는 것은 어찌 보면 당연합니다. 하지만 다시 유사한 문제를 주면 여전히 맞히지 못하는 경우가 많습니다.

즉, 쉬운 문제를 조합해서 만든 어려운 문제를 풀기 위한 역량은 그 문제를 여러 개의 쉬운 문제로 해체해낼 수 있느냐에 달려 있습니다. 쉬운 문제를 유형이 아니라 원리를 활용해 정확하게 해결하고, 그 풀이 과정과 사고의 흐름을 체계적으로 정리해놓은 학생은 어려운 문제를 보았을 때도 '어떤 쉬운 문제들이 결합돼 있는지' 빠르게 분해해낼 수 있습니다. 이것이 바로 고득점을 받기 위해 가장 필요한 실력입니다. 아무리 유형별로 문제를 많이 풀어도 고난도 문제를 풀기 쉽지 않은 이유이기도 하지요.

그렇다면 두 번째 유형의 어려운 문제, 창의적인 발상이 필요한 문제는 어떻게 풀어야 할까요? 창의적인 발상을 하는 힘을 기르려면 어떻게 하면 좋을까요?

아이들을 가르치면서 일반적인 풀이를 알려준 이후에 "너희가 보기에 선생님은 이 문제를 어떻게 풀 것 같니?"라고 반문하는 경우가 있습니다. 그러고 나서 제가 푸는 방법을 보여주면 아이들은 탄성을 지릅니다. 이때 아이들에게 이렇게 강조합니다.

"초등학교 때는 중학생, 고등학생처럼 문제를 풀면 잘하는 것처럼 보이지만, 중고등학교에서 수학을 잘하는 아이들은 초등학생들도 다 아는 지식들만 사용해서 문제를 단순하게 다루어낸다"라는 것이죠. 그리고 그런 아이들이 결국 어려운 문제도 잘 풀 수 있다고 이야기해줍니다.

많은 사람들이 어렵고 복잡한 문제를 창의력의 상징처럼 보고, 어려운 문제를 잘 풀기 위해서는 어려운 문제를 많이 풀어봐야 한다고 생각합니다. 그래서 많은 기관에서 어려운 문제를 풀어주는 과정을 개설하고, 이 과정을 이수하면 킬러 문제를 푸는 실력이 올라갈 것이라고 홍보하기도 하죠. 그리고 학생들은 선생님이 어려운 문제를 쉽게 풀어내는 모습을 보면서 나도 그렇게 할 수 있지 않을까 기대하면서 수업을 듣습니다. 하지만 막상 학생 혼자서 어려운 문제를 풀 때는 창의력을 발휘할 여유가 거의 없습니다. 답을 찾는 것 자체에 몰두할 수밖에 없기 때문에 '이걸 어떻게든 풀어야 한다'는 압박감에 사로잡힙니다. 전형적인 틀에서 벗어나 다양한 시도를 해보는 것도 쉽지 않습니다. 또 어려운 문제를 풀 때는 주어진 문장을 해석하고 이해하는 데 대부분의 인지 자원을 써버리기 때문에, 풀이의 흐름을 점검하거나 사고 순서를 정비할 여유가 없습니다.

진짜 창의적 사고는 어려운 문제가 아니라 쉬운 문제를 '다른 방식으로' 풀어보려는 시도에서 쌓아나갈 수 있습니다. 특히 한 번 풀어본 문제를 다시 풀어보는 과정에서 학생은 안정감을 느끼고, 여유를 갖고 새로운 시도를 해볼 수 있습니다.

예를 들어, 식으로 풀었던 문제를 그림으로 그려 풀어보려는 시도, 암산을 해보면서 계산 과정을 축약하려는 시도, 필요 없는 조건들을 걸러내는 연습은 어려운 문제를 풀 때는 시도하기 어려운 것들입니다. 이런 생각은 쉬운 문제를 풀 때 자연스럽게 일어납니다. 창의력은 어려움 속에서 갑자기 증진되는 것이 아니라 대부분은 안정된 상태에서 다양한 사고를 실험하는 과정에서 자라납니다. 그리고 그렇게 자라난 창의력을 가지고 실제 문제 상황에서 활용하는 것이죠.

문제를 단순하게 만드는 역량

그렇다면 어려운 문제를 풀어내는 사람이 되기 위해서 쉬운 문제를 풀 때 어떤 습관을 가져야 하고, 어떤 역량을 길러야 할까요? 바로 문제를 단순하게 만들어 생각할 줄 알아야 합니다.

> '문제를 푸는 과정을 단순하게 만드는'
> 습관과 역량이 필요합니다.

저는 앞에서 이야기한 한결이와 공부하면서 어려운 문제를 풀어준 적이 없습니다. 이 문제를 어떻게 풀면 되는지 알려준 것이 아니라 어려운 문제를 보고 '이 문제를 풀기 위해서 필요한 게 무엇이고, 그걸 구하기 위해서 문제에서 주어진 힌트가 무엇인지, 그것이 어떤 의미를 가지는지, 또 이 문제가 어렵다고 느껴지는 이유가 무엇이고, 이 문제를 어렵게 만들기 위해서 출제자가 만든 장치는 무엇인지' 파악해서 기록하도록 했습니다. 이 과정을 반복하면서 무작정 이것저것 문제를 풀 때는 보이지 않았던 것들이 한결이에게 보이기 시작했고, 전국연합모의고사에서 상위 0.5% 안에 드는 성장을 이룰 수 있었습니다. 한결이가 이 과정에서 얻은 것은 복잡한 문제를 풀어나가는 길을 단순하게 만들어내는 역량이었습니다. 어려운 문제를 풀 때 관점이 바뀌는 것만으로도 변화는 쉽게 시작됩니다.

'문제를 단순하게 만드는' 역량은 비단 수학 과목에서만 빛을 발휘하는 것이 아닙니다. 제가 대기업에서 근무하던 시절에 100명이 넘는 사람들이 해결하지 못하고 있던 문제가 있었습니다. 원인을 알 수 없어

많은 사람들이 발을 동동 굴렀고, 그러는 사이에 80%의 제품에서 불량이 발생해서 회사가 입는 피해가 막심했습니다. 제가 이 문제를 해결하기 위해 펼쳤던 생각의 회로는 다음과 같았습니다.

"전극 방향에 따라 현상이 다르게 나타나는 걸 보니 분명히 전기적 특성이네."

"그런데 회로가 연결되지 않은 상태에서 전기적 특성을 띠다니 희한하군."

"회로가 연결되지 않으면서 전기적 특성을 띤다는 건 어떤 의미가 있을까?"

"정전기에 의한 성질이라면 회로가 연결되지 않은 상태에서도 전기적 특성을 띨 수 있겠네."

"정전기에 의한 것인지 확인하려면 어떻게 하면 좋을까? 습도가 높으면 정전기가 잘 발생하지 않으니 습도를 한번 높여볼까?"

몇 개의 질문을 연속으로 던지고 스스로 답한 결과를 가지고 실험을 해보니 놀랍게도 불량률이 100% 개선되는 효과를 확인할 수 있었습니다. 그렇게 100명이 넘는 사람들이 발만 구르던 문제의 해결책을 찾아낼 수 있었습니다.

이런 일이 가능했던 이유는 평소 배운 지식을 활용해서 문제를 해결하는 경험이 쌓여 있었기 때문입니다. 쉬운 문제들을 해결하면서 얻은 지식들을 다양한 조건에서 활용하는 습관을 가지고 있었기에 어려운 문제들을 만났을 때 쉬운 문제들로 쪼개서 생각해보고, 남들이 생각하지 못한 방법들을 적용해보는 것이 가능했습니다.

진짜 공부는 어려운 문제가 아니라 쉬운 문제에서 시작됩니다. 많은 학생들이 어려운 문제를 푸는 역량을 기르기 위한 방법이라고 믿고 있는 공부는 대부분 비슷한 문제가 나와주기를 바라는 마음에서 비롯됩니다. 그 결과 비효율적으로 시간을 쓰게 됩니다. 기본적인 지식들을 일상생활에서도 자유자재로 활용할 수 있는 습관을 만드는 것이 어려운 문제를 잘 풀어내기 위한 방법이라는 것을 꼭 기억하셨으면 합니다.

앞으로 배울 것보다
이미 배운 것이 중요하다

학생들을 지도하면서 가능하면 밝고 따뜻한 분위기에서 수업을 진행하려고 하는데, 유독 정색을 하고 단호하게 말하게 되는 순간들이 있습니다. 특히 아이들이 이런 말을 하면 저는 넘어가지 않고 반드시 지적합니다.

"제가 이걸 어떻게 알아요?"

"저 아직 안 배웠는데요."

실제로 배우지 않았을 수도 있고, 교과 과정상 아직 다루지 않은 내용일 수도 있습니다. 그럼에도 이 말에 유독 엄격한 잣대로 반응하는 이유는 이 말이 아이들의 '문제'와 '지식'을 접하는 잘못된 태도와 연결될 수 있다고 생각하기 때문입니다. 스스로 생각해보기도 전에, 문제를 읽고 단서를 찾기도 전에 이미 '이건 내 영역이 아니다'라고 선을 그어 버리는 순간이 바로 이 말들 속에 숨어 있습니다.

저는 '이 아이는 이제 성적이 오르겠구나', '이 아이는 실력이 많이 좋아졌구나' 판단하는 하나의 지표로 "제가 이걸 어떻게 알아요?"라는 말을 안 하게 되는 시점을 꼽습니다.

같은 상황에서 공부에 대한 바른 인식, 모르는 문제에 접근하는 적극적인 태도를 가진 아이는 어떻게 반응할까요? 문제를 초롱초롱한 눈으로 쳐다보거나 아래와 같은 반응을 보이는 것이 대부분입니다.

"이거 어떻게 시작해야 돼요?"

"이거 이용해서 푸는 게 맞아요?"

이 차이는 단순한 말버릇의 문제가 아닙니다. 사고의 방향이 완전히 다르다는 걸 나타내줍니다.

앞으로 배울 것보다 이미 배운 것이 중요하다는 말은 진도를 나가지 말자는 이야기가 아닙니다. 이미 배운 것들이 '쓸 수 있는 지식'으로 정리되어 있느냐, 아니면 그저 지나간 정보로 흩어져 있느냐의 문제입니다. 그리고 이 차이는 아이의 문제 접근 방식, 나아가 인생 전체의 문제 해결 방식까지 결정합니다.

학교에서 만나는 대부분의 문제는 사실 '처음 보는 문제'처럼 보이지만, 완전히 새로운 문제는 거의 없습니다. 특히 수학은 나선형 학습입니다. 나왔던 내용이 모양으로 바꾸어 확장된 형태로 계속 다시 등장합니다. 처음 배우는 내용이라 하더라도 그 안에는 이미 배운 개념, 익숙한 구조, 반복되어온 논리가 숨어 있습니다. 그런데 아이가 '안 배웠다'는 이유로 접근을 멈추는 순간, 그 문제는 정말로 풀 수 없는 문제가 되어버립니다.

공부를 잘하는 아이들은 처음 보는 문제를 접하자마자 이렇게 생각합니다.

"이 문제 안에 내가 이미 아는 게 뭐가 있지?"

"이건 어떤 개념이랑 닮았지?"

반면, 많은 아이들은 처음 보는 문제를 보고는 멈춰 서버립니다.

문제를 접하고 다루기 시작하는 방향이 다르기 때문에 결과도 다를 수밖에 없습니다.

이 차이는 뇌과학적으로도 설명할 수 있습니다. 학습이란 단순히 새로운 정보를 저장하는 과정이 아니라 기존에 가지고 있던 정보와 연결망을 만드는 과정입니다. 새로운 내용을 배울 때, 뇌는 완전히 빈칸에 지식을 집어넣는 것이 아니라 이미 존재하는 기억과 개념 위에 덧붙이며 구조를 만듭니다. 이때 기존 지식이 잘 정리되어 있을수록 새로운 문제에 더 쉽게 접근할 수 있습니다.

특히 문제 해결 상황에서는 전두엽이 중요한 역할을 합니다. 전두엽은 계획을 세우고, 가설을 만들며 이미 알고 있는 정보를 조합해 새로운 상황에 적용하는 역할을 합니다. "아직 안 배웠다"는 말은 전두엽의 작동을 아예 꺼버리는 것과 같습니다. 반면 "배운 것 중에 쓸 수 있는 게 있을까?"라고 묻는 순간, 뇌는 즉시 탐색 모드에 들어갑니다.

이런 태도가 어떤 결과로 이어지는지 잘 보여주는 사례로 떠오르는 일화가 있습니다. 바쁜 일이 있었던 초등학교 선생님이 수업 시간에 시간을 벌기 위해 아이들에게 1부터 100까지 모두 더해보라는 문제를 냈습니다.(아이들을 혼내기 위해서였다는 이야기도 있습니다만.) 한 아이가 놀고 있자 선생님은 왜 문제를 풀지 않느냐고 지적했습니다. 그 아이는 "다했어요"라고 말했고 그 말을 믿지 않은 선생님은 답을 말해보라고 했습니다. 놀랍게도 아이는 문제를 내준 지 단 몇 분 지났을 뿐인데 답을 맞혔습니다. 선생님은 어떻게 한 거냐고 물었습니다. 이때 이 초등학교 3학년 아이가 한 대답을 지금도 고등학생들이 수열 단원의 공식으로 배우고 있습니다. 수학에 관심이 있는 사람이라면 어디선가 한 번은 들어봤을 이 이야기에 등장하는 특별한 아이는 바로 대수학자 카를 가우스**Carl Gauss** 입니다.

$$1+2+3+4+\cdots+99+100=(1+100)+(2+99)+(3+98)+(4+97)+\cdots$$
$$+(50+51)=101\times50=5050$$

이 일화가 특별한 이유는 가우스가 남들보다 더 많은 것을 알고 있었기 때문이 아닙니다. 다른 아이들과 가지고 있던 지식은 크게 다르지 않았습니다. 차이는 오직 하나, '이건 아직 안 배웠어'라고 멈추지 않고, '내가 이미 아는 것으로 어디까지 해볼 수 있을까?'라고 생각했다는 점입니다. 대부분의 아이들이 처음부터 끝까지 차례대로 더하고 있을 때,

가우스는 문제 안에 숨어 있는 구조를 바라보았습니다. 이미 배운 것을 '기억'이 아니라 '도구'로 사용한 순간이었지요.

제가 아이들에게 똑같은 문제를 내주었을 때 과연 아이들은 어떻게 반응했을까요? 물론 가우스처럼 순식간에 방법을 생각해내는 아이들은 드뭅니다. 하지만 놀랍게도 이 질문을 던져주면 대부분의 아이들이 가우스와 비슷한 방식으로 계산을 해냅니다.

어쩔 줄 몰라하는 경우, 저는 아이들에게 "진짜 처음부터 다 더할 거야? 더 좋은 방법은 없을까?"라고 묻습니다. 그러고는 "너도 충분히 할 수 있는 방법이야"라고 살짝 힌트를 줍니다. 제가 만난 아이들 중 이 방법을 이해하지 못하고 돌아간 아이는 지금까지 한 명도 없습니다.

아이들이 "아직 안 배웠다"라고 말하는 순간, 사실 그 아이는 배울 기회를 스스로 차단하는 셈입니다. 반대로 이 문제를 해결하기 위해 써먹을 수 있는 지식이 뭐가 있을까 고민하는 아이는 이미 공부의 본질에 한 발 들어와 있는 상태입니다.

이 능력은 학교 시험을 넘어 사회에서 실제로 닥치게 되는 문제들을 해결할 때 훨씬 더 중요해집니다. 사회에서 마주치는 문제들은 정답이 정해져 있지 않고, 누가 친절하게 "이건 3학년 2학기 단원 문제입니다"라고 알려주지도 않습니다. 지금까지 배운 지식, 경험, 관찰을 바탕으로 상황을 해석하고, 가설을 세우고, 시행착오를 거치며 해결해나가야 합니다. 그 과정에서 "이건 안 배웠어요"라는 말은 아무런 도움도 되지 않습니다. 배운 것들을 조합해서 새로운 답을 내놓아야 합니다.

양자 전기역학 발전에 기여한 공로로 노벨 물리학상을 받은 물리학자 리처드 파인만Richard Feynman도 어려운 부분을 질문하는 학생들에게 "그게 사실 나 스스로가 이미 알고 있는 것이 아닌지 고민해볼 필요가 있다"라는 말을 자주 했다고 알려져 있습니다. 이 글에서 하려는 이야기와 맞닿아 있는 통찰이라고 생각합니다.

> 이미 배운 것을 쓰는 힘은 하루아침에 생기지 않습니다.
> 이미 배운 익숙한 개념에서부터
> "이건 어떻게 써먹을 수 있지?"를 묻는 연습이 쌓여야 합니다.

그렇게 쌓인 사고의 습관이 처음 보는 문제 앞에서도 아이를 멈추지 않게 만듭니다.

학습 효율을 쌓는
3가지 질문과 습관

제가 아이들에게 수학을 가르치면서 가장 신경 쓰는 부분은 아는 것들을 활용해 모르는 문제를 풀어내는 과정입니다. 어려운 문제에 맞닥뜨렸을 때 저는 아이들에게 이런 질문들을 던집니다.

"이 문제에서 물어보는 게 뭐야?"

"이 문제에서 뭘 알면 그걸 구할 수 있어? 그걸 구하기 위해서 네가 이미 배운 것 중에 써먹을 수 있는 게 뭐야?"

"이 문제에서 너에게 눈치채달라고 준 힌트는 뭐가 있어?"

이런 질문은 아이들이 배운 것에서부터 시작해서 모르는 문제를 해결하도록 도와줍니다.

또, 저는 초등학교 아이들에게 여러 가지 사각형의 넓이를 구하는 방법을 가르칠 때 늘 강조하는 것이 있습니다.

"우리는 딱 하나만 알면 돼. 그건 바로 직사각형의 넓이야. 직사각형의 넓이부터 시작해서 삼각형, 평행사변형, 사다리꼴, 마름모, 심지어 원까지 넓이를 구하는 거야. 선생님은 대학교 졸업할 때까지 직사각형의 넓이 외에는 배운 게 없어. 나중에 배울 적분이라는 것도 결국은 다 직사각형으로 잘게 쪼개서 모으는 거야."

그리고 아이들에게 각 사각형의 넓이 구하는 공식을 가르쳐주지 않고 직사각형의 넓이만 가지고 여러 가지 사각형, 삼각형의 넓이를 구하도록 유도합니다. 이렇게 하면 당장은 배우는 데 조금 오래 걸리는 것처럼 느껴질지 몰라도 결과적으로 '망각해도 쉽게 복원할 수 있는 지식'이 되면서 효과적으로 학습이 이루어집니다.

앞으로 배울 것은 결국 언젠가 배우게 됩니다. 하지만 이미 배운 것을 제대로 쓰지 못한다면, 배운다는 행위는 계속해서 허공에 흩어질 뿐입니다. 공부의 진짜 목표는 진도를 나가는 것이 아니라 이미 배운 것으로 세상을 해석할 힘을 기르는 것입니다.

입시제도가 점점 복잡한 방식으로 바뀌어가면서 극선행 트렌드가 더 심화되고 있습니다. 그러나 무리하게 선행학습을 하면서 배운 것들을 활용하는 연습에 소홀해진 학생들은 공부에 대한 정서가 나빠지고, 이러한 분위기 속에서 학생들의 공부 실력 또한 양극화되고 있습니다. 무리한 선행학습이 실력의 양극화로 이어지는 이유는 명확합니다. 새로운 것을 배울 때 이미 배운 것들을 바탕으로 쉽게 학습할 수 있느냐, 기존 맥락에 더해가면서 학습할 수 있느냐에 따라 학습 효율이 비교할 수 없을 정도로 차이 나기 때문입니다.

앞에서 이야기한 대로, 지식은 완전히 새롭게 받아들이는 경우보다 상황과 맥락, 기존에 가지고 있던 지식과 연결될 때 뇌는 더 수월하게 받아들이고 장기 기억으로 저장합니다. 앞으로 무엇을 배울지, 내가 아직 안 배운 게 무엇이 있는지 불안해하기 전에, 이미 배운 것들을 어떻게 활용해서 이 문제를 해결할 수 있는지, 지금 배우는 것이 예전에 배운 어떤 것들과 어떻게 연결되는지 늘 고민하는 관점을 길러주는 것이 학습 효율을 결정하는 가장 중요한 요소 중 하나라는 것을 기억하셨으면 합니다.

평생의 시스템을 만들어주는 9가지 공부 습관

공부 잘하는 아이들의 공통점,
관찰하는 습관

PART 4에서는 일상생활과 공부를 연결시키기 위해서 어떤 습관들을 가져야 하는지, 그리고 어떻게 하면 그 습관들을 기를 수 있는지 이야기해보려고 합니다. 이 책을 여기까지 읽으신 분들은 일상생활과 공부를 연결시키는 것이 어떤 효과를 일으킬 수 있는지, 그리고 그렇게 되기 위해서는 우리의 어떤 생각들이 바뀌어야 하는지 공감하셨으리라 생각합니다. 이 책에서 계속 강조하고 있듯이, 일상생활과 공부를 연결시키는 것은 '관점'입니다. 재능이 없어도 습관을 바꾸고 생각을 바꾸면 누구에게나 가능한 일이라는 거죠. 물론 생각만 한다고 되는 일은 아닙니다. 누구에게나 가능하지만 노력이 필요하고 현명한 접근 방법이 필요합니다.

가장 먼저 이야기하고 싶은 '관찰하는 습관'은 일상생활과 공부를 연결시키기 위해 꼭 필요한 습관입니다.

아이들을 가르치면서 레벨 테스트를 하게 되는 경우가 있습니다. 저는 문제를 주고 정답률을 체크하는 것이 아니라, 아래와 같이 열린 답안을 가진 문제를 3~4개 주고 아이들이 문제를 해결하는 모습을 옆에서 지켜봅니다.

"34 × 15를 계산하는 방법을 생각나는 대로 쓰세요."

"2, 3, 5 다음에는 어떤 수가 올 수 있을까요? 정해진 답은 없으니 스스로 규칙을 만들어보고, 그 규칙에 따라서 다음에 올 수 있는 수를 정해보세요."

문제를 바로 풀기 시작하는지, 한참 고민하고 나서 쓰기 시작하는지, 시선은 어디로 향하는지, 풀고 나서 다시 한번 검토하는지, 바로 넘어가는지, 힌트를 요청하는지, 혼자 끝까지 고민하는지, 발로 소리를 내거나 고개를 까딱거리는 것 같은 습관이 있는지 등을 모두 상세하게 기록합니다. 이렇게 문제를 해결하는 모습을 옆에서 관찰하면 정답률만으로는 결코 알 수 없는 아이들의 생각하는 습관, 문제를 해결하는 방법, 모르는 문제를 만났을 때의 심리와 반응을 모두 알 수 있습니다.

이런 데이터들이 쌓여 어떤 아이들이 공부를 잘하고, 문제를 잘 해결하는지 더 자세하게 알게 되었고, 제가 세웠던 가설들이 확신으로 바뀌었습니다.

공부하는 시간보다 공부하지 않는 시간 동안
길러지는 관찰력

공부 잘하는 아이들을 관찰하다 보면 공통적으로 가지고 있는 습관이 있습니다. 이런 아이들은 대부분 관찰하는 습관을 이미 가지고 있습니다. 받은 문제를 잘 관찰한 뒤에 분석하고 풀었을 뿐만 아니라 테스트를 받던 공간에 있는 사물도 잘 관찰하는 태도를 보입니다. 관찰이라는 말을 들으면 과학 시간에만 필요한 태도라고 느껴질 수 있습니다. 현미경을 들여다보거나, 실험 결과를 적어 내려갈 때 필요한 능력 정도로 생각하기 쉽죠. 하지만 제가 말하고 싶은 관찰은 그런 특정 과목에서만 사용되는 기술이 아닙니다. 관찰은 일상생활과 공부를 연결하는 가장 기초적인 힘입니다. 이 힘이 없으면 공부는 교과서 안에만 머물고, 일상은 공부와 무관한 시간이 되어버립니다.

우리는 아이들에게 자주 이렇게 말합니다.

"문제를 잘 봐."

"문제를 꼼꼼하게 읽어."

하지만 정작 '본다'는 것이 무엇인지, '꼼꼼하게 읽는다'는 것이 어떤 상태인지에 대해서는 거의 설명하지 않기 때문에 아이들에게는 그런 말이 와닿지 않습니다. 스스로 생각하기에는 분명히 봤고, 읽었다고 생각하기 때문입니다. 대부분의 경우, 관찰하는 습관의 유무는 노력의 차이가 아니라 방식의 차이인 경우가 훨씬 많습니다.

일단 관찰하는 습관이 있는 아이와 없는 아이의 차이부터 살펴보겠습니다. 관찰하는 습관이 없는 아이들은 공부할 때 늘 비슷한 어려움에 부딪힙니다. 문제를 풀기 전에 성급하게 계산하기 시작하고, 선생님의 설명을 듣고도 무엇이 중요한지 잡아내지 못하며, 틀린 문제를 다시 봐도 "아, 실수했네"라는 말만 반복합니다. 반면 관찰하는 습관이 있는 아이들은 다릅니다. 문제를 읽으면서 조건을 분리해보고, 설명을 들으면서 '아, 이 말이 앞에 그 이야기랑 연결되는구나'라고 생각하고, 틀린 문제를 보며 "내가 여기서 이걸 놓쳤구나"라고 말합니다. 같은 수업을 듣고 같은 문제를 풀었는데도 결과가 달라지는 이유는 바로 여기에 있습니다.

관찰은 정보를 더 많이 받아들이는 능력이 아닙니다. 그보다도 이미 있는 정보 중에서 의미 있는 것을 가려내는 능력에 가깝습니다. 그래서 관찰하는 습관은 공부 시간보다 공부하지 않는 시간에 더 크게 자라납니다. 학교 수업이나 학원 수업에서 얻는 정보는 이미 모든 아이들에게 충분하고 심지어, 그걸 누군가가 정리해서 알려주기도 합니다. 이때 아이들은 수동적으로 잘 받아들이기만 해도 어렵지 않게 본인이 이해했다고 느낄 수 있습니다. 반면 일상생활에서는 다릅니다. 누가 중요한 정보를 표시해주지 않습니다. 스스로 보고, 스스로 의미를 만들어야 합니다. 바로 이 지점에서 관찰의 힘이 길러집니다.

제가 운영하는 학원에는 강의실이 3개 있습니다. 각 강의실의 이름은 'Classroom e', 'Classroom i', 'Classroom π'입니다. 세상에서 가장 아름다운 수학 공식이라는 오일러 등식Euler's identity에 등장하는 수학 기호들을 따서 만들었습니다.

보통 사람들은 이 강의실 이름을 보고 별생각 없이 지나갑니다. 그런데 헐레벌떡 뛰어와서 "선생님, 저 이거 책에서 봤어요. 이거 오일러 등식, 그거 아니에요?"라고 이야기해서 저를 놀라게 하는 아이들이 있습니다. 다른 사람들이 무심코 지나가는 3개의 수학 기호를 보고, 그것들을 조합해서 이전에 봤던 수학 공식을 떠올리는 것이지요. 대부분 수학을 이미 너무 좋아하거나, 재미있게 공부하고 있는 아이들입니다.

관찰하는 습관이 없는 상태에서 공부를 시작하면, 아이는 늘 뒤쫓아가는 느낌을 받습니다. 교과서는 이미 완성된 이야기이고, 문제는 이미 답이 정해진 질문처럼 느껴집니다. 그래서 공부는 '외워야 하는 것'이 되고, '맞혀야 하는 것'이 됩니다.

반대로 관찰하는 습관이 있는 아이에게 공부는 조금 다르게 다가옵니다. 교과서는 누군가가 세상을 관찰하고 해석한 결과이고, 문제는 그 관찰을 따라가보라는 초대장처럼 느껴집니다. 배운 것들을 써먹어볼 수 있는 대상들이 주변에 가득하기 때문에 공부에 대한 흥미를 쉽게 유지할 수 있습니다.

눈에 들어온 것을 흘려보내지 않고
말로 붙잡는 훈련

관찰이라는 말을 떠올리면, 과학 과목이나 미술 과목, 국어 과목을 떠올리는 분들이 많겠지만, 수학 과목에서도 관찰은 결정적인 역할을 합니다. 많은 아이들이 이미 충분히 배웠지만 문제 속에 숨어 있는 구조를 보지 못하기 때문에 문제를 풀지 못합니다. 같은 숫자, 같은 기호인데 어떤 문제는 쉽게 풀리고 어떤 문제는 막히는 이유도 여기에 있습니다. 관찰하는 습관이 있는 아이는 '이 문제는 지난번에 풀었던 문제랑 비슷한데, 여기 조건 하나가 다르네'라는 것을 알아차립니다. 이때 문제는 갑작스러운 낯선 대상이 아니라 '조금 변형된 친구'가 됩니다.

대부분의 아이들은 처음부터 관찰하는 법을 배우지 못한 채 공부를 시작합니다. 우리는 너무 빨리 답을 요구하고, 너무 빨리 다음 단계로 넘어갑니다. "이건 이렇게 하는 거야"라는 말이 반복될수록 아이는 관찰하는 법을 배울 기회를 잃습니다. 관찰은 속도를 늦출 때 비로소 시작됩니다. 그리고 일상생활에서 관찰하는 습관을 공부와 연관시킬 때 공부가 수월해지는 것은 물론입니다.

관찰하는 습관이 있는 아이들에게 공부는 교실 안에서만 이루어지지 않습니다. 뉴스 기사를 읽으면서 사회를 배우고, 요리 레시피를 보면서 비율을 생각하고, 게임 규칙을 보면서 논리를 따져보게 됩니다.

이때 아이는 '지금 이게 공부야'라고 느끼지 않을 수도 있습니다. 하지만 바로 그 순간이야말로 일상생활과 공부가 가장 자연스럽게 연결된 상태입니다.

그렇다면 관찰하는 습관은 어떻게 기를 수 있을까요?

거창한 훈련은 필요하지 않습니다. 우리가 던져주는 질문들이 바뀌면 관찰하는 아이로 키울 수 있습니다.

저는 관찰을 '유심히 보는 능력'이라고 생각하지 않습니다. 관찰이란, 눈에 들어온 것을 그냥 흘려보내지 않고 말로 붙잡는 습관에 가깝습니다. 다시 말해, 본 것을 설명하려는 태도가 곧 관찰입니다. 이 태도만 자리 잡히면, 아이는 자연스럽게 관찰하는 아이가 됩니다.

> 아이가 관찰하는 습관을 갖도록
> 도울 수 있는 최고의 방법은
> 본 것을 본인의 말이나 글로 설명하도록 질문하는 것입니다.

저는 아이들과 수학 수업을 할 때도 문제를 풀어주기 전에 먼저 이렇게 묻습니다.

"이 문제는 뭐가 특이하니?"

"이 문제는 아이들이 왜 많이 틀릴 것 같니?"

이런 질문은 정답을 요구하지 않습니다. 아이가 자기 시선을 말로 옮기도록 돕는 질문입니다. 이런 관찰의 과정이 습관화되면 우리 뇌는 효율적으로 지식을 저장하고, 필요할 때 꺼내 쓰기에 유리하도록 작동합니다. 반면 관찰의 과정 없이 바로 문제 풀이에 마구잡이 식으로 뛰어드는 아이들은 문제를 해결해도 머릿속에 잘 남지 않습니다.

관찰은 한번에 완성되지 않습니다. 같은 대상을 다시 보게 될 때 관찰은 깊어집니다. 같은 책의 한 페이지를 며칠 뒤에 다시 읽어보거나, 예전에 풀었던 문제를 다시 꺼내 보는 것만으로도 충분합니다. 이때 아이는 예전에는 안 보이던 것이 이번에는 보이는 경험을 하게 됩니다. 관찰력이 자란다는 것은 새로운 걸 많이 보는 게 아니라, 같은 것을 다르게 말할 수 있게 되는 것에 가깝습니다.

이 과정에서 어른의 역할이 중요합니다. 아이에게 "잘 봐"라고 말하는 것보다 어른이 스스로 관찰하는 말을 해주는 편이 훨씬 효과적입니다. "나는 이 부분이 좀 이상하게 느껴졌어", "이 장면을 보니까 이런 경험이 떠올랐어" 같은 말은 아이에게 관찰의 언어를 남깁니다. 관찰은 혼자 조용히 키우는 능력 같지만 실제로는 말을 통해 전수되는 경우가 많습니다.

일상생활과 공부를 연결시키는 힘의 출발점은 관찰하는 태도입니다. 관찰이 없으면 기록은 얕아지고, 질문은 형식이 되며, 배운 내용은 흉내로 끝나기 쉽습니다. 반대로 관찰이 살아 있는 아이는 새롭게 배우기 시작한 분야에서도 빠르게 성장할 수 있습니다.

앞서 지속적으로 강조했듯이 공부는 우리가 사는 세상을 이해하는 과정 안에서 이루어져야 합니다. 세상을 이해하는 첫 단계는, 제대로 보는 것입니다. 관찰하는 습관은 아이에게 '공부 잘하는 법'을 가르쳐주기 이전에, '세상을 대하는 태도'를 만들어줍니다. 이 태도는 평생 가는 공부의 뿌리가 됩니다.

뇌의 작동 방식에 가장 잘 맞는 공부 방법, 기록하는 습관

앞의 글에서는 '관찰하면 쉽게 기억된다'고 이야기했는데, 말 그대로 자세히 보고, 다르게 보고, 질문을 품고 바라본 경험은 수동적으로 받아들인 정보보다 훨씬 오래 남습니다. 하지만 여기서 한 걸음 더 나아갈 필요가 있습니다. 기억된다는 것과 남아 있다는 것은 같은 말이 아닙니다. 관찰은 순간의 기억을 만들어주지만, 그 기억이 다시 불려 나오고 다른 생각들과 연결되기 위해서는 시간이 필요합니다. 그리고 그 시간을 건너게 해주는 것이 기록입니다. 관찰이 불을 켜는 일이라면, 기록은 그 불이 꺼지지 않도록 붙잡아두는 일입니다. 그래서 관찰과 기록은 대립되는 개념이 아니라 하나의 생각을 서로 다른 시간에 지탱해주는 2가지 태도라 할 수 있습니다.

많은 아이들이 수업을 듣고 문제를 풀때는 고개를 끄덕이지만, 시간이 조금만 지나면 신기할 정도로 머릿속에 남아 있는 것이 거의 없습니다. 여기서 문제는 기억력이 아니라 생각을 내 것으로 붙잡아두는 과정의 부재일 가능성이 더 높습니다.

기록하는 습관은 단순히 필기를 꼼꼼하게 잘하거나 공책을 예쁘게 정리하는 것을 의미하지 않습니다. 이 글에서 말하는 기록은 일상생활에서 관찰한 것과 공부에서 배운 것을 연결해두는 다리에 가깝습니다. 원할 때 언제든지 건너갈 수 있도록 말이죠. 수업이 끝나고 나서 저에게 찾아와 질문을 하는 아이들이 있습니다. 이때 질문하는 아이들은 대부분 수업 시간에 받은 자료나 본인이 필기한 자료를 들고 옵니다. 반면 받아 적지 않았는데 질문하러 오는 아이는 거의 없습니다. 잘 듣고 잘 기록한 아이들이 질문도 할 수 있게 됩니다.

저는 수업 중에 아이들에게 지금 배운 것을 "너의 언어로 직접 설명해보라"고 매우 자주 요청합니다. 이때 아이들이 흔히 꺼내는 말이 있습니다. 바로 "알 것 같은데 설명은 못 하겠어요"라는 말입니다. 이때가 바로 관찰한 것, 배운 것을 오래 붙잡아둘 수 있도록 무엇인가 해야 하는 상황입니다. 이런 순간에 기록을 하거나 설명을 하는 행위가 정보를 오래 기억하고 쉽게 사용되는 형태로 저장하도록 돕는다는 건 뇌과학적으로 쉽게 설명 가능합니다.

우리가 무언가를 오래 기억하는지, 얼마나 쉽게 기억하는지에 영향을 미치는 중요한 조건이 하나 있습니다. '그 정보가 얼마나 많은 감각과 함께 처리되었는가'입니다. 뇌는 정보를 단순히 '내용'으로 저장하지 않습니다. 언제, 어디서, 어떤 상태에서, 어떤 행동과 함께 그 정보를 접했는지까지 묶어서 기억합니다. 그래서 같은 내용을 배워도, 그냥 머릿속으로만 이해했다고 느낀 것과 직접 말해보고 써보고 손을 움직이며 정리한 것 사이에는 기억의 밀도에 큰 차이가 생깁니다.

생각만 할 때는 주로 언어와 의미를 담당하는 제한된 뇌 영역만 활성화됩니다. 하지만 글로 쓰기 시작하면 무엇을 쓸지 고르는 과정에서 뇌의 지휘 본부인 전전두엽이 관여하기 시작하고, 문장을 구성하면서 언어 영역이 활성화되고, 손을 움직이는 동안 운동 피질과 감각 피질이 함께 작동합니다. 여기에 그림을 그리거나 표를 만들면서 구조화하면 시각 영역과 공간을 담당하는 뇌 영역까지 동시에 참여합니다. 같은 정보라도 생각만 할 때에 비해서 훨씬 많은 영역의 뇌를 사용하게 되는 것이지요. 뇌에 그 정보가 단순한 지식이 아니라 하나의 경험으로 저장되는 셈입니다. 경험으로 저장된 기억은 훨씬 오래 남고, 필요할 때 꺼내 쓰기 쉽습니다.

그래서 기록은 '나중에 다시 보기 위한' 효과만 있는 것이 아닙니다. 적는 순간, 이미 학습은 한 단계 더 진행됩니다. 머릿속에 있던 생각이 손을 거쳐 밖으로 나오면서, 뇌는 그 정보를 중요하다고 판단하고 더 많은 신경회로를 사용해 처리합니다. 실제로 기록해둔 내용을 다시 보지 않아도 기록하지 않았을 때보다 기억에 더 잘 남는 이유가 여기에 있습니다.

결국 기록은 정보를 보관하는 행위이기 이전에 기억이 머물 자리를 넓히는 행위입니다. 생각만 할 때는 금세 사라졌을 정보가 쓰고 그리는 과정을 거치면서 여러 감각과 연결되고, 그 연결 덕분에 다시 돌아올 수 있는 길이 생깁니다. 그래서 기록은 '정리의 기술'이 아니라 뇌 작동 방식에 가장 잘 맞는 학습 방법이라고 말할 수 있습니다.

방법이 아닌
태도가 기록하는 습관을 길러준다

기록의 힘에 대해서 이야기할 때 저에게 가장 먼저 떠오르는 사람은 유전학의 아버지라고 불리는 그레고어 멘델Gregor Mendel 입니다. 멘델은 살아생전 그가 해왔던 연구에 대해 높은 평가를 못 받았지만 기록의 힘 덕분에 후세에 더 크게 평가받은 연구자입니다.

멘델은 수도원에서 완두콩을 키우며 몇 년에 걸쳐 같은 실험을 반복했습니다. 눈에 띄는 사건도 없고, 크게 주목받는 일도 없었지만, 꽃의 색과 씨앗의 모양, 세대마다 나타나는 특징을 숫자로 남기는 일을 지루할 만큼 성실하게 반복했습니다. 멘델의 기록에는 선언도, 결론도 거의 없습니다. 대신 조용한 숫자와 반복된 관찰이 쌓여 있습니다. 옆에서 보면 똑같은 일을 반복하고 있는 것으로 여겨질 수 있지만, 그 기록 덕분에 멘델은 연구의 깊이를 더해갈 수 있었습니다. 심지어 멘델이 죽은

후에도 후배 연구자들에 의해 연구가 이어질 수 있었습니다. 멘델의 기록은 목적을 증명하기 위한 수단이 아니라, 관찰에 대한 책임감에 가까웠습니다. 관찰하면서 기록한 것들이 후대에 발견되어 유전에는 명확한 법칙이 있다는 사실을 뒷받침하는 연구로서 평가받게 됩니다.

비슷한 태도는 다른 인물들의 기록에서도 발견됩니다. 블레즈 파스칼Blaise Pascal의 『팡세』는 완성된 책이 아니라 생각의 메모에 가깝고, 레오나르도 다빈치Leonardo da Vinci의 노트에는 공부와 일상 생활의 기록이 구분 없이 섞여 있습니다. 토머스 에디슨Thomas Edison의 기록은 실패를 감추기 위한 것이 아니라, 다음 시도를 가능하게 하기 위한 도구였습니다. 방식은 달라도 이들의 공통점은 분명합니다. 기록은 단순히 일의 완성도를 높이기 위한 게 아니라, 생각을 오래 살아 있게 만드는 방식이라는 점입니다.

공부하는 아이들에게 필요한 것은 잘 정리된 노트가 아닙니다. 멘델의 숫자처럼 투박해도 좋고, 파스칼의 메모처럼 미완성이어도 좋습니다. 중요한 것은 그 순간의 생각을 흘려보내지 않았다는 사실입니다.

> 아이에게 기록하는 습관을 길러 주기 위해
> 강조해야 할 것은 방법이 아니라 태도입니다.
> 그 태도를 한마디로 정리하면 '기억을 믿지 않는 것'입니다.

우리는 너무 쉽게 아이에게 잘 기억하라고 말합니다. 하지만 기억은 말로 붙잡을 수 있는 것이 아닙니다. 아이들이 기억하지 못하는 것은 성실하지 않아서가 아니라 기억이라는 도구 자체가 그렇게 안정적이지 않기 때문입니다.

기록은 기억력이 안 좋은 아이를 위한 기술이 아니라 기억을 믿지 않는 사람을 위한 안전장치에 가깝습니다. 방금 전에 배운 내용을 다시 떠올려보고, 그중 하나라도 밖으로 꺼내 적어보는 연습이 필요합니다. 길게 쓸 필요는 없습니다. '오늘 배운 것 하나', '오늘 헷갈렸던 것 하나', '지금은 잘 모르겠지만 마음에 걸리는 것 하나'면 충분합니다. 이 기록들은 생각이 머릿속에서 사라지지 않고 잠시 머물 자리를 만들어줍니다.

이때 중요한 것은 기록의 양이 아니라 반복입니다. 가끔 한 장 쓰는 것보다 하루에 한 줄을 매일 쓰는 것이 훨씬 강력한 기록의 힘을 발휘합니다. 기록이 부담스러워지는 순간, 아이는 다시 기억에 의존하게 됩니다. 하지만 기록이 짧고 가벼우면, 아이는 생각을 밖으로 꺼내는 행동 자체에 익숙해집니다. 이 익숙함이 쌓일수록 아이는 '생각은 붙잡지 않으면 사라진다'는 사실을 몸으로 알게 됩니다.

여기에서 어른의 역할은 분명해집니다. 아이에게 "예쁘고 깔끔하게 정성껏 써라"라고 말하기보다 "지금 떠오르는 걸 지금 남겨두자"라고 강조하는 편이 학습 효율에 훨씬 더 유리합니다. 정리되지 않은 문장, 엉성한 표현, 질문으로 끝나는 메모도 괜찮다는 메시지를 먼저 줘야 합니다. 그래야 기록이 평가의 대상이 아니라 생각을 보존하기 위한 도구로 받아들여지기 때문입니다.

저는 학원에서 수학 문제 풀이를 하기 전에 아이들에게 오늘 배운 내용들을 글로 써보라고 연습시킵니다. 오늘 배운 원의 둘레, 원의 넓이 구하는 방법을 글을 설명해보는 훈련을 하는 것이죠. 어렴풋이 습득했다고 생각하는 개념을 글로 명확히 써보는 것은 생각보다 어렵습니다. 벽에 부딪히는 경험을 통해 '이해하고 기억한다'라는 행위에 대한 기준을 올려줄 수 있습니다.

기록하는 습관은 어느 날 갑자기 생기지 않습니다. 하지만 기억을 믿지 않고 생각을 바로 밖으로 꺼내는 연습이 반복되면, 아이는 조금씩 변합니다. 설명을 들을 때 그냥 고개를 끄덕이던 아이가 수업이 끝난 뒤 "이건 적어둬야겠다"고 말합니다. 이 작은 변화가 쌓이면, 기록은 공부를 잘하기 위한 기술이 아니라 생각을 놓치지 않기 위한 태도로 자리 잡습니다.

결국 기록은 기억력의 문제가 아니라 연결력의 문제라고 할 수 있습니다. 기록하는 습관이 있는 아이의 뇌에서는 일상생활에서 얻은 경험과 공부에서 배운 개념이 같은 길 위에 놓입니다. 공부는 머릿속에서만 이루어지지 않습니다. 생각은 밖으로 나와야 자라고 연결됩니다. 기록하는 습관은 아이에게 '더 열심히 공부하라'는 요구가 아니라 생각을 남기는 사람이 되게 하는 연습입니다. 그리고 이 연습이 쌓일수록 일상생활과 공부는 점점 더 자연스럽게 이어지기 시작합니다.

공부 효율을 만들어내는,
큰 틀을 먼저 생각하는 습관

대부분의 아이들이 학년이 올라가고 배운 지식이 많아질수록 공부를 어려워합니다. 그런데 어떤 친구들은 학년이 올라갈수록 공부를 쉽게 느끼고 수월하게 해냅니다. 그리고 이 수월함의 차이는 점점 벌어집니다.

이런 차이가 발생하는 가장 큰 이유는 배운 지식들을 구조화해서 소화하고 있느냐에 달려 있습니다. 문제 하나, 개념 하나는 잘 이해하는 것 같은데, 그것이 전체 지식 중 어디에 속하는지 잘 모르거나, 이걸 배워서 어떻게 써먹을지 생각해보는 관점이 없으면 공부는 늘 조각난 채로 남고, 조금만 시간이 지나거나 형태가 바뀌면 다시 처음 보는 것처럼 느껴집니다.

학년이 올라갈수록 공부 효율 차이를 만들어내는 몇 가지 요소가 있습니다. 그중에서도 가장 중요한 것이 큰 틀을 먼저 생각하는 습관입니다. 이 습관은 배운 지식들을 구조화해서 저장하는 습관이라고 말할 수 있습니다.

제가 아이들과 공부하면서 가장 재미있다고 느끼는 수업은 '교과 과정을 처음부터 끝까지 연결시켜보는 작업을 하는 시간'입니다. 다른 곳에서는 찾을 수 없는 수업이라서 두 시간이나 떨어진 거리를 매주 이동해서 수업을 들으러 오는 친구들도 있습니다. 초등학교 아이들과 피타고라스의 정리를 다뤄보기도 하고, 초등학교 고학년 아이들에게는 미적분의 기본 개념에 대해 설명해주기도 합니다. 그리고 나서 이걸 배우면 무엇을 할 수 있게 되고, 그 과정에서 어떤 것들이 필요하기 때문에 몇 학년 때 어떤 내용을 배우게 된다는 것을 한번 쭉 훑어봅니다.

흔히 이야기하는 선행학습과는 거리가 먼데, 주로 개념을 이해하고 활용해보는 것에 주안점을 두고 대화식으로 수업을 진행하고 있습니다. 동일한 유형의 문제를 반복해서 푸는 것이 아니라 이런 것들이 우리 삶에서, 교과 과정에서 어떻게 활용되는지를 알려주는 것이 목표입니다. 대학교 1학년에게 앞으로 배울 과목들을 소개하는 전공 개론 과목과 유사한 형태라고 할 수 있습니다. 실제로 저는 이 수업을 설계할 때 대학교 1학년 때 배운 재료공학개론 강의를 떠올리면서 아이디어를 얻었습니다.

큰 틀을 먼저 생각한다는 것은 처음부터 모든 내용을 정확히 이해하겠다는 뜻이 아닙니다. 오히려 그 반대입니다. 지금 내가 배우고 있는 이 개념이 전체 중 어디쯤에 놓일 수 있는지, 아직 정확하지 않아도 괜찮으니 자리를 먼저 잡아보는 태도를 말합니다. 이 태도가 있느냐 없느냐에 따라 같은 설명을 듣고도 아이의 머릿속에 남는 것은 완전히 달라집니다. 옷 서랍을 정리할 때 양말, 상의, 하의, 속옷을 넣을 공간을 미리 정해두고 옷을 정리하느냐, 그렇지 않고 옷을 있는 대로 차곡차곡 쌓느냐의 차이를 생각해보면 구조화가 얼마나 중요한지 쉽게 알 수 있습니다.

구조화 과정을 거치지 않고 지식을 쌓는 공부를 하면 머릿속에 정보가 '나열'되고, 구조화된 공간에 지식을 분류해서 집어넣는 공부를 하면 머릿속에 정보가 '배치'됩니다.

구조화하기 위해서 필요한 습관은 앞의 두 글에서 이미 이야기했습니다. 관찰하는 습관이 공부의 재료를 모아준다면, 기록하는 습관은 그 재료를 남겨줍니다. 하지만 큰 틀을 먼저 생각하는 습관, 즉 구조화하는 능력이 없으면 그 재료들은 서로 연결되지 못한 채 흩어집니다. 반대로 구조화하는 습관이 있는 아이는 기록이 많지 않아도, 머릿속에 하나의 지도를 만들어갑니다.

공부를 잘하는 아이들은 설명을 들을 때 이런 말을 합니다.

"아, 이래서 예전에 그걸 배운 거네요."

"이거 예전에 배운 그 방법으로 풀어도 되는 거 아니에요?"

이런 말은 '이해가 끝났다'는 뜻으로 하는 것이 아닙니다. 그보다도 이 지식이 들어갈 자리를 찾았다는 신호에 가깝습니다. 예전에 배운 내용들과 새롭게 배우는 내용들을 연결시키거나 비교·대조하는 방식으로 지식을 받아들인다는 신호입니다. 큰 틀을 먼저 잡은 아이는 세부 정보가 낯설어도 불안해하지 않습니다. 이 정보가 어디에 놓일지 알고 있기 때문입니다. 그리고 만약 이 지식을 망각하더라도 그 자리에 돌아가서 확인하면 된다고 생각하기도 하죠.

세부적인 내용을 다루기 전에 큰 틀을 먼저 세우는 습관은, 특히 유명한 경영인들에게서 많이 찾아볼 수 있습니다. 투자계의 전설적인 인물인 워런 버핏Warren Buffett은 기업을 평가할 때 재무제표의 숫자부터 보지 않는 대표적인 인물입니다. 그가 항상 강조하는 투자의 원칙은 투자를 고려하는 회사에 대해 아래와 같은 큰 질문을 먼저 던져보는 것입니다.

"이 회사는 어떤 구조로 돈을 버는가?"

"이 구조가 앞으로도 유지될 수 있는가?"

이 질문에 답이 나오지 않으면, 아무리 실적이 좋아 보여도 더 깊이 보지 않습니다. 반대로 사업 구조가 명확하면, 매출이나 이익 같은 세부 숫자는 그다음 문제라고 조언합니다. 버핏이 말한 "이해할 수 없는 사업에는 투자하지 않는다"는 원칙은 결국 기업의 역량, 잠재력을 큰 틀에서 먼저 파악해보는 것이 무엇보다 중요하다는 관점을 보여줍니다.

공부도 마찬가지입니다. 구조가 보이지 않는 상태에서 공식이나 풀이부터 붙잡는 것은, 사업 모델도 모른 채 숫자만 들여다보는 것과 다르지 않습니다. 큰 틀을 먼저 생각하는 아이는 지금 배우는 내용이 어떤 구조 안에 놓이는지부터 확인합니다. 그래서 사소한 것들을 잠시 놓쳐도 길을 잃지 않습니다. 구조를 알고 있기 때문입니다.

이처럼 큰 틀을 먼저 세우고 세부 내용을 살펴보는 방식은 공부를 잘하는 소수의 사람들에게만 나타나는 재능이 아니라 훈련 가능한 사고 습관입니다. 그리고 이 습관의 효과는 뇌과학 연구에서도 분명하게 확인됩니다.

인지심리학에서 매우 유명한 실험이 하나 있습니다. 기존의 지식들이 새로운 정보를 해석하는 데 큰 영향을 미친다는 스키마 이론으로 유명한 존 브랜스퍼드John Bransford와 마샤 존슨Marcia Johnson이 1970년대에 진행한 실험입니다.

참가자들을 세 그룹으로 나눠서 같은 글을 읽게 했습니다. 한 그룹에게는 글을 읽기 전에 제목을 먼저 알려주었고, 한 그룹에게는 글을 다 읽은 다음에 제목을 알려주었습니다. 나머지 한 그룹에게는 끝까지 글의 제목을 알려주지 않았습니다. 글의 내용은 세탁하는 과정에 대한 설명이었는데, 제목을 먼저 알려준 그룹이 제목을 모르고 글을 접한 그룹에 비해 내용을 2배 이상 잘 이해하고 오래 기억했습니다. 특이점은, 글을 읽고 나서 제목을 알려준 그룹은 제목을 알려주지 않은 그룹과 이해도나 기억 면에서 거의 차이가 없었습니다. 이 실험은 학습을 하기 전에 맥락을 먼저 파악하는 것이 얼마나 중요한지 알려줍니다.

뇌는 정보를 그대로 저장하지 않고 기존 구조(스키마)에 연결해서 저장하는 경향이 있습니다. 먼저 큰 틀이 주어지면, 뇌는 '아, 이 정보는 여기에 들어가는구나' 하고 판단해서 쉽게, 안정적으로 지식을 저장하고, 이후 꺼내서 쓰는 것도 수월해집니다.

구조화되지 않은 상태에서 공부를 하면 정답과 오답의 의미도 달라집니다. 구조가 없는 상태에서는 정답과 오답을 풀어낸 과정이 동급의 개별적인 사건들로 저장되기 때문에 나중에 떠올리려고 하면 비슷한 풀이 방법들이 생각나면서 정답에 접근했던 방법이 기억나지 않는 경우가 있습니다. 인지심리학에서는 이런 현상을 '간섭 효과'라고 하는데, 실수를 하고 정답에 다가가는 맥락, 즉 스키마와 함께 기억돼야 이 모든 과정을 좋은 학습 경험으로 활용할 수 있는 것이죠. 이렇게 지식을 맥락으로 연결을 시키는 습관이 없으면 아무리 문제를 열심히 풀어도 실력이 좀처럼 늘어나지 않습니다.

학습을 하는 첫 단계에서 이루어져야 하는 문제 파악

그렇다면 큰 틀을 먼저 생각하는 습관, 즉 지식을 구조화하는 능력은 어떻게 길러질 수 있을까요? 위에서 얘기한 실험에서 알 수 있듯이 구조화를 위한 밑바탕 작업은 공부를 하는 첫 단계, 학습을 하고 문제를 푸는 첫 단계에서 이루어져야 합니다. 이 단계에서 아이들이 해나 가야 하는 '미션'은 정답을 맞히는 것이 아니라 문제를 파악하는 것입니다. 이때 어른들의 역할은 문제를 풀기 전에, 공부를 시작하기 전에 미션을 던져주는 것입니다.

새로운 학기를 시작하기 전에는
'지금까지 뭘 배웠고, 이번 학기에는 무엇을 배우는지?',
각 단원을 공부하기 전에는
'이 단원의 주요 내용이 무엇인지'를 생각해보도록 질문해주세요.

문제를 풀기 전에는 이 문제가 물어보는 것은 무엇이고 어떻게 하면 답을 찾을 수 있는지, 선생님은 이 문제를 어렵게 출제하기 위해서 어떤 방법을 썼다고 예상되는지 생각해보도록 돕는 것이 중요합니다. 단원명이나 용어의 정의부터 공부를 시작해야 하는 것은 물론입니다.

이런 질문을 단원별로, 문제별로 한 번씩만 받아도 아이들은 답을 구하기 전에 구조부터 파악하는 관점을 기를 수 있습니다. 처음에는 엉뚱한 대답을 할 수도 있습니다. 하지만 그 과정 자체가 지식을 구조화하는 훈련입니다. 구조는 처음부터 완벽하게 갖춰지는 것이 아니라, 계속 수정되면서 자라나는 것이기 때문입니다.

중학교 아이들과 시험공부를 할 때 제가 첫 주에 가장 먼저 하는 활동은 시험 계획을 세운 뒤 모든 시험 과목의 목차를 외우게 하는 일입니다. 그리고 시험공부를 마무리하면서 마지막 모의고사를 보기 전에 하게 하는 활동은 책을 보지 않고 중요한 내용들을 쭉 써본 뒤 교과서를 보고 빠진 부분이 있는지 다시 한번 체크하는 것입니다. 뒤에서 이야기하겠지만 이런 방식으로 시험공부를 한 학생들은 공부 효율이 개선되면서 성적이 크게 오르는 결과가 나타났습니다. 실제로 70점대 초반을 받던 몇몇 아이가 저와 함께 시험 대비반에서 이와 같은 방식으로 공부했는데, 평균 90점을 상회하는 점수를 받기도 했습니다. 아이들에게 시험 성적이 오르는 데 가장 크게 기여한 게 무엇이냐고 물어보자 "지식의 구조화"라고 대답했습니다.

큰 틀부터 이해했을 때 공부가 덜 지루하고 수월하다고 느끼는 것은 당연합니다. 큰 틀부터 생각하는 습관이야말로 공부를 교과서 속 활동이 아니라 세상을 이해하는 방식으로 바꿔주는 핵심입니다. 큰 틀을 먼저 생각하고 그 구조를 그려보는 능력이 생기기 시작하면, 머릿속에서 지식을 쉽게 인출하고, 그 지식을 다른 과목에도, 다른 단원에도 확장해나갈 수 있는 힘이 생깁니다.

질문하는 사람으로
만들어주는,
반문하는 습관

"질문을 많이 하는 것이 중요하다."

수업 중에도, 상담 자리에서도, 집에서도 우리는 쉽게 이런 말을 꺼냅니다. 수많은 책에서도 질문의 중요성에 대해 이야기합니다. 아이들도 질문의 중요성을 잘 알고 있습니다. 그럼에도 이렇게 강조하는 건 질문하는 태도가 중요하다는 사실을 모르기 때문이 아닙니다. 문제는 아이들의 행동을 실제로는 거의 바꾸지 못한다는 데 있습니다.

질문하는 것은 생각보다 간단하지 않습니다. 아이들의 속마음을 들여다보면, 아이들이 질문을 잘하지 않는 것은 생각이 없거나 하기 싫어서가 아니라는 것을 쉽게 알 수 있습니다. 오히려 생각이 너무 많아서 질문을 못 하는 경우가 더 많습니다. 엉뚱한 질문을 해서 민망해지는 것은 아닌지, 이미 설명한 내용을 다시 묻는 것은 아닌지 불안해서 질문하는 것을 망설이게 됩니다. 질문을 해서 수업 흐름이 끊겨 다른 사람들이 자신을 싫어하게 되는 건 아닌지 걱정돼서 머뭇거리다가 질문을 멈추게 됩니다. 우리는 아이들에게 "궁금한 게 있으면 물어봐"라고 말하면서도, 동시에 빠른 이해와 정확한 답을 요구합니다. 이런 환경에서 아이들의 질문은 점점 사라질 수밖에 없습니다.

아이들이 질문을 잘 하지 않는 더 근본적인 이유가 있습니다. 바로 질문하는 것 자체가 생각보다 굉장히 어려운 작업이기 때문입니다.

우리가 흔히 떠올리는 '좋은 질문'은 사실 꽤 높은 수준의 사고에서 비롯된 결과물입니다. 무엇을 모르는지 알고 있어야 하고, 맥락을 이해하고 있어야 하며, 그 생각을 말로 정리해 타인에게 던질 수 있어야 합니다. 문해력, 구조화 능력, 메타인지, 표현력이 동시에 작동해야 가능한 일입니다. 그러니 "질문 좀 해봐"라는 말은, 준비가 덜 된 아이에게는 막연하고 부담스러운 요구가 될 수밖에 없습니다.

그래서 저는 이 글에서 '질문'이라는 단어 대신 '반문'이라는 표현을 쓰고자 합니다. 반문은 보통 다른 사람에게 던지는 말로 쓰이지만, 공부에서 말하는 반문은 조금 다릅니다. 흔히 '소크라테스식 질문법'이라는 교육법과 맞닿아 있는 의미로 반문이라는 단어를 사용합니다. 소크라테스식 질문법은 '정보를 받아들일 때 다시 한번 생각해보는 것'의 중요성을 무엇보다 강조합니다. 비판적 사고의 전문가로 유명한 리처드 폴Richard Paul과 린다 엘더Linda Elder는 저서 『왜 비판적으로 사고해야 하는가』

에서 소크라테스식 질문을 "새로운 답을 얻기 위한 질문이 아니라, 이미 이해했다고 믿는 생각을 점검하게 만드는 질문"이라고 설명하면서, 비판적 사고를 위한 핵심 프로세스라고 이야기했습니다.

질문과 반문은 비슷한 단어처럼 보이지만, 방향이 완전히 다릅니다. 우리가 흔히 말하는 질문은 대개 바깥을 향합니다.

"이거 어떻게 풀어요?"

"이거 맞아요?"

이런 질문은 답을 얻는 데는 도움이 되지만, 사고를 깊게 만드는 데는 한계가 있습니다. 답이 밖에서 주어지는 순간, 생각은 그 자리에서 멈추기 쉽기 때문입니다. 그래서 우리는 질문 중에서도 좋은 질문과 그렇지 않은 질문을 나눠야 합니다.

반면 반문은 방향이 반대입니다. 반문은 타인에게 던지는 질문이 아니라 자기 자신에게 되돌아오는 질문입니다.

'내가 지금 이해했다고 느끼는 게 정말 맞을까?'

'지금 배운 것을 내가 다시 다른 사람에게 설명할 수 있을까?'

'선생님의 설명은 조건이 바뀌어도 여전히 성립할까?'

반문하는 습관을 가졌을 때의 효과는 명확합니다. 반문을 통해 질문하는 사람의 입장과 답하는 사람의 입장이 모두 될 수 있다는 것입니다. 이 과정은 공부를 할 때 큰 무기가 됩니다. 저는 아이들에게 질문을 하는 것과 질문을 받는 것의 중요성을 모두 강조합니다. 반문은 정보를 그대로 통과시키지 않고, 한 번 더 붙잡는 사고의 움직임을 통해 질문하고 스스로 답하는 프로세스이기 때문에 이 2가지 훈련을 동시에 해낼 수 있습니다. 그래서 반문할 수 있는 사람은 외부에서 주어지는 자극이 없을 때조차 공부하는 상태가 될 수 있습니다. 함께 토론하는 사람이 없어도 토론하는 상태가 될 수 있고, 숙제를 내준 사람이 없어도 과제를 수행하는 경험을 할 수 있습니다.

아이들은 오늘 배운 것을 다 이해했을 때보다 약간 의문이 남아 있을 때 오히려 더 많이 성장합니다. 설명을 듣고 고개를 끄덕였고, 문제도 풀었고, 정답도 맞힌 상태는 겉으로 보기에는 공부를 참 잘한 것 같지만, 지식을 몇 개 더 쌓은 것에 지나지 않기 때문에 오래 남지 않습니다. 오히려 이렇게 받아들인 지식은 시간이 조금만 지나도 다시 낯설어지고, 조금만 형태가 바뀌어도 흔들립니다. 이런 상황에서 벗어나기 위해서 우리에게 필요한 것은 '반문하는 습관'입니다.

공부를 잘하는 사람들을 만나보면 질문의 양이 많다기보다는 질문의 방향이 다르다는 느낌을 받습니다.

저의 중고등학교 시절을 돌이켜보면 친구들이 선생님께 가장 질문을 많이 한 것은 "이 내용이 시험에 나오는지"에 대한 것이었습니다. 그런데 공부를 잘하는 아이들일수록 "이 내용이 왜 중요한지" 궁금해한다는 인상을 받았습니다. ("이걸 우리가 왜 배워야 돼요?"라는 항의 섞인 질문과는 확연히 다른 느낌이었습니다.) 지금도 아이들을 가르치다 보면 수학을 잘하는 아이들일수록 문제를 못 풀었을 때 "그럼 답이 뭐예요?"라고 묻지 않고, 자신이 틀린 점이 무엇인지 궁금해합니다. 특히 최상위권 학생들은 "이게 항상 맞는 말인지. 예외는 없는 것인지?" 궁금해하는 모습을 자주 봅니다.

이 차이는 성격의 차이가 아니라, 반문하는 습관의 유무에서 나옵니다. 반문할 줄 아는 아이들의 질문은 그렇지 못한 아이들의 질문과 깊이에서 비교할 수 없는 차이를 보입니다.

반문하는 습관의 힘을 잘 보여주는 인물은 단연 소크라테스_{Socrates} 입니다. '소크라테스식 질문법'이라는 말이 사용될 정도이니까요. 소크라테스는 무언가를 가르치기보다 끈질기게 질문을 던지는 사람이었습니다. 하지만 소크라테스의 질문은 답을 얻기 위한 질문이 아니었습니다. 소크라테스와 제자의 대화 중 가장 유명한 장면을 소개합니다.

소크라테스: 경건함이란 무엇일까?

에우튀프론: 경건한 것이란, 신들이 좋아하는 것입니다.

소크라테스: 그렇다면 어떤 것이 경건하기 때문에 신들이 그것을 좋아하는 것일까? 아니면 신들이 좋아하기 때문에 그것이 경건한 것일까?

에우튀프론: 신들이 좋아하기 때문에 경건한 것입니다.

소크라테스: 그렇다면 신들이 좋아하지 않으면, 그것은 경건하지 않게 되는 것인가?

에우튀프론: 그렇다고 볼 수 있겠지요.

소크라테스: 그런데 신들 사이에 의견이 다를 경우는 어떻게 되는 것일

까? 어떤 신은 좋아하고, 어떤 신은 싫어한다면 그 행동은
동시에 경건하고 경건하지 않은 것이 될까?

에우튀프론: 그건…… 좀 이상하군요.

소크라테스: 그렇다면 '경건함'은 신들의 감정에 따라 바뀌는 것인가?
아니면 그 이전에 그 자체로 어떤 성질을 가진 것인가?

에우튀프론: ……그건 다시 생각해봐야겠군요.

플라톤Plato의 책 『에우튀프론』에 실린 대화를 읽다 보면 사실 '이게 항상 맞는 말인지' 궁금해하는 아이들의 질문과 크게 방향성이 다르지 않다는 느낌을 받습니다. 위의 질문들은 상대를 곤란하게 만들기 위한 것이 아니라, 이미 했던 말을 다시 되돌려보게 만드는 반문입니다.

과학의 역사에서도 반문은 결정적인 순간을 만들어냈습니다. 뉴턴이 사과가 떨어지는 것을 보고 위대한 발견을 했다는 이야기는 유명하지만, 중요한 것은 그가 사과를 봤다는 사실이 아닙니다. 수많은 사람들이 사과가 떨어지는 것을 봤습니다. 뉴턴이 달랐던 점은 단 하나입니다.

"왜 옆으로 가지 않고, 아래로 떨어질까?"

너무 당연해서 아무도 질문을 던지지 않았던 것에 대해 반문을 한 것이죠. 뉴턴의 위대함은 단순히 관찰을 잘한 것에 그치는 게 아니라, 그 관찰을 반문으로 바꾼 데 있습니다.

글의 처음에서 이야기한 내용으로 돌아가보겠습니다. 질문을 하는

것은 그 방법을 가르치기도 쉽지 않고, 아이들이 의지를 가진다고 해서 쉽게 할 수 있게 되는 것도 아닙니다. 하지만 반문하는 습관은 길러줄 수 있습니다. 좋은 질문은 언제나 반문에서 시작됩니다.

반문은 머리 좋은 아이들만 할 수 있는 것이 아닙니다. 이해했다, 알 겠다는 느낌에 스스로 쉽게 만족하지 않고, 한 번 더 되돌려보는 태도, 설명을 들었을 때 바로 넘어가지 않고, '정말 그럴까?' 내가 이걸 이해한 게 맞을까?'라고 스스로에게 묻는 태도에서 시작됩니다. 이는 훈련할 수 있고, 일상생활 속에서 반복을 통해 충분히 길러줄 수 있습니다. 그 래서 저는 아이들에게 막연하게 "질문해라"라고 말하기보다 반문하는 습관부터 길러주려고 노력합니다. 이해했다고 느끼는 순간을 의심해 보는 것, 그 작은 멈춤이 사고를 다시 움직이게 합니다.

관찰하고, 기록하고, 구조를 세운 뒤
한 번 더 반문하는 습관

아이들이 반문하도록 도와주는 방법은 의외로 간단합니다.

> 바로 아이들과 지식에 대해서 이야기할 때
> "확실해?", "왜 그렇게 생각했어?"라고 물어봐주는 것입니다.

이 2가지 질문은 아이들이 확정적으로 이야기하기 전에 자신의 답을 스스로 검증하거나 논리적인 흐름을 점검하는 습관을 가지도록 도와줍니다.

예를 들어, 아이가 문제를 풀고 나서 "이 문제의 답은 12"라고 말했을 때, 어른이 곧바로 "맞다, 틀리다"를 말해주기보다 "확실해?"라고 한 번만 물어봐주면 아이는 계산 과정을 다시 떠올리거나, 숫자를 다시 대입해보며 스스로 답을 점검하게 됩니다. 정답인지 아닌지 여부를 떠나 이 과정에서 반문하고 자신의 지식을 점검하는 습관을 가질 수 있다는 게 중요합니다.

또, 일상생활에서도 아이가 "이 방법밖에 없다"라거나 "어쩔 수 없다"라고 말했을 때 "확실해? 다른 방법은 정말 없을까?"라고 묻는 게 필요합니다. 이런 질문을 받은 아이는 자신이 선택하지 않은 방법을 다시 한번 점검해보거나, 정말 다른 대안은 없는지 고민해보고, 왜 이 방법을 선택했는지 설명하려고 시도합니다. 이 과정에서 아이는 성급하게 결론을 내지 않고 스스로 '질문'을 이어나갈 수 있게 됩니다.

반문하는 습관이 자리 잡으면 공부의 분위기는 분명히 달라집니다. 언뜻 보기에 속도가 느려질 수 있지만, 대신 깊이가 생기고 선택의 효율이 높아집니다. 질문의 중요성은 알고 있지만 막상 질문을 하려면 막막하고 두려웠던 감정이 스스로에게 질문하고 스스로에게 대답하는 과정에서, 내가 할 이야기를 한 번 더 검증해가는 과정에서 누그러질 수 있습니다. 이 감각은 공부를 효율적으로 지속하게 만드는 가장 중요한 힘입니다.

관찰하고, 기록하고, 구조를 세운 뒤 한 번 더 되묻는 습관. 이 흐름이 만들어지면, 누군가의 도움이 없어도 공부를 잘 할 수 있는 상태가 됩니다. 그럼 이제부터는 이렇게 얻은 지식을 적용해보는 습관에 대해 이야기해보겠습니다.

배운 것을 자신의 무기로 만들어내는 근본 역량의 힘, 적용해보는 습관

공부를 정말 잘하는 아이들을 가까이에서 오래 지켜보면, 일상생활 속에서 배운 것을 적용해보는 습관이 정말 남다릅니다. 앞에서 반복해서 이야기한 대로 서울대학교에서 만난 친구들은 수업 시간에 배운 내용을 자연스럽게 꺼내서 사용하고, 일상생활 속에서 만나는 현상을 해석했습니다. 이런 모습들은 문제를 해결하는 과정에서 특히 더 잘 보였습니다. 당구장에서도 당구를 칠 때도 운동량, 탄성충돌 같은 단어들을 아무렇지도 않게 꺼내서 썼고, 토지 제도를 다룬 책을 읽은 친구들끼리 각자 다른 관점에서 토론해보고 다른 나라의 예시를 언급하던 기억이 납니다. (공대생들이었는데 말이죠.) 이렇게 실생활에 적용하기 위해서는 이미 배워 알고 있는 지식들이라도 다시 구조화해보는 작업이 필요한

데, 이런 작업을 해보는 것만으로도 큰 의미가 있다는 것을 대학 시절을 떠올리면서 자주 생각하게 됩니다.

부모님들, 학생들과 이야기할 때 배운 지식을 활용해 문제를 해결하는 과정을 강조하면 많은 분들이 '응용 문제'를 떠올립니다. 그래서 어려운 문제를 풀려고 하고, 이런 문제를 풀면 사고력이 더 좋아질 것이라고 생각합니다. 이런 오해는 몇 가지 잘못된 전제를 바로잡으면 쉽게 풀립니다.

일단 배운 지식을 적용해보는 것은 문제집을 가지고 해보는 것보다 일상생활에서 해보는 것이 훨씬 효과가 큽니다. 그리고 배운 지식을 난이도가 어려운 문제에 적용했을 때 효과가 큰 것이 아니라 배운 것을 다른 맥락으로 옮겨보는 시도 그 자체에 의미가 있다는 것을 이해할 필요가 있습니다. 그리고 적용이 꼭 완벽할 필요도 없고, 성공할 필요도 없다는 점이 중요합니다. 오히려 대부분의 경우, 처음엔 허점이 많습니다. 여기서 가장 중요한 것은 배운 지식을 한 번이라도 교과서 밖으로 꺼내보는 경험입니다.

문제를 많이 풀면 적용을 잘하게 된다는 말도 맞습니다. 하지만 이것을 좀 더 깊게 생각해보면 배운 것을 자주 써봤기 때문에 공부를 잘하게 된 것임을 알 수 있습니다. 적용이 자유로운 아이들은 문제가 이전과 달라져도 흔들리지 않습니다. 이미 여러 맥락에서 같은 개념을 만나본 경험이 있기 때문입니다. 새로운 문제를 보더라도 '처음 보는 문제'라기보다 '기존 지식들을 잘 조합해서 풀어볼 수 있는 문제'처럼 느낍니다. 이 차이는 지능이 아니라, 지식을 다루는 방식의 차이에서 나옵니다. 저는 아이들에게 '거리=시간×속력'이라는 관계를 알려주면서 꼭 일상생활과 연관시키는 작업을 합니다.

"한 시간에 30km씩 5시간 가면 몇 km 간 거야?"

"150km요."

"어떻게 알았어? 어떻게 계산을 한 거야?"

"30에 5를 곱했어요."

"잘했어. 그럼 한 시간에 a만큼 가는 자동차가 b 시간을 갔어. 이때 간 거리는 얼마야?"

"a 곱하기 b요."

"잘했어. 앞으로도 공식이 기억 안 나면 지금 한 대화를 기억해야 해."

이렇게 공부하는 아이들은 공부 시간을 무작정 늘리지 않는다는 점에 주목해야 합니다. 대신 공부하지 않는 시간에 배운 것을 계속 떠올리고, 일상생활과 연결합니다. 길을 걸으며 거리와 시간을 계산해보기도 하고, 게임 규칙을 함수나 확률로 설명해보기도 합니다. 제가 수학을 가르칠 때 가장 강조하는 활동도 자동차 번호판을 보고 4개의 숫자를 한 번씩 써서 10을 만들어보거나, 두 자리 수 곱하기 두 자리 수 암산을 해보는 작업입니다. 연산을 잘하기 위해서 가장 필요한 역량은 '일상생활 속에서 연산을 다루는 습관'입니다.

공부의 성과는 단순히 문제집 위에서 결정되지 않습니다. 교실 밖에서, 일상생활 속에서 배운 것을 한 번이라도 써본 경험이 시험 점수에도 그대로 반영됩니다. 진짜 실력의 차이는 배운 것을 살아 있는 지식으로 다루느냐, 아니면 한 번 쓰고 버리는 정보로 남기느냐에 달려 있습니다.

적용하는 습관의 중요성은 최근 발전한 뇌과학 측면에서도 설명할 수 있습니다. 우리 뇌는 정보를 저장할 때 '나중에 다시 쓸 가능성이 높은 정보'에 우선순위를 둡니다. 단순히 듣고 이해한 정보보다 실제로 사용해본 정보가 훨씬 강하게 기억됩니다. 어떤 개념을 배운 뒤 그것을 말로 설명해보거나 일상 상황에 대입해보는 순간, 뇌는 '어? 이 정보는 또 쓰겠네' 판단합니다. 이런 상황에서 해마를 중심으로 한 기억 회로는 훨씬 적극적으로 지식을 받아들이고 맥락과 함께 적용해서 꺼내 쓰기 편하게 저장합니다.

적용의 또 다른 중요한 효과는 오류를 허용하는 학습을 가능하게 만든다는 점입니다. 교과서 안에서의 공부는 대체로 맞고 틀림이 분명합니다. 하지만 일상생활 속에서 적용을 시도하는 순간, 어긋나는 지점이 반드시 생깁니다. '어? 이 상황에서는 잘 안 맞네' 하고 느낄 수 있는데, 이 순간이 학습에서 가장 중요한 순간입니다. 뇌과학에서는 이를 "예측 오류prediction error"라고 부릅니다. 뇌가 예상한 결과와 실제 결과가 다를 때, 뇌는 가장 활발하게 수정 작업을 시작합니다. 판단과 전략 수정 기능을 담당하는 전전두엽, 오류와 인지적 갈등을 감지하는 역할을 담당하는 대상피질이 활성화되면서 기존 이해 구조가 재조정되고, 단순히 정답을 맞혔을 때보다 더 깊은 학습이 일어납니다. 적용해본다는 것은 이 지식이 맞는지 실제로 검증해보겠다는, 실패 가능성을 전제로 한 학습입니다. 하지만 이 실패는 그냥 좌절에서 끝내는 게 아니라, 어디까지 이해했고 어디부터는 부족한지 그 경계를 알려주는 역할을 합니다.

"여기까지는 맞고, 여기서부터는 다시 생각해봐야겠구나." 이런 구분이 생기는 순간, 우리 뇌는 더 적극적으로 반응한다는 것을 알 수 있습니다.

이 같은 태도를 잘 보여주는 사례로 물리학자 리처드 파인만의 강의 일화를 들 수 있습니다. 파인만은 캘리포니아 공과대학에서 신입생들에게 물리학을 가르치며, 학생들이 자신의 설명을 이해하지 못하는 순간을 특히 중요하게 여겼습니다. 파인만은 그 순간을 학생의 문제가 아니라, 자신이 그 개념을 충분히 이해하지 못했다는 신호로 받아들였습니다. 그래서 같은 내용을 다른 예로 바꿔 설명하고, 더 단순한 언어로 다시 풀어내는 일을 반복했습니다. 설명이 막히는 지점은 늘 불편했지만, 파인만은 바로 그 지점에서 자신의 이해가 어디까지인지 확인할 수 있다고 믿었습니다. 파인만에게 가르친다는 것은 전달이 아니라, 이해를 검증하는 과정이었습니다.

파인만의 일화에서 우리가 아이들에게 어떻게 '적용하는 연습'을 시킬 수 있는지 힌트를 얻을 수 있습니다. '적용'이라는 말을 너무 거창하게 생각할 필요는 없습니다. 배운 개념을 오늘 본 뉴스에 한번 대입해보는 것, 게임 규칙을 수학적으로 설명해보는 것, 부모에게 배운 내용을 말로 풀어보는 것만으로도 충분합니다. 적용의 핵심은 정확함이 아니라 배운 것과 일상생활을 연결하는 것입니다.

어떤 것을 배우더라도
자신의 무기로 만들어내는 근본 역량

배운 것을 적용해보는 습관을 기르기 위해 제가 가장 중요하게 추천하는 것은 바로 '설명'입니다. 지난 시간에 배운 내용을 백지 상태에서부터 글로 써보거나 말로 설명해보고 다음 공부를 진행하는 것이죠. 이때 아이에게 100% 정확한 설명을 하도록 요구할 필요는 없습니다. 앞에서 말씀드린 것처럼 이 과정에서 우리 뇌가 가장 바쁘게 움직인다는 게 중요합니다.

예를 들어, 수업이 끝난 뒤 아이에게 이렇게 물어볼 수 있습니다.

"오늘 배운 거, 엄마한테 한 문장으로 설명해줄 수 있어?"
설명이 어색해지면 그 지점이 바로 적용의 출발점입니다.

이런 질문에 익숙해진 아이에게는 "이걸 배우면 우리가 어디에 써먹을 수 있을까?"라고 묻는 것도 좋습니다. 대답이 나오지 않아도 괜찮습니다. 질문을 받는 것만으로도 뇌는 연결을 시도하기 시작합니다.

적용하는 습관이 쌓이면, 아이의 공부는 확연히 달라집니다. 새로운 문제를 만났을 때 겁을 덜 먹고, 문제를 '처음 보는 것'으로 느끼지 않습니다. 기존에 배운 것들을 '적용'한 경험들을 살려서 기억나지 않는 부분들을 복원해낼 수 있기 때문입니다. 이런 흐름에 올라탄 이후부터 공부는 더 이상 묻지도 따지지도 말고 외워야 할 대상이 아니라 세상을 이해하는 도구가 됩니다. 교과서를 덮어도, 시험 기간이 끝나도 아이의 사고는 계속해서 새로운 상황을 향해 확장됩니다.

이렇게 배운 것을 일상생활에 적용하고 설명할 줄 알게 된 아이는 앞으로 어떤 길을 가더라도 배우는 것마다 자신의 무기로 만들어내는 근본 역량을 가지게 될 것이라고 믿습니다.

미래를 시뮬레이션해보는 능력, 계획하는 습관

많은 사람들이 공부에 있어서 계획의 의미를 오해합니다. 계획을 잘 세우는 아이는 부지런하고, 계획을 못 세우는 아이는 게으르다고 생각합니다. 그래서 부지런하고 성실한 아이들은 계획표를 열심히 세운다고 여기고, 그렇지 않은 아이들은 계획을 세우지 않는다고 생각을 하기 쉽습니다. 또한 계획한 대로 지키지 못하는 아이를 의지가 약하다고 판단합니다.

하지만 실제로 아이들을 가르치면서 느끼는 게 있습니다. 아이들이 계획을 세우고 지키지 못하는 이유는 단순히 의지가 약해서가 아닙니다. 계획을 어떻게 세워야 하는지 잘 알지 못하고, 본인이 세운 계획대로 움직여본 경험이 거의 없기 때문입니다. 스스로 계획을 세우고 지켜나가는 것은 누군가가 만들어준 시간표대로 성실하게 사는 것과는 차원이 다릅니다.

계획에 대한 오해 때문에 많은 아이들이 "계획을 세워라"는 말을 들으면 답답한 마음부터 느낍니다. 세워봤는데 잘 안 지켜졌던 기억이 먼저 떠오르고, 또 지키지 않으면 혼날 거리가 늘어나기만 할 거라는 기분부터 듭니다. 사실 어른들도 다르지 않습니다. 다이어트 계획, 공부 계획, 독서 계획을 세워놓고 며칠 지나지 않아 흐지부지된 경험이 누구에게나 있을 겁니다. 직장에서 정해진 일정을 지키지 못해 곤란한 일을 당했던 것도 누구나 가지고 있을 법한 기억입니다. 그래서 '계획'이라는 단어는 어느새 '의욕이 넘칠 때만 잠깐 등장했다가 사라지는 것', 혹은 '지키지 못하면 괜히 죄책감만 남기는 것'처럼 느껴지기도 합니다.

계획은 단순히 성실성의 문제가 아니라, 사고방식의 문제입니다. 계획하는 습관은 단순히 시간을 관리하는 기술이 아니라, 일상생활과 공부를 연결하는 하나의 사고 틀입니다. 앞선 장에서 이야기한 '적용'이 일상생활과 공부를 연결시키는 가장 중요한 요소 중 하나였다면, 계획은 그 연결을 반복 가능하게 만드는 장치이자 어디서에도 가능하게 만드는 기술입니다. 그런데 (글의 마지막에서 다시 이야기하겠지만) 우리는 계획을 '계획성이 있는 사람들이 종이에 일과를 잘 기록했다가 그대로 지키는 행위' 정도로 알고 있습니다. 이것은 공부에 있어서 계획의 일부분만 이해하고 있는 것입니다.

공부에 있어서 계획의 본질은 훨씬 더 고차원적인 의미를 가지고 있습니다. 공부에서 계획은 정해진 미래를 목록으로 만들어서 그대로 실천하려는 행위에 그치지 않고, 미래를 미리 살아보는 시뮬레이션에 가깝습니다.

우리는 흔히 벤저민 프랭클린Benjamin Franklin을 계획의 대명사처럼 떠올립니다. 그는 시간을 분 단위로 쪼개 관리한 사람으로 알려져 있습니다. 프랭클린은 매일 하루를 시작하며 "오늘 나는 어떤 사람이 되고 싶은가?"라고 물었고, 하루를 마치며 "오늘 나는 어떤 선택을 했는가?"라고 물으며 스스로를 되돌아봤습니다. 시간을 쪼개 쓴 것보다 이 지점이 더 주목해야 할 부분입니다. 단순한 자기 점검이 아니라, 미래의 자신을 먼저 설정해두고 미리 시뮬레이션하는 사고방식을 보여줍니다. 그래서 프랭클린의 계획은 자주 수정되었지만, 계획이 어긋나도 실패라고 생각하지 않고 '뭔가 또 배웠다'라고 생각했다고 합니다. 프랭클린은 젊은 시절 스스로 13가지 덕목을 정하고, 매일 지켰는지 표시하는 표를 만들었는데 계속 실패했지만 이 자체가 큰 공부가 되었다고 여러 차례 이야기했습니다.

이런 태도는 우리가 생각하는 '계획적인 사람'의 모습과는 다릅니다. 프랭클린에게 있어서 계획은 미래를 설계하고 그려보는 과정이었습니다. 아이들의 계획도 마찬가지입니다. 많은 아이들이 계획을 세우라고 하면 '오늘 문제집 몇 쪽', '단어 몇 개' 같은 목록을 적습니다. 이것이 틀린 것은 아닙니다. 하지만 이는 계획이라기보다는 할 일 목록에 가깝습니다. 반면, 미래를 시뮬레이션하는 아이는 전혀 다른 질문을 합니다.

"이 문제집에서 내가 가장 오래 붙잡힐 부분은 어디일까?"

"여기서 막히면 오늘 공부는 어떻게 달라질까?"

이런 질문을 던지는 순간, 아이는 이미 내일을 연습하고 있는 셈입니다.

계획을 세우기 시작할 때
학습되는 뇌

뇌과학의 발달은 시뮬레이션의 위력에 대해 재미있는 시사점을 줍니다. 사람의 뇌는 흥미롭게도 실제로 경험한 일과 머릿속에서 생생하게 상상한 일을 완전히 구분하지 못한다는 사실이 발견되었습니다. 물론 감각 정보의 강도는 다르지만, 행동을 준비하고 선택을 예측하는 데 관여하는 뇌의 회로는 상당 부분 겹칩니다.

하버드 의과대학 신경과학자 알바로 파스쿠알레오네**Alvaro Pascual-Leone**는 흥미로운 실험을 진행했는데, 피아노를 한 번도 쳐본 적 없는 사람들을 두 그룹으로 나누었습니다. 한 그룹은 실제로 피아노를 연습하게 했고, 다른 한 그룹은 피아노 앞에 앉아 손을 움직이지 않은 채 연주 장면을 아주 구체적으로 상상만 하도록 했습니다. 이들에게는 멜로디를 떠올리고, 손가락이 움직이는 느낌을 머릿속으로 그리게 했습니다.

며칠 뒤, 참가자들의 뇌를 관찰해보니 놀라운 결과가 나타났습니다. 실제로 연습한 사람들만큼은 아니지만, 피아노 연습을 상상만 했던 사람들의 뇌에서도 손가락의 움직임을 담당하는 운동 피질 영역이 눈에 띄게 변해 있었습니다. 몸은 거의 움직이지 않았지만, 뇌에서는 실제 건반을 손가락으로 누르며 연습한 것과 비슷한 방향의 변화가 일어났던 겁니다. 이 연구는 "뇌는 상상만으로도 학습한다"는 주장을 대표하는 고전적인 사례로 자주 인용됩니다.

이 원리는 실제로 이미 오래전부터 운동선수들의 훈련 현장에서 활용되어왔습니다. 경기 직전, 선수들이 눈을 감고 가만히 서 있는 모습을 본 적 있으실 겁니다. 이때 선수들은 몸을 움직이지 않지만, 출발 신호가 언제 울릴지, 상대가 어떤 움직임을 보일지, 그때 자신의 몸이 어떻게 반응해야 할지를 하나하나 떠올립니다.

프랑스의 인지신경과학자 마르크 제주**Marc Jeannerod**와 장 데세티**Jean Decety**는 실험을 통해 이런 상황에서 일어나는 현상을 확인해보았습니다. 이들은 선수들에게 실제로 훈련을 시키는 대신, 경기 장면을 최대한 자세하게 떠올리게 했습니다. 점프하는 순간의 느낌, 공이 손을 떠나는 타이밍, 실수했을 때의 당황스러움까지 머릿속으로 그려보게 했습니다. 그리고 그동안 선수들의 뇌가 어떻게 반응하는지 관찰했는데, 예상을 웃도는 수준의 결과가 나타나 시뮬레이션의 효과를 증명했습니다. 몸은 가만히 있었지만, 선수들의 뇌는 실제로 곧 몸을 움직이기 직전과 거의 같은 상태로 준비되어 있었습니다. 다시 말해, 움직이지 않았을 뿐이지 뇌는 이미 훈련을 하고 있었던 셈입니다. 스포츠 분야에서는 이런 방법을 "운동 상상Motor Imagery"이라고 부르며, 체력 훈련이나 기술 훈련과 함께 실제 훈련 과정의 일부로 활용하고 있습니다. 몸을 쉬게 하는 시간에도, 훈련을 멈추지 않는 것이지요.

이 연구들이 공통으로 말해주는 것은 단순합니다. 뇌는 "이 일이 실제로 일어나고 있는가?"보다 "이 상황에서 무엇을 하게 될 것인가?"에 훨씬 민감하게 반응합니다. 그래서 어떤 행동을 미리 떠올리고, 그 과정에서의 선택과 갈등을 상상해보는 것만으로도 뇌는 이미 학습을 시작합니다.

이 장면을 공부로 가져오면, 계획의 의미가 조금 달라집니다. 계획은 책상 앞에 앉아 오늘 할 일을 적어 내려가는 것이 아닙니다. '내일 공부하다가 어디서 어려움을 겪을 가능성이 높은지', '시간이 부족해지면 나는 어떻게 대응할 것인지', '집중을 흐트러뜨리는 일이 발생하면 어떻게 대응할지' 미리 떠올려보는 과정에 가깝습니다. 이렇게 세운 계획은 실행을 두렵지 않게 만들어줍니다. 이미 머릿속에서 한 번 겪어본 일이고, 실패에 대한 그림도 그려봤기 때문입니다. 아이가 공부를 시작하기도 전에 지쳐 보인다면, 계획이 부족해서가 아니라 미리 한 번도 그 상황을 그려본 적이 없어서 생기는 불안감이 원인일 가능성이 높습니다.

공부에 있어서 계획은 아직 오지 않은 미래를 두고, 뇌에 이렇게 말하는 행위입니다.

"곧 이런 상황이 올 거야. 이때 우리는 이런 선택을 하게 될 거야."

"이걸 하다가 어디에서 막힐까?",

"시간이 부족하면 어떤 선택을 하게 될까?"

그러면 뇌는 실제 상황이 오기 전 준비를 시작합니다. 막힐 지점, 흔들릴 가능성, 대안의 경로를 떠올리며 여러 번 연습이 이루어집니다. 그래서 계획은 실행을 대신하지는 못해도, 실행의 질을 근본적으로 바꿉니다.

삶을 운영하기 위해
반드시 길러야 할 기술

계획은 일어나지 않은 일을 상상하고 끈질기게 사고 실험을 하는 과정이기도 합니다.

사고 실험은 실패해도 언제든 다시 미래를 상상하고 계획할 수 있는 회복 탄력성과 유연성을 길러줍니다. 아이들에게 필요한 계획도 이와 다르지 않습니다. 빈틈없는 시간표가 아니라, 미래를 한번 그려보는 연습이 필요합니다. 실패할 가능성을 미리 떠올려보는 용기, 계획이 어긋났을 때 다시 그려볼 수 있는 유연함이 필요합니다. 이렇게 관점이 바뀌는 순간, 계획은 성격의 문제가 아니라 훈련의 문제가 됩니다. 즉흥적인 사람도, 계획적인 사람도 모두 이 훈련을 할 수 있습니다.

계획을 세우고 그대로 실천하라는 말 대신, 아이들에게 내일을 미리 한번 살아보라고 말해주는 것이 아이를 계획하고 꿈꾸는 사람으로 키워줍니다.

실제로 저는 아이들이 시험 준비에 들어가는 시기가 되면 시험공부 계획을 세우게 만듭니다. 이건 단순히 하루에 몇 시간씩 어느 문제집을 푸느냐를 정하기 위해서 세우는 계획이 아닙니다.

> '이번 시험의 목표는 무엇이고, 어떤 전략으로 접근할 것인지,
> 과거에 실패한 경험은 무엇인데
> 어떻게 하면 이번에는 반복하지 않을지'에 대해 쓰게 합니다.

계획을 세우다 보면 비로소 자신이 공부하는 시간이 부족하다는 것을 알게 되고, 이를 극복하기 위해서 어떤 시간을 포기해야 하는지도 정하게 됩니다.

제가 이 글에서 이야기하는 계획은 꼭 책상 앞에서 문제집을 펴놓고 세워야 하는 계획이 아닙니다. 평소 길게는 2~3년 정도의 미래를 예측해보고, 짧게는 시험 기간의 흐름을 미리 한번 파악해보는 것을 통해 계획하는 습관을 가질 수 있습니다.

그런데 요즘 아이들과 이야기를 하다 보면 이런 말을 자주 듣습니다.

"저는 MBTI가 P라서 계획을 잘 못 세워요."

마치 계획을 세우는 능력을 타고난 성격처럼 여기는 분위기입니다. 하지만 이는 매우 위험한 오해입니다. MBTI에서 말하는 J와 P는 선호 경향일 뿐, 능력을 규정하는 기준이 아닙니다. 더 중요한 점은, 계획을 세우는 것은 '성격에 맞으면 하는 것'이 아니라 '삶을 운영하기 위해 반드시 필요한 기술'이라는 사실입니다.

계획을 세우는 능력은 P든 J든 모두 길러야 하는 역량입니다. 이 글에서 말한 대로 미래를 시뮬레이션하는 것이 계획이라고 한다면 P 성향의 아이에게도 계획은 자유를 억압하는 족쇄가 아니라 선택지를 넓혀주는 지도 역할을 하게 됩니다. J 성향의 아이에게도 마찬가지로, 계획은 완벽을 강요하는 틀이 아니라 방향을 점검하는 기준이 됩니다. 계획을 안 세워도 되는 사람은 없습니다. 다만 계획을 세우는 방식에 조금 차이가 있을 뿐입니다.

"나는 원래 계획 안 세우는 타입이야"라는 말은, 사실 "아직 나에게 맞는 계획 방식을 못 찾았어요"라는 말에 가깝습니다. 계획을 세우는 것은 타고나는 성격이 아니라, 연습을 통해 누구나 익힐 수 있는 능력입니다.

의지를 쓰지 않고도
최고의 성과를 만들어내는,
약속을 지키는 습관

우리는 흔히 약속을 잘 지키는 사람을 "의지가 강한 사람"이라고 말합니다. 해야 할 일을 미루지 않고, 정한 계획을 끝까지 실행하는 사람을 보면 그렇게 느끼는 것도 무리는 아닙니다. 하지만 아이들을 오랫동안 지켜보다 보면, '의지'만으로는 약속을 잘 지키는 이유를 설명하기에 충분치 않다는 걸 알게 됩니다. 약속을 꾸준히 지키는 아이들 중에는 특별히 독해 보이지도, 특별히 의지가 엄청나게 강해 보이지도 않는 아이들이 많기 때문입니다.

공부 잘하는 사람들을 관찰해보면 그 사람들은 대부분 의지를 거의 쓰지 않아도 약속이 지켜지는 구조에 있다는 점을 쉽게 알 수 있습니다. 저는 이런 구조를 '심플한 삶'이라고 부릅니다. 책의 앞부분에서

"하는 것보다 안 하는 것이 중요하다"는 이야기를 할 때 언급했듯이 약속과 루틴이 깨지는 이유는 대부분 삶이, 지금의 상황이 너무 복잡하기 때문입니다. 약속을 일부러 깨는 사람은 없습니다. 약속을 깨는 이유는 지금 너무 힘들거나, 너무 에너지가 없거나, 너무 바쁘거나, 너무 하기가 싫거나 같은 복잡한 상황이 있기 때문입니다.

삶을 심플하게 만든다는 건 심심하게, 재미없거나 단조롭게 살라는 말이 아닙니다. 정말 중요한 것에 집중하기 위해선, 정말 재미있게 살기 위해선 덜 중요하고 덜 재미있는 것들을 포기할 준비가 되어 있어야 한다는 말입니다. 약속을 지키는 습관은 바로 '할 일을 덜어내는 작업'에서 시작됩니다. 우리는 이 작업의 결과를 "우선순위"라고 부릅니다.

예를 들어, 어떤 아이가 "오늘은 꼭 문제집을 10장 풀겠다"라고 말해 놓고 지키지 못하는 상황을 생각해보겠습니다. 약속을 지키지 못한 이유는 무엇이 있을까요? 태도가 나쁘거나 게으르다고, 의지가 약하다고 혼을 내면 뜻밖에도 아이들은 굉장히 억울해하는 경우가 많습니다. 우리가 보기에는 아이들이 편하게 살고 있는 것 같을지 몰라도, 아이들은 하루를 살아가는 동안 수많은 선택을 하고, 수많은 순간에 자신을 억제하며 싸우고 있습니다. 학교에서 긴 시간을 버텨야 합니다. 선생님, 친구들과의 관계에서 긴장하기도 하고, 끊임없이 쏟아지는 자극에 노출되기도 합니다.

아이들에게 있어서 약속이란 '이렇게 이미 충분히 힘든 상태에서 더 해야 하는 무언가'인 경우가 대부분입니다. 더 쉽게 얘기하면, "넌 이제부터 이것도 해야 해"라고 얘기하며 추가적으로 해야 할 일이 생기는 것이죠. 이 경우, 약속은 필연적으로 의지의 문제가 됩니다. 의지를 발휘해 약속을 지켜내더라도 오래 가지 못합니다.

그렇다면 약속을 잘 지키는 아이들의 공통점은 무엇일까요? 당연한 말이지만 약속을 지키는 것을 그다지 어려워하지 않는다는 겁니다. 이런 아이들은 매번 마음을 다잡거나 심호흡을 하고 엄청난 의지를 발휘해서 약속을 지키지 않습니다. 할지 말지 오래 고민하지도 않습니다. 잘 지켜지는 루틴 속에 있기 때문입니다.

루틴은 큰 결심이나 선택이 필요하지 않은 상태에서 무엇인가 주기적으로 반복하는 행동입니다. 그런데 아무 때나 아무 행동이나 반복하는 것이 아니라 특정 상황이 되면 자동으로 반복하게 되는 행동입니다. 집에 오면 가방을 내려놓고 숙제를 하는 것, 문제를 풀기 전에 읽고 줄을 치면서 말을 식으로 바꾸는 것, 공부를 시작하면 책상 정리부터 하는 것 등이 그런 행동입니다. 루틴이 있는 아이들은 특별히 잘 참고 더 애쓰거나, 의지가 더 강해서 약속을 지키는 것이 아닙니다. 의지를 써야 할 지점이 루틴에 의해 제거되기 때문에 약속을 지키기 위해 특별히 노력하지 않아도 되는 것입니다. 이것이 삶을 심플하게 만든다는 말의 진짜 의미입니다.

루틴이 있다는 것은 결국 우선순위가 잘 정리되어 있다는 의미입니다. 우선순위가 확실하지 않아서 나의 선택이 그때그때 바뀐다면 루틴은 생길 수 없습니다. 다음 단계로 나가는 과정에서 우리 뇌가 사용하는 알고리즘이 바로 우선순위입니다.

의지가 강해서 모든 것을 다 하려는 아이에게도 루틴은 생길 수 없습니다. 우선순위가 없으면, 매 순간 선택해야 하기 때문입니다. 선택할 일이 많아질수록 의지는 소모되고, 결국 약속은 무너질 수밖에 없습니다.

루틴을 만들기 전에 반드시 이런 질문을 던져봐야 합니다.

"지금 나에게, 우리 아이에게 가장 중요한 한 가지는 무엇일까?"

그 한 가지가 정해지지 않으면, 루틴은 만들어지지 않습니다. 그리고 이 '한 가지'가 만들어진다는 것은 필연적으로 나머지는 버릴 수 있다는 의미입니다. 루틴은 무엇인가 일을 '추가'하면서 만들어질 수 없습니다. 언제나 무엇인가를 버려야 만들어집니다. 이것도 중요하고 저것도 중요하게 느껴지지만 모든 것을 다 중요하게 여기는 순간, 아무것도 제대로 지켜지지 않습니다. 심지어 공부 중에서도 버려야 할 공부가 있습니다. 루틴을 만들고 싶다면, 반드시 안 하기로 결정해야 할 것들이 필요합니다. 이 '안 할 것'들이 정리되지 않으면, 루틴은 시작도 되지 않습니다.

저 또한 의지가 강한 사람은 아니지만 루틴을 확실하게 지키는 학생이었습니다. 그 루틴을 지키기 위해서 제가 했던 일들 역시 무엇인가를 버리고 포기하는 것이었습니다. 초등학교 때 오락실에 가느라 교회에 오지 않는 형들을 보고 '나중에 어른이 될 때까지 오락실에 가지 말아야지'라고 생각하고 정말 대학교에 입학할 때까지 오락실에 발도 들이지 않았던 일, 고등학교 시절 생기기 시작한 PC방에 몇 번 가고 나서 'PC 방에 빠지면 공부 못 하겠다. 대학에 입학하고 나서 가야지'라고 결심 하고는 정말 지켜냈던 일들은 지금도 친구들을 만나면 (반놀림이긴 하지 만) 이야깃거리가 되기도 합니다. 이런 포기들 덕분에 저는 학원에 가 고, 공부하고, 쉬는 루틴을 수월하게 만들어낼 수 있었습니다. 그리고 이런 과정이 썩 고통스럽게 느껴지지 않았습니다.

역사 속 인물 중에도 루틴으로 유명한 사람들이 있습니다. 대표적인 인물로 아이작 뉴턴과 알베르트 아인슈타인**Albert Einstein**을 들 수 있습니 다. 이 두 사람은 '창의적인 천재'라는 이미지가 강하지만 실제로는 생 활 속 루틴이 연구에서 굉장히 큰 비중을 차지한 연구자들이었습니다.

뉴턴의 삶은 놀라울 만큼 단조로웠다고 합니다. 그는 매일 같은 시 간 책상 앞에 앉아 계산하고, 기록하고, 다시 검토하는 일을 반복했습 니다. 사람을 자주 만나지도, 일상의 변화를 즐기지도 않았습니다. 대 신 매일 똑같은 생각의 경로를 따라가며 문제를 붙잡았습니다. 그의 위 대한 발견은 특별한 결심에서 나온 것이 아니라, 변화가 거의 없는 하 루들이 오랫동안 쌓인 결과였습니다.

아인슈타인도 천재적 영감보다 반복되는 사고 습관을 더 신뢰했습 니다. 그는 매일 비슷한 옷을 입고, 같은 시간에 사색하며, 문제를 오래 붙잡는 생활을 유지했다고 알려져 있습니다. 불필요한 선택을 줄여 생 각에 집중하기 위한 루틴을 만든 거죠. 역사상 최고의 천재들로 알려진 뉴턴과 아인슈타인. 그들의 성과는 재능이나 의지보다 의지를 덜 쓰게 만든 구조에서 나왔습니다.

의지가 없어도 힘을 발휘하는
루틴 설계법

어른이 해야 할 일은 아이에게 "의지를 가져라"라고 말하는 것이 아닙니다. 의지를 쓰지 않아도 되는 하루를 설계해주는 것입니다. 루틴은 완벽할 필요가 없습니다. 제가 아이들에게 강조하는 루틴을 만드는 법은 아래와 같습니다.

> 1. 루틴은 한 번에 하나만 만들고, 아주 단순하게 만든다.
> 2. 루틴을 지키기 위해 버려야 할 것이 무엇인지 미리 생각한다.
> 3. 루틴이 깨진다고 무너지면 안 된다. 다시 돌아올 방법을 만들어라.

하루에 어려운 수학 문제 3개를 푸는 루틴을 만들고 싶다면, 일단 아주 단순하게 시작합니다. 다른 공부 계획보다 매일 문제 3개 푸는 것을 가장 중요한 우선순위에 둡니다. 이 루틴을 지키기 위해 문제를 푸는 동안에는 휴대폰을 확인하며 시간을 허비하지 않도록 일정한 장소에 올려둡니다. 혹여 하루 빼먹더라도 스스로를 탓하는 대신 다음 날 다시 문제집을 펼치고, 문제 3개를 푸는 것부터 시작합니다.

여기서 또 하나 중요한 점은 루틴은 완벽하게 유지되지 않을 수도 있다는 점입니다. 루틴이 깨지더라도 빠르게 복구할 수 있는 아이디어가 필요합니다. 예를 들면, 루틴이 깨지면 벌금을 내고 다시 처음부터 시작하는 것을 규칙으로 만드는 거죠. 이렇게 조금씩 만든 루틴은 아이들이 공부에 관한 습관을 들이는 기초를 형성해줍니다.

정리해보겠습니다. 공부에서 약속을 지키는 습관의 핵심은 의지가 아니라 루틴입니다. 공부에서 약속을 지킨다는 건 단순히 시간을 채운다는 의미가 아닙니다. 그보다는 자기 자신에 대한 신뢰를 조금씩 쌓는 일입니다.

이런 감각을 가진 아이는 삶이 심플합니다. 변수가 생겨도, 감정적으로 다소 힘들 때도 루틴을 유지할 수 있습니다. 그런 아이들이 결국 스스로와의 약속을 지키고 공부를 일상생활과 연결하는 사람이 될 수 있습니다.

어떤 상황에서도 지식을 쉽게 인출할 수 있게 만드는, 마무리하는 습관

수업을 하다가 아이들에게 "알겠지?"라고 물어보면 어떤 일이 벌어질까요?

재미있게도 거의 모든 아이들이 고개를 끄덕입니다. 그 장면을 보고 '아, 아이들이 이해했구나' 생각하는 사람은 아이들을 가르친 경험이 많지 않을 가능성이 높습니다.

아이들과 함께 이런 실험을 한 적이 있습니다. "지금부터 내가 재미있는 걸 보여줄게"라고 말하고 구석에 앉아서 약간 집중을 덜 하고 있던 친구에게 맥락 없이 물어봤습니다.

"○○아, 알겠지?"

질문을 들은 그 아이는 고개를 끄덕였습니다. 그래서 "뭘 알겠는

데?"라고 다시 물어보니, 아이는 대답을 못 하면서 스스로도 약간 놀라는 표정을 지었습니다. "알겠지?"라는 말에 자동 반사적으로 반응을 해버린 것이죠. 무엇을 알았는지 파악하지 못한 상태에서도 아이들은 "알겠지?"라는 말에 알겠다고 대답하는 경우가 비일비재합니다. 제가 아이들에게 얘기하고 싶었던 것은 무엇일까요? 바로, 공부를 마무리하는 태도입니다.

공부를 마무리한다는 말을 우리는 '오늘 할 분량을 끝냈다', '오늘 공부 시간을 채웠다', '문제집을 다 풀었다'라는 의미로 생각하기 쉽습니다. 정해진 분량을 풀었고, 정해진 시간만큼 앉아 있었으니 오늘 공부는 끝났다고 생각합니다. 수업을 끝까지 들었고 시간이 다 되었으니 할 일을 다 했다고 말이죠. "이해했어?"라고 물었더니 자동 반사적으로 고개를 끄덕인 아이들에게 "뭘 알겠는지 네 말로 설명해볼래?"라고 물으면 말이 막히고, 순서가 뒤섞이고, 핵심이 빠지기도 합니다.

제가 말하고 싶은 마무리는 이런 마무리가 아닙니다. '마무리'라는 말은 말 그대로 이 작업을 끝내는 행위를 말합니다. 다시 손을 대지 않아도 되는 상태를 만드는 것이죠. 스스로 이 작업을 끝냈다고 생각하더라도 다시 이 작업을 해야 하는 상황이 생기면 그것은 '마무리'가 아니라 '임시 종료'에 가깝습니다.

공부에서의 마무리는 '할 일을 다 했느냐'가 아니라 '제대로 이해했는지 점검하는 과정'에 가깝습니다. 더 정확히 말하면, 내가 이해했다고 느끼는 것을 정말 이해한 것이 맞는지, 앞으로 이 부분을 활용하는 문제가 나왔을 때 내가 이 부분의 지식을 꺼내서 쓸 수 있는지 스스로 확인하는 습관입니다. 이 확인 과정이 빠진 공부도 겉보기에는 그럴듯할 수 있습니다. 문제집 한 권을 끝냈고, 수업도 빠짐없이 들었고, 숙제도 다 했습니다. 하지만 시간이 조금만 지나면 같은 내용을 처음 보는 것처럼 느끼게 되고, 시험에서 막상 이 부분을 꺼내서 써야 하는 순간에 머리에서 배운 내용이 잘 인출되지 않기도 합니다. 공부의 마무리가 잘된 상태라면, 즉 제대로 이해했는지, 다시 손을 댈 필요가 없는지 제대로 점검이 끝난 상태라면, 기억이 조금 희미해져도, 형태가 바뀌어도, 상황이 달라져도 배운 내용을 언제든 꺼내 쓸 수 있습니다.

공부를 마무리하는 작업에 대해 설명하기 위해서는 다시 구조화라는 단어를 떠올릴 필요가 있습니다. 다만, 여기서 말하는 구조화는 앞에서 이야기했던 구조화와는 조금 다릅니다. '큰 틀을 먼저 생각하는 습관'에서 이야기했던 구조화는 공부를 시작할 때 지식이 들어갈 자리를 먼저 정해놓기 위한 것이라면, 공부를 마무리할 때의 구조화는 새로 배운 지식들을 기존 지식들과 연결시켜서 인출되기 쉬운 곳에 고정시키는 것이라고 할 수 있습니다.

공부를 시작할 때 필요한 구조화는 "지금 내가 배우는 이 내용이 전체에서 어디쯤에 있는지", "왜 이걸 배우는지", "앞으로 무엇과 연결될지"에 대해 답하게 해주는 지도 같은 역할을 한다고 이야기했습니다. 마무리를 위한 구조화는 성격이 약간 다릅니다. 이제는 방향성보다 연결의 문제입니다.

이것들이 바로 공부를 마무리하는 구조화를 위한 질문들입니다. 이 과정이 없으면 공부는 항상 '임시 저장' 상태로 남습니다. 파일이 만들어진 것 같지만 컴퓨터를 껐다가 켜면 사라지는 형태입니다.

역사 속 인물 중에서 '마무리의 구조화'를 가장 잘 보여주는 사람으로 멘델레예프를 들 수 있습니다. 멘델레예프는 원소 주기율표를 만든 사람입니다. 그가 주기율표를 만들기 전, 많은 원소들이 발견되고 보고되었지만 각각의 성질과 특징들을 가지고 흩어져 있는 지식으로서 존재할 뿐이었습니다. 과학자들은 많은 원소에 대해 알고 있었지만, 누구도 그것을 하나의 체계로 만들지 못한 상태로, 수십 개 원소들의 특징을 따로따로 기억해야 했습니다.

새로운 원소를 직접 발견한 적이 없었던 멘델레예프가 한 일은 단순해 보이지만, 그가 만든 주기율표는 화학의 역사를 바꾸어놓았습니다. 그는 원소들의 성질을 나열하고, 비슷한 것끼리 묶고, 그 사이의 관계를 끈질기게 살펴보았습니다. 그러다 보니 어떤 성질은 일정한 주기로 반복된다는 사실이 드러났습니다. 그는 그 반복성을 기준으로 전체를 다시 배치했습니다. 이미 알려진 지식들 간의 관계를 파악해낸 것이죠.

멘델레예프가 만든 주기율표에는 빈칸이 있습니다. 이 빈칸의 의미는 우리에게 구조화의 중요성을 더 와닿게 만들어줍니다. 멘델레예프는 알루미늄의 아래 칸에 올 원소를 '에카—알루미늄'이라고 부르고 그 원소의 원자량, 녹는점, 밀도 등을 예측했습니다. 나중에 발견된 갈륨은 그 예상과 거의 정확하게 맞아떨어지는 원소로, 현재 스마트폰, 반도체, LED의 핵심 소재로 사용되고 있습니다. 또, 규소(실리콘) 아래 들어갈 원소도 마찬가지로 그 특성을 예측했는데, 나중에 발견된 게르마늄이 정확하게 그 예측과 일치하는 원소였습니다. 멘델레예프는 구조를 완성시켰기 때문에 그 빈칸은 미완성이 아니라 '이후에 보완되어야 하는 부분'을 예측하는 역할을 했습니다. 오히려 그 빈칸이 멘델레예프

멘델레예프의 주기율표

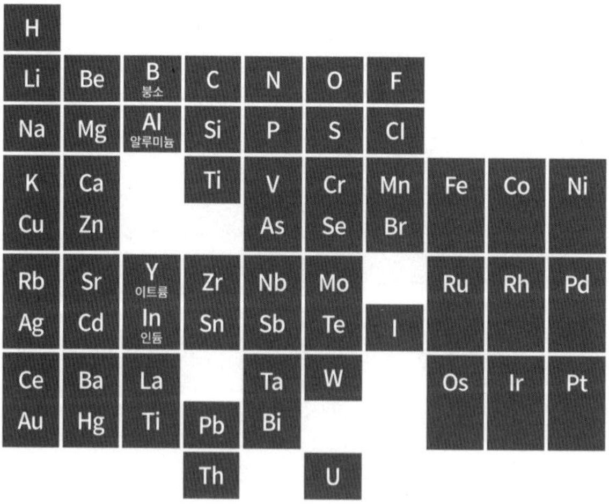

H						
Li	Be	B 붕소	C	N	O	F
Na	Mg	Al 알루미늄	Si	P	S	Cl

K	Ca		Ti	V	Cr	Mn	Fe	Co	Ni
Cu	Zn			As	Se	Br			

Rb	Sr	Y 이트륨	Zr	Nb	Mo		Ru	Rh	Pd
Ag	Cd	In 인듐	Sn	Sb	Te	I			

Ce	Ba	La		Ta	W		Os	Ir	Pt
Au	Hg	Ti	Pb	Bi					
			Th	U					

가 만든 주기율표의 위대함을 역설적으로 두드러지게 만들어준 것이 지요.

이 지점이 공부의 마무리와 정확히 닮아 있습니다. 모든 문제를 다 풀었기 때문에 끝나거나, 모든 내용을 한 번 다 읽어봤거나 외웠기 때문에 끝나는 것이 아니라, 이제 어디에 무엇이 들어갈지 그 구조를 파악해야 공부가 끝났다고 할 수 있습니다. 멘델레예프에게 주기율표는 빈칸이 있었지만 더 이상 손봐야 할 작업이 아니었습니다. 오히려 이후의 연구가 수행되기도 전에 멘델레예프에 의해 예측되었다는 표현이 적절하다고 생각합니다.

아이들의 공부에서도 똑같은 질문이 필요합니다. 오늘 배운 내용을 문제집으로 한 번 더 푸는 것보다 중요한 건 "이걸 어디에 써먹을 수 있을까?" "이 개념이 없으면 어떤 문제가 막힐까?"를 스스로에게 묻는 것입니다. 이 질문에 답하는 순간, 아이의 머릿속에서는 지식이 재배치됩니다. 흩어져 있던 정보들이 연결되고, 중심이 생깁니다. 이때 비로소 공부는 '경험'에서 '자산'으로 바뀝니다.

의미를 정리하고 관계를 엮는 방식으로
학습을 마무리하는 뇌

공부 잘하는 사람들과 이야기해보면 유독 아주 예전에 배운 지식들을 잘 기억하고 있는 것을 알 수 있습니다. 어떤 경우에는 아주 세세한 것까지 기억하고 있어서 주위 사람을 놀라게 하기도 합니다. 특히 공부를 잘하는 사람들이 "몇 학년 때 뭘 배웠다", "뭘 배우고 그다음에 뭘 배웠다", "이 지식이 이렇게 연결됐다" 이런 이야기를 아무렇지도 않게 하는 것을 보고 주위 사람들이 그들의 기억력을 칭찬하는 일을 직접적으로든 간접적으로든 경험해본 적 있을 것입니다. 공부 잘하는 사람들이 이렇게 지식을 오래, 상세하게 기억하는 것은 단순히 기억력이 좋다, 머리가 좋다는 말로는 설명하기가 힘듭니다. 저는 이것이 '구조화의 힘'이라고 믿어 의심치 않습니다.

공부의 마무리에서 구조화가 중요한 이유를 뇌과학적으로 설명하면, 뇌가 정보를 그대로 저장하는 게 아니라 의미를 정리하고 관계를 엮는 방식으로 학습을 끝내기 때문이라고 할 수 있습니다. 새로운 내용을 배울 때 뇌는 그 정보를 일단 임시적으로 저장해두지만, 학습의 마지막 단계에서 "이건 무엇과 연결되는가", "어디에 놓여야 하는가"를 점검할 때 비로소 정리가 시작됩니다. 이때 뇌의 판단과 조율을 맡는 기능이 작동하면서, 흩어진 정보들은 공통 원리와 위계에 따라 재배열됩니다. 이렇게 구조가 만들어지면 새로운 기억은 단순한 암기가 아니라 이해로 전환되고, 이후 새로운 공부를 할 때도 이 구조가 기준점으로 작동합니다. 그래서 구조화 없는 공부는 끝난 것처럼 보여도 뇌 입장에서는 아직 정리되지 않은 상태입니다.

저는 학생들과 시험을 준비할 때, 공부를 마무리하는 과정에 많은 에너지를 할애합니다. 저를 만났을 때 공부를 나름 성실하게 했지만, 평균 70점대의 평범한 성적을 받던 학생이 있었습니다. 이 학생에게 일단 교과서의 목차를 외우게 하고 각 대단원, 중단원, 소단원의 주요 내용을 정리하도록 지도했습니다. 그러고 나서 알고 있는 지식들을 목차와 주요 내용 아래 써보고 설명하게 시켰습니다. 시험 직전에는 백지를 나눠주고 이 내용들을 쭉 써보도록 연습시켰습니다. 이런 과정을 중간고사와 기말고사 때 두 번 정도 반복하자 이 학생의 시험 점수는 놀랍게도 평균 90점이 넘었습니다. 지금 이 아이는 시험 기간이 되면 누가 시키지 않아도 목차를 외우고 배웠던 내용들을 맥락을 가지고 설명합니다. 나아가 선생님이 여기서 문제를 낸다면 다른 단원의 어느 부분과 연결시켜 헷갈리게 문제를 내실 것 같다고 예측해보면서 공부를 하고 있습니다.

최근 우리나라에서는 아이들이 벅차할 정도의 많은 문제를 풀게 하는 모습을 흔히 볼 수 있습니다. 이것이 시험 점수를 올리는 유일한 방법인 것처럼 여겨지고 있습니다. 하지만 이런 방법은 공부를 마무리하는 방법이 될 수 없습니다. 오히려 진정한 의미에서 공부를 마무리한 이후에 실수를 줄이기 위해 택해야 하는 방법입니다. 무턱대고 많은 양의 문제를 푸는 방법으로는 절대로 좋은 시험 성적을 낼 수 없습니다.

이런 방법으로 아무리 노력해도 만족할 만한 성적을 얻지 못하던 친구들이 저를 만나러 많이 찾아옵니다. 이렇게 성실성을 갖춘 친구들은 지식의 구조화를 통해 공부를 제대로 마무리하도록 도와주면 대부분 눈에 띄는 성적 향상을 이룹니다. 아직 휘발되기 전 상태로 남아 있는 지식을 가지고 문제를 많이 풀어서 일정 점수 이상 받았더라도 머릿속에 남은 지식은 오래 지속되기 힘든 모래성 같을 가능성이 높습니다. 많은 양의 문제를 풀면서 마무리되지 않은 공부를 메꾸는 방법은 구조화된 지식으로 공부를 마무리하는 효율을 따라잡을 수 없습니다. 바로 이 부분에서 중위권과 상위권, 상위권과 최상위권의 공부 격차가 생겨납니다.

한 단원을 모두 배웠을 때, 한 학기를 마무리하거나 시험을 볼 때, 문제집 한 권을 끝냈을 때, 우리가 가장 중요하게 생각해야 하는 것은 지식을 구조화된 형태로 머리에 남기는 것입니다. 이것이 진정한 의미에서 공부를 마무리하는 방법입니다. 이 지식이 어디에서 와서 무엇과 어떻게 연결되는지, 앞으로 어떻게 써먹을 수 있을지 자신의 말과 글로 설명해보는 작업만이 공부를 마무리하는 지름길이라는 것을 꼭 기억하셨으면 합니다.

기억과 이해를 남기는 순간을 만드는, 잘 쉬는 습관

여기까지 잘 따라오셨습니다. 드디어 PART 4의 마지막 부분입니다. 열심히 공부했으니, 잘 쉬어야겠죠? 공부를 열심히 했으니 그 보상으로 쉬자는 이야기가 아니라는 건 이 책을 읽어오신 분들은 이미 눈치채셨을 겁니다. PART 3에서 "공부하는 시간보다 공부하고 있지 않은 시간이 중요하다"라고 이야기하면서 이미 강조하기도 했으니까요.

한 학생과의 일화를 소개해보겠습니다. 머리가 좋고 총명한 학생인데, 수업에서 들은 내용들을 잘 기억하지 못하는 일이 잦았습니다. 수업 시간에 딴청을 부리는 것도 아닌데, 유독 이런 일이 잦았습니다. 시험공부를 할 때 관찰해봐도 분명 암기력도 좋고 내용 정리도 잘하는데, 여러 번 반복해서 배운 내용을 틀려서 주위 사람들을 놀라게 했습니다.

저는 이런 아이를 처음 만난 것이 아니기 때문에 어느 정도 원인을 예상하고 이 친구와 대화를 시도했습니다.

"내가 생각하기에 너는 정보들을 너무 위계 없이 받아들이는 것 같아. 중요한 정보랑 중요하지 않은 정보를 잘 구분하지 않고, 들은 내용들을 많이 흘려버리는 것 같아. 어떻게 생각해?"

"음…… 맞는 것 같아요."

"내 생각에는 네가 쇼츠나 릴스를 너무 많이 보는 거 같거든. 그러면 네 뇌가 항상 과부하 상태라서 정보들을 잘 분류하지 않게 돼."

이 친구는 대답 없이 저를 바라보았습니다.

"내가 방금 뭐라고 그랬어?"

"쇼츠 보지 말라고요?"

"맞는 말이긴 한데, 나는 그렇게 말하지 않았어."

"그래요?"

"응. 내가 말하는 내용의 절반 정도는 그냥 흘러가고 어떤 이미지 같은 것들만 남는 것 같아. 하루 중 아무것도 안 하는 시간을 좀 만들어 봐. 그게 힘들면 산책을 하거나 탕 목욕 같은 거라도 해봐."

"휴대폰 없이 산책을 해요? 어떻게 휴대폰 없이 산책을 해요?"

"그럼 탕 목욕은?"

"저 탕 목욕할 때도 휴대폰 가지고 들어가는데……."

결국 대화를 하면서 이 친구는 스스로 뭔가를 깨달은 것처럼 웃었습니다.

우리는 "잘 쉰다"는 말을 흔히 쓰는데, 이 말에 대해선 생각보다 오해가 많습니다. 대부분 몸을 덜 움직이면 쉰다고 생각합니다. 소파에 누워 있거나, 침대에 누워 있거나, 공부를 하지 않으면 쉬고 있다고 느낍니다. 하지만 공부에서의 휴식은 그런 의미가 아닙니다. 잘 쉰다는 건 정말로 뇌를 쉬게 만들어주는 일입니다.

앞에서 소개한 학생의 사례도 결국 같은 문제였습니다. 이 친구는 능력이 부족한 친구가 아니었습니다. 오히려 기억력도 좋고 이해력도 빠른 편이었습니다. 그런데도 배운 내용이 잘 남지 않았던 이유는, 뇌가 정보를 정리할 시간을 거의 갖지 못했기 때문입니다. 수업이 끝나면 바로 또 다른 자극이 들어왔습니다. 공부가 끝나면 곧바로 짧고 강한 영상들이 이어졌습니다. 뇌는 계속 '처리하는 상태'에 머물러 있었지 '정리하는 상태'로 넘어갈 기회를 거의 얻지 못했습니다.

앞선 글에서 소개한 적 있는 디폴트 모드 네트워크 이야기를 다시 한번 꺼내겠습니다.

"사람의 뇌는 아무것도 하지 않을 때 멈춰 있는 것이 아니라, 오히려 아주 중요한 일을 시작합니다."

외부 과제에서 벗어났을 때 활성화되는 이 네트워크는 우리가 경험한 정보들을 정리하고, 서로 연결하고, 의미를 만들어내는 역할을 합니다. 공부할 때 입력된 지식들이 '기억'이 되고 '이해'로 바뀌는 과정은 대부분 이때 일어납니다. 다시 말해, 공부가 완성되는 것은 공부를 하고 있는 순간이 아니라 쉬는 시간이라고 해도 과언이 아닙니다.

디폴트 모드 네트워크의 역할은 이 책에서 이야기해온 것들을 하나로 묶어줍니다. 이 책에서 소개한 많은 역사 속 인물들의 이야기를 다시 한번 떠올리면 제가 이야기하려는 바가 쉽게 이해되실 겁니다.

역사 속 인물들이 인류의 운명을 바꿀 만한 놀라운 발견을 한 그 순간에 그들은 무엇을 하고 있었을까요?

뉴턴은 떨어지는 사과를 보며 만유인력의 법칙에 대해 생각할 때, 어딘가에 앉아 멍하니 있었다고 합니다. 아르키메데스가 부력의 원리를 깨닫고 유레카를 외쳤을 때 그는 목욕탕에 앉아 있었습니다. 멘델레예프가 주기율표의 큰 틀을 생각해낸 순간은 침대에 누워 반쯤 잠들었던 때였습니다. 아인슈타인은 상대성 이론의 핵심 아이디어를 떠올리던 시기를 회상하며, "특별히 계산을 하고 있을 때가 아니라, 생각이 자유롭게 떠다닐 때였다"라고 말했습니다. 실제로 그는 산책을 하거나 아무 일도 하지 않은 채 생각에 잠겨 있는 시간을 유난히 중요하게 여겼습니다. 프랑스의 수학자 앙리 푸앵카레Henri Poincaré 역시 복잡한 수학적 문제를 고민하던 중, 문제를 내려놓고 잠시 다른 일을 하다가 문득 해답이 떠올랐다고 기록했습니다. 의식적으로 계산을 멈춘 순간에 오히려 문제의 구조가 한번에 보였다는 것입니다. 찰스 다윈Charles Darwin도 『종의 기원』을 집필하던 시기에 하루 일정 중 반드시 산책 시간을 넣었다고 전해집니다. 그는 이 시간을 "아무 생각도 하지 않는 시간"이라고 표현했지만, 그 시간 동안 수많은 관찰과 개념들이 자연스럽게 연결되었습니다.

이런 모습은 과거 학자들만의 이야기가 아닙니다. 현대의 위대한 경영자들 역시 비슷한 습관을 가지고 있습니다. 빌 게이츠**Bill gates**는 지금도 정기적으로 '싱크 위크**Think Week**'라는 시간을 갖는 것으로 유명합니다. 일상적인 업무에서 완전히 벗어나 책을 읽고 산책을 하며 혼자 생각에 잠기는 시간입니다. 마이크로소프트의 중요한 전략적 결정과 방향성 중 상당수가 이 시간 동안 정리된다고 알려져 있어 일반인들도 관심을 가질 정도입니다. 워런 버핏 역시 하루의 대부분을 '아무 일도 하지 않는 시간'에 씁니다. 겉으로 보기에는 책을 읽거나 가만히 앉아 있는 시간이지만, 그는 이 시간을 통해 정보들을 비교하고, 연결하고, 큰 흐름을 그려냅니다. 버핏은 "좋은 결정은 바쁜 일정 속에서 나오지 않는다"고 여러 차례 강조해왔습니다. 스티브 잡스**Steven Jobs** 또한 중요한 대화를 회의실에서 하기보다 산책을 하며 나누는 것을 선호했던 인물로 알려져 있습니다. 실제로 그의 전기를 쓴 월터 아이작슨**Walter Isaacson**은 "잡스는 진지한 대화를 할 때 긴 산책을 하는 것을 좋아했다"고 기록했습니다. 그는 단순히 더 많은 정보를 모으기보다 불필요한 것을 덜어내고 핵심만 남기는 사고를 중요하게 여겼는데, 이런 통찰 역시 걷고 대화하는 시간 속에서 자주 다듬어졌습니다.

따로 설명할 필요가 없을 정도로 이들의 공통점은 분명합니다. 일상생활과 공부가 연결된 사람들, 성과를 만들어내는 사람일수록 강한 자극에 노출된 상태를 계속 유지하지 않습니다. 오히려 의도적으로 멈추는 시간, 아무것도 하지 않는 순간, 뇌는 자유롭게 작동할 수 있는 시간을 확보합니다. 이는 공부든, 연구든, 경영이든 동서고금에 예외가 없습니다. 오죽하면 송나라의 대학자 구양수는 생각하기 좋은 곳으로 '삼상三上', 즉 마상馬上(말 위), 침상枕上(잠자리), 측상厠上(화장실)을 꼽았을 정도입니다.

문제는 현대인들, 특히 아이들이 이 시간을 거의 활용하지 않는다는 점입니다. 많은 아이들이 공부하다가 '쉬는 시간'에 휴대폰을 들여다봅니다. 차를 타고 가는 순간에도 수많은 자극적인 영상들이 눈에 들어옵니다. 영상 하나가 끝나기도 전에 다음 영상이 재생되고, 생각할 틈이 생기려는 순간 또 다른 자극이 끼어듭니다. 이런 상태에서 뇌는 쉴 수 없습니다. 오히려 계속해서 시각, 청각, 감정을 동시에 사용하며 빠르게 반응합니다. 미디어 시청은 휴식이 아니라, 모든 감각 기관을 활용해서 뇌와 감각을 극도로 사용하는 활동에 가깝습니다.

이런 모습을 운동에 비유하면 축구를 하다가 쉬는 시간에 멈추지 않고 전속력으로 달리기를 하고 돌아와서는 다시 축구를 하는 것과 같습니다. 축구를 하지 않는 것뿐이지 몸은 전혀 쉬지 못했습니다. 휴대폰도 마찬가지입니다. 공부를 하다가 휴대폰을 보는 건, 뇌가 다른 방식으로 또 다시 전력 질주를 하는 일입니다. 그래서 휴대폰을 많이 사용하는 아이일수록 "쉬었는데도 피곤하다"고 말합니다. 실제로 쉰 적이 없기 때문입니다. 그리고 앞에서 소개한 친구의 일화처럼 듣고 있지만 정보는 흘려버리는 일들이 습관화될 수 있습니다.

8가지 습관을 잇는
마지막 종착지 9번째 습관, 잘 쉬기

쉴 때만 뇌가 할 수 있는 일이 존재한다는 점을 분명히 인지해야 합니다. 아무것도 하지 않는 시간을 갖는 것을 습관으로 만들어야 합니다. 정보를 비교하고, 중요도를 매기고, 서로 다른 개념을 연결하고, '아, 이게 이런 의미였구나' 하고 깨닫는 과정은 대부분 조용한 상태에서 일어납니다. 아무것도 하지 않을 때 떠오르는 생각들, 멍하니 있을 때 갑자기 정리되는 느낌, 산책하다가 문득 이해되는 순간들. 이것들은 우연이 아니라 뇌의 정상적인 작동입니다. 진짜 구조화는 쉴 때 일어납니다.

그래서 잘 쉬는 습관은 선택 사항이 아니라 무조건 해야 하는 일입니다. 공부를 열심히 했으니 그에 대한 보상으로 쉬자는 이야기가 아닙니다. 잘 쉬지 않으면 아무리 공부해도 그 무엇도 남지 않습니다.

> 반대로 말하면, 뇌가 제대로 쉬는 시간을
> 확보해주는 것만으로도 학습 효율은 크게 달라집니다.
> 휴대폰 없이 걷는 시간, 아무 생각 없이 있는 시간,
> 자극이 끼어들지 않는 시간은 낭비가 아니라 투자에 가깝습니다.

최근 한국의 사교육 환경에서 제가 가장 안타깝게 생각하는 것이 바로 이 부분입니다. 극심화, 극선행이 자연스러운 트렌드 속에서 쉼 없이 달려야 하는 아이들이 늘어나고 있습니다. 공부를 많이 한 만큼 실력도 늘겠지 기대하지만 실제로 기대에 미치지 못하는 결과가 높은 확률로 일어납니다. 번아웃 등 심리적인 이유를 생각하는 분들도 있겠지만, 쉬는 시간에 일어나는 중요한 일들을 놓치고 있기 때문이라고 많은 뇌과학자, 교육학자들은 이야기합니다.

디폴트 모드 네트워크를 교육과 연결시킨 대표적인 교육신경과학자 메리 이머디노-양^{Mary Immordino-Yang} 박사는 "학습에서 가장 중요한 신경 활동은 아이들이 아무 과제도 수행하지 않을 때 일어난다"고 했습니다. 디폴트 모드 네트워크를 발견한 현대 뇌과학계의 거장 마커스 라이클^{Marcus Raichle} 박사는 저서에서 "뇌는 휴식 상태에서 멈추는 것이 아니라, 오히려 가장 조직적인 활동을 시작한다"고 이야기했습니다.

공부를 잘하고 싶다면, 공부 시간을 늘리기 위해서만 고민하지 말고 뇌가 쉴 수 있는 시간을 어떻게 만들어줄 것인지를 함께 고민해야 합니다. 일상생활과 공부가 연결되는 순간은 디폴트 모드 네트워크가 작동되는 동안 만들어집니다. 우리 뇌의 디폴트 모드 네트워크가 작동하지 않는다면 앞에서 이야기해온 다른 8가지 습관을 가지기 어려운 것은 물론입니다.

잘 쉬는 습관을 만드는 것은 쉽고도 어려운 일입니다. 공부 시간을 조절해줘서라도 쉬는 시간은 만들어내야만 하는 시간입니다. 이때 미디어의 자극을 피할 수 있는 환경을 만드는 것, 예를 들면 가족 모두가 미디어를 사용하지 않는 시간을 확보한다든가, 아이가 산책 혹은 탕 목욕을 하도록 만들어준다거나, 바닥 청소나 빨래 개기 등 머리를 쓰지 않고도 수행할 수 있는 일에 아이들을 참여시키는 의식적인 노력이 필요합니다.

잘 쉬는 습관을 갖기 어려운 이유는 우리가 편견을 버리는 것이 여전히 어렵기 때문입니다. 그래도 뭔가 해야 할 것 같고, 그 시간이 낭비되는 것같이 느껴지면 쉬는 시간을 갖기 어렵습니다. 이 글의 앞 부분에서 이야기한 많은 위인들, 경영인들의 이야기를 찾아보면서 쉬는 시간이 갖는 의미에 대해 확신을 가지실 수 있기를 바랍니다.

PART 5

아이는 안 바뀝니다,
전략을 바꾸세요

모든 아이들은
나름의 사정이 있다

저에게 아이들을 데리고 오시는 부모님들은 각자의 고민이 있습니다. 영재성이 있는 것 같은데 어떻게 키워야 할지 모르겠다는 부모님, 우리 아이는 공부에 아예 소질이 없는 것 같아 고민이라는 부모님, 또 아이가 너무 열심히 하는데 성과가 안 나와서 안쓰럽게 생각하시는 부모님, 아이가 공부에 대한 거부 반응이 너무 심해서 고민인 부모님까지 참 다양한 분들을 만나게 됩니다. 사연은 다양하지만 고민이 없는 부모님이 아이를 저에게 데리고 오시는 경우는 보지 못했습니다.

저를 비롯한 모든 부모님들이 자녀들에게 아쉬운 부분이 있기 마련입니다. 아이를 어릴 때부터 봐오고 아이의 성장 배경을 모두 알고 있는 데다가 함께 오랜 시간을 보내는 부모님은 우리 아이의 이런 모습이 좀 바뀌었으면 하는 아쉬움이 생길 수밖에 없습니다. 거기에 엄마 아빠와 닮은 점이 보이고 그것이 단점으로 연결되면 이런 감정이 증폭되기 마련입니다. 조금만 더 적극적이었으면, 조금만 더 차분했으면, 조금만 더 끈기를 발휘했으면, 조금만 더 겸손했으면, 조금만 덜 예민했으면 하는 마음이 듭니다. 초등학생인 두 아들을 두고 있는 아빠인 저도 이런 마음이 드는 건 어쩔 수 없습니다.

하지만 오랜 기간 아이들을 만나면서 아이의 타고난 성향을 바꾸는 것은 정말 쉽지 않은 일이라는 것을 깨닫게 되었습니다. 부모님이 보기에, 선생님이 보기에는 저 부분을 좀 고쳤으면 하는 마음이 들지만, 사실 대부분의 경우 그 성향은 부모님에게 물려받았거나 어렸을 때부터 굳어져서 쉽게 고치기 어려운 경우가 많습니다. 그 성향을 고치기 위해서는 시간과 노력은 물론이고, 자녀와의 관계까지도 포함해 너무 많은 자원을 사용해야 됩니다. 필연적으로 누군가는 지치게 되어 있습니다. 그래서 대부분의 경우, 성향을 바꾸려는 시도는 생각보다 큰 상처만 남기고 결과가 좋지 않습니다.

이런 부모님의 마음을 들은 아이들의 입장은 어떨까요? 아이들은 대부분 '억울하다'거나 '그 이야기는 더 이상 하고 싶지 않다'는 반응을 보입니다.

아이들에게는 다 자기 나름의 사정이 있습니다. 그 사정을 설명해달라고 하면 나름의 논리를 가지고 이야기합니다. 그걸 들은 부모님들이 놀라는 경우도 적지 않습니다. 또 부모님들은 아이들이 의지가 없다고 생각하지만 아이들의 생각은 다릅니다.

모두가 영재성이 있다고 하는데
왜 노력은 하지 않을까?

'영재성이 있는데 노력하지 않는 아이'를 데리고 오신 부모님이 있었습니다. 부모님의 걱정은 아이가 미디어에 너무 집착하고 절제하지 못한다는 것이었습니다. 그래서 공부에 시간을 쏟지 못한다고 확신하고 있었습니다. 부모님과 이런 이야기를 나누는 동안, 아이는 가만히 듣고 있었습니다. 그 아이의 표정을 살펴보던 저는 부모님께 이렇게 얘기했습니다.

"근데 민호도 미디어를 보는 동안 기분이 막 좋지는 않을 것 같은데요. 제 짐작이지만 자기 스스로도 절제하려고 하는데 잘 안 되는 게 아닌가 싶어요."

옆에서 아이가 가만히 고개를 끄덕이자 부모님은 깜짝 놀랐습니다. 아이가 해야 하는 공부는 안 하고 미디어를 보는 모습을 보면서 속상했고, 이 아이는 '미디어를 너무 좋아한다'라고만 생각했지 미디어를 보고 머리가 멍해진 그 느낌에 아이 스스로도 기분이 안 좋고 자기 효능감이 떨어지고 있다고 느꼈을 거란 생각은 해본 적이 없는 거죠.

사실 아이도 미디어에 빠진 자기 자신이 썩 마음에 들지 않았습니

다. 그런데 그런 자기의 모습을 보고 혀를 차는 부모님에게는 마음을
털어놓을 수 없었습니다.

그럼 이 친구는 왜 공부에는 관심을 보이지 않았던 걸까요? 누가 봐
도 조금만 노력하면 좋은 성적을 거둘 수 있을 만큼 머리가 좋은 친구
인데 말이죠. 이럴 때 가장 좋은 방법은 역시 열린 마음으로 질문을 하
는 것입니다. '게으르다, 노력하지 않는다'라는 프레임에서 벗어나서 이
친구의 입장에서 생각해보는 것이죠. 저는 조심스럽게 물어봤습니다.

"민호야, 너는 혹시 공부해봤자 네가 얻을 게 없다고 생각하는 건 아
니야?"

옆에서 듣던 부모님이 이게 무슨 말인가 갸우뚱하는 사이, 아이는
놀랍게도 씩 웃으며 즉각적으로 대답했습니다.

"맞죠."

"네가 똑똑하다는 건 이미 모든 사람들이 알고 있는데, 네가 열심히
했다가 성적이 안 나오면 똑똑하다는 평판까지 잃어버릴 수 있으니까?
공부해봐야 얻을 게 없다고 느끼지 않을까 싶은데……. 지금 이 말을
들으니까 어떤 생각이 들어?"

"맞는 말인 것 같아요."

이 지점에서 부모님들의 표정에선 약간 황당함이 느껴졌습니다. 반
면 아이는 어느새 표정이 한결 편해졌습니다.

"그럼 어떻게 할까? 어떤 상황이 되면 공부를 할 거 같아?"

"저는 엄마랑 공부하는 게 제일 편하긴 해요. 엄마가 도와줬으면 좋

겠어요."

유명한 수학 강사인 어머니가 옆에서 참다 못해 끼어들었습니다.

"나랑 공부하고 싶다고? 나랑 공부할 때 그렇게 짜증을 냈으면서?"

"쉬운 거 자꾸 하는 게 재미없다는 거지. 나도 수학 경시 대회 준비 같은 건 하고 싶다고."

대화를 글로 읽으시는 여러분도 해빙이 일어나는 듯한 분위기가 느껴지실 거라 생각합니다. 이 친구는 미디어를 마냥 즐기고 있는 것처럼 보였지만 사실 그런 자기 자신의 모습이 썩 마음에 들지 않았던 겁니다. 쉽지 않은 자기 자신과의 싸움을 하고 있었던 것입니다. 그리고 자신이 머리가 좋다는 사실을 주위 사람들이 다 인정하는데 노력하는 모습을 보였다가 생각보다 머리가 안 좋은 거 아니냐는 평판이 생길까 봐 두려운 마음도 있었습니다.

이런 마음을 서로 인지하고 공유하는 것만으로도 많은 변화를 만들어낼 수 있습니다. 아이를 무조건 뜯어고칠 것이 아니라 이 아이의 상황을 이해하고 함께 문제를 해결해나가야 한다는 공감대가 형성되면 훨씬 적은 에너지로도 문제를 해결할 수 있습니다.

이 가정에는 이후 많은 변화가 있었습니다. 하루에 한 시간 정도 가족들이 모두 함께 미디어를 사용하지 않는 시간을 만들었습니다. (미디어 사용을 절제하는 것은 사실 어른에게도 쉽지 않은 일입니다.) 그리고 아이는 학교에서 가장 높은 레벨의 수학 수업을 듣기 위해 어머니와 같이 공부하기로 약속을 했고, 시간을 정해 같이 공부를 해나갔습니다. 아이

의 성적은 급격하게 상승했고, 여전히 부모님과 투닥거리는 일은 있을
지언정 서로의 변화를 감사해하면서 지내고 있습니다. 그리고 제가 이
글을 쓰고 있는 이 시점, 아이는 두 달 전에 한 수학대회에 한국 국가 대
표로 출전하는 놀라운 성과를 냈습니다. 저와 대화를 나누고 9개월 만
에 일어난 일입니다.

시선을 바꿨을 때
발견되는 솔루션

모든 아이들에게는 사정이 있습니다. 노력하지 않는다고 책망받으
면서 속으로는 '하라는 걸 다 했는데 왜 노력하지 않는다고 말하는지'
라며 억울하게 생각하고 있을지도 모릅니다. "머리는 좋은데 노력하지
않는다"는 말을 들으면서 '나도 사실은 노력하고 있는 거다'라고 생각하
는 아이들이 실제로 많이 있습니다. 이런 아이들은 문제를 차분하게 읽
어서 실수하는 빈도를 줄이라는 요구를 받으면 '사실은 나도 몇 번이나
반복해서 읽고 있는 건데⋯⋯'라고 생각합니다.

이번 PART에서는 코칭을 통해 실제로 삶과 공부에 변화가 있었던
친구들의 이야기를 소개해보려고 합니다. 저는 아이들을 유형으로 묶
어 틀에 맞추려고 하거나, 일방적인 솔루션을 제공하는 것을 선호하지
않습니다. 그럼에도 고민이 많은 부모님들께 작은 힌트는 될 수 있지

않을까 하는 마음으로 이 글을 씁니다.

이 글에 등장하는 아이들은 '문제 있었던 아이들'이 아닙니다. 단지, 지금까지의 솔루션이 맞지 않았거나, 적당한 솔루션을 찾지 못했을 뿐입니다. 아이의 '나쁜 부분'을 고치지 않아도 아이의 이야기를 잘 듣고, 성향을 파악하고, 아이의 생활이나 공부와 관련된 설계를 바꾸는 것만으로도 놀라울 정도로 달라지는 순간들이 있었습니다.

이제부터 소개할 이야기들은 정답을 제시하기 위한 것이 아니라, 아이를 바라보는 시선을 한 번쯤 바꿔보기 위한 제안입니다. 아이들이 부모님, 선생님들께 원하는 것은 과정을 관리하는 사람이 아니라 함께하는 사람으로 있어주는 것이라고 생각합니다.

부모님께 잘 이야기하지 않던 것들을 제 앞에선 술술 이야기하는 것을 보고 부모님들이 놀라는 모습을 반복적으로 접하면서 왜 아이들이 제게는 그런 이야기를 어렵지 않게 꺼내주는 걸까 스스로 생각해보게 되었습니다. 제가 내린 결론은 제가 그 아이들에게 '진짜 궁금해서 질문을 하고 있다'라는 느낌을 주기 때문이라는 겁니다. 문제 있는 아이로, 고쳐놓아야 하는 아이로 보지 않고, 그 아이의 사정을 들어보고 어떡하면 좋을까 고민하는 느낌입니다.

이 글을 읽는 분들이 이렇게 생각해주셨으면 좋겠습니다.

"아, 우리 아이도 나름 사정이 있었고, 애쓰고 있었구나."

"자기도 억울하긴 했겠다."

"너도 힘들었겠다."

이런 마음이 들었다면 이제 PART 5를 읽을 준비를 마친 겁니다. 다음 이야기로 넘어가보겠습니다.

상위 2%, 영재성 있는 아이들은 어떻게 공부를 시켜야 할까?

"우리 아이도 영재였으면……."

이런 생각을 하는 부모님들이 많이 있으실 겁니다. 아이가 특출나서 크게 노력하지 않아도 성과가 나고 주위로부터 똑똑하다는 말을 들으면 얼마나 좋을까 생각하는 것은 인지상정, 부모의 마음입니다.

하지만 제가 지금까지 만나온 영재의 부모님들은 대부분 행복 지수가 썩 높지 않았습니다. 단순히 높지 않은 정도가 아니라 고민이 되어서 간절한 마음으로 적절한 조언을 해줄 사람을 찾아다니는 경우가 더 많았습니다. 농담처럼 "우리 아이가 똑똑해 보이면 영재가 아니고 이상해 보이면 영재다"라고 이야기하는 분들도 있을 정도니까요. 특히 고지능 ADHD에 해당하는 아이를 자녀로 둔 부모님들이 어떤 고민을 하고 계시는지는 많은 사람들이 상상하기 어려울 정도입니다. 유튜브에서 이런 이야기를 반복적으로 하는데, 관련된 이야기가 나올 때마다 많은 부모님들의 공감 댓글이 이어지고 있습니다.

저를 찾아오시는 영재 부모님들의 바람은 한결같습니다. 채널의 영상을 보고 연락을 주신 어머니와 함께 만난 서진이는 정말 못 하는 것이 없어 보이는 아이였습니다. 영어 유치원을 다니지 않았는데도 영어를 거의 원어민처럼 구사하고, 취미 삼아 나간 국제 코딩대회에서는 뜬금 없이 입상해 부모님조차 놀라게 했습니다. 초등학교 1, 2학년 때는 종이접기에 빠져서 종이비행기 국가대표가 되겠다며 양력, 항력, 추진력, 중력, 역학에 관한 책을 찾아보며 원리를 공부했고, 그 관심이 항공, 우주로까지 확장되었습니다. NASA에서 일하면 좋겠다며 스스로 상대성이론을 찾아 공부했고, 우주과학과 관련된 책과 영화를 찾아보며 초등학교 생활을 보냈습니다. 체스, 보드게임, 추리 게임 등 전략적 사고를 하는 활동을 즐겼고, 경쟁심도 있었습니다. 본인이 흥미를 보이는 영역에는 옆에서 걱정할 정도로 완전 몰입 상태에 빠지는 친구였습니다.

이런 친구들은 냅둬도 알아서 공부도 잘하고 좋은 성적을 받고 승승장구할 거 같지만, 예상 외로 이런 친구들의 부모님 중 속이 타들어가는 표정으로 어찌할 바를 모르겠다고 하는 경우가 있습니다. 서진이도 마찬가지였습니다. 저를 만나기 전 서진이는 시험에서 가정/기술, 정보 과목은 70점 안팎의 점수를 받았습니다. "배워서 나중에 잘 써먹으면 되지 왜 굳이 시험공부를 해야 하는지 모르겠다"는 말에 부모님들은 할 말을 잃은 상태였죠. 국어, 영어, 수학, 과학 등 주요 과목은 대체로 무난한 성적을 받았지만, 영어에서는 2개를 틀렸는데 2개 다 문법 공부를 하지 않아서 틀렸습니다. 그런데도 아쉬워하기는커녕 부모님께 "미국에서 살다 온 친구가 있는데 그 친구가 문법은 공부 안 해도 상관없대"라고 주장했습니다.

심리적으로도 불안해 보였습니다. 시험공부에 공을 전혀 들이지 않았고, 특히 동기부여가 되지 않은 과목에는 거의 손도 대지 않아 부모님과 마찰을 빚었습니다. 또 사춘기의 영향인지, 이런저런 생각을 과도하게 하는 부작용인지, 자기 마음을 알아주는 사람이 없다고 부모님 앞에서 엉엉 우는 일도 잦았습니다.

이런 친구는 어떻게 도와줄 수 있을까요? 상위 2% 이내에 있으면서 자신만의 철학이나 고집이 확실한, 동기부여가 되지 않으면 도통 움직이지 않는 소위 '손에 잡히지 않는 영재'들에게 가장 필요한 것은 '안심'입니다. 여기서 말하는 '이 아이들에게 필요한 안심'은 단순히 "괜찮아. 잘하고 있어"라는 위로가 아닙니다.

메타인지가 좋고 사고력이 발달한 이 친구들은 아주 이른 시기부터 세상을 스스로 해석해왔습니다. 어른들이 하나하나 설명해주기 전에 이미 원리를 짐작하고, 규칙을 찾아내고, 때로는 어른보다 더 논리적인 결론에 도달합니다. 그래서 겉으로 보기에는 자신감이 넘쳐 보이지만, 그 이면에는 늘 이런 마음이 깔려 있습니다.

'나는 남들과 다르게 생각하는데, 이걸 이해해줄 사람이 있을까?'

'이렇게까지 깊게 생각하는 내가 이상한 건 아닐까?'

이해받지 못할 것 같다는 불안은 이 아이들에게 아주 큰 부담으로 작용합니다. 내가 좋아하는 것에 그다지 관심이 없는 친구들, 친구들이 모두 좋아하는 것에 별 관심이 없는 자기 자신을 발견하며 불안감, 일종의 외로움은 점점 커져갑니다. 특히 부모님이나 선생님처럼 가장 가까운 어른에게조차 소외감을 느낍니다.

"그래도 지금은 일단 공부를 하자", "다 좋은데 일단 성적은 나와야지"라는 말로 생각이 단절될 때, '아, 역시 아무도 내 생각에는 관심이 없구나' 하고 느끼게 됩니다.

이 생각이 맞느냐 틀리느냐를 떠나서 아이가 가지고 있는 이런 고민들이 해결되지 않으면 앞으로 나아갈 수 없다는 것을 우리 어른들이 먼저 받아들일 필요가 있습니다. 칭찬을 들어왔지만 외롭고, 이해받는 경험이 생각보다 부족한 이런 아이들에게 본인이 이해받을 수 있다는 안심은 필수적으로 필요합니다.

또, 서진이 같은 친구들은 겉으로 보기와는 다르게 실제로는 실패를 굉장히 두려워합니다. 이 부분은 많은 부모님들이 의외라고 느끼시는 지점이기도 합니다. "하면 분명히 잘할 텐데, 실패를 도대체 왜 무서워하나요? 일단 해보고 걱정해야 하는 거 아닌가요?"라고 물으시는 것도 일리가 있습니다.

하지만 이 아이들에게 실패는 단순한 결과가 아닙니다. 이해받을 수 없을지 모른다는 불안에 맞물려 실패에 대한 걱정은 이런 질문으로 이어집니다.

"내가 만약 실패한다면, 내가 특별하지 않다는 뜻이 되는 건 아닐까?"

"그때부터는 사람들이 '똑똑한 줄 알았는데 아니네'라고 생각하기 시작하는 건 아닐까?"

그래서 일부 영재 아이들은 아예 전력을 다하지 않습니다. 이런 생각을 가지고 일부러 시험공부를 하지 않은 채 시험을 보거나 계획적으로 공부를 안 하는 것은 아니지만 "못한 게 아니라 나는 공부를 안 해서 못 본 거야"라는 말을 할 수 있는 안전장치를 무의식적으로 만들어둡니다.

이건 게으름도, 반항도 아닙니다. 자기 자신을 지키기 위한 일종의 강력한 방어 장치입니다. '진짜로 노력했다가 실패하면 어떡하지?'라는 걱정을 하다 보면 선뜻 전력으로 뛰는 것 자체가 굉장히 어렵게 느껴지게 되는 것이죠.

안전하게 실패할 수 있는 울타리를 만들어줬을 때 비로소 시작되는 노력

이런 아이들에게 필요한 어른의 역할은 명확합니다. 더 몰아붙이는 것도, 더 큰 목표를 제시하는 것도 아닙니다. 바로 멘토가 되어주는 것입니다. 저는 서진이에게 만날 때마다 이런 이야기를 해주었습니다.

"네가 정말 열심히 공부했는데 성적이 오르지 않을 거라고 생각하는 사람은 이 세상에 아무도 없어. 그러니까 공부를 할지 말지는 순전히 너의 선택이야. 네가 공부를 하겠다고 마음을 먹었을 때는 내가 얼마든지 도와줄 수 있어."

친구들이 이 메시지를 받아들이기 위해서는 상당한 신뢰가 필요합니다. 다행스럽게도 저는 서진이의 신뢰를 얻는 것이 어렵지 않았습니다. 왜냐하면 저 자신이 서진이와 매우 비슷한 경험들을 했고, 그 과정을 넘어서 좋은 성적을 거둬본 경험을 가지고 있었기 때문입니다.

"왜 공부 안 했어?"보다는 "왜 이렇게 공부하려고 할 때 마음이 안 움직이는지, 네가 파악한 원인을 한번 들어보고 싶어. 그리고 어떤 도움이 필요한 건지도"라는 말이 아이의 마음을 열어줍니다.

이해받는 경험이 쌓이기 시작하면, 아이들은 조금씩 변합니다. 자신의 생각을 숨기지 않고 말하기 시작하고, 완벽하지 않아도 시도해보려는 '나름의 흥미'가 생깁니다. 그때서야 비로소 '노력'이라는 단어가 이 아이들에게도 안전한 선택지가 됩니다.

서진이 역시 마찬가지였습니다.

"시험이 의미 없다는 생각이 들 수도 있어. 나도 그랬어."

"그렇게 생각하는 너의 논리는 충분히 이해돼."

이런 말을 먼저 건네자, 서진이의 표정이 눈에 띄게 달라졌습니다.

처음으로 설명하지 않아도 되는 공간에 들어온 얼굴이었습니다. 아이를 설득하는 것이 아니라, 이 아이와 비슷한 경험들이 저에게도 있다는 것을 부모님들에게 설명할 때 안심하게 된 것이죠.

그다음에야 비로소 "그럼에도 시험이라는 제도가 왜 존재하는지", "공부를 제대로 한번 해보려면 현실적인 전략은 무엇인지"를 이야기할 수 있었습니다.

많은 우여곡절이 있었지만 서진이는 이제 자신의 재능에 맞는 성과를 내고 있습니다. 시험 대비반에서 같이 공부하며 시시하다고 생각했던 과목들도 '구조화'를 통해 좋은 효율로 공부하기 시작했습니다. 지금까지 배운 내용들을 물어보고 대답하는 과정에서 칭찬을 받으면서 안심하는 마음도 생겼습니다. 저를 만났을 때 평균 80점대 초반이던 성적은 지금은 평균 98점이 넘게 되었고, 서진이는 '점수를 아까워하는 학생'이 되었습니다.

영재 아이들을 키운다는 것은 앞서 나가게 만드는 일이 아니라 안전하게 실패할 수 있는 울타리를 만들어주는 일에 가깝습니다.

이 아이들은 다른 사람의 도움이 없어도 이미 충분히 멀리 볼 줄 알고, 보이는 곳에 도달할 능력이 있습니다. 다만, 넘어져도 괜찮다는 확신이 없어서 발을 떼지 못할 뿐입니다. 그래서 저는 서진이와 비슷한 재능과 성향을 가졌지만 조금 더 어린 친구들의 부모님들께 늘 당부하는 것이 있습니다.

"잘하는 것을 더 잘하게 만드는 훈련이 아니라, 처음에는 못했지만 점점 성장하는 기쁨을 느낄 수 있는 경험을 만들어주세요."

운동에 자신 없는 친구가 부모님과 함께 10km 마라톤이나 1.5km 수영대회를 준비하는 경험, 우승이 목표가 아니라 완주, 성장이 목표인 경험을 하게 만들어주는 것은 이런 친구들의 시행착오와 방황을 막아주는 일이 될 수 있습니다.

나와 비슷한 경험이 있는 멘토에게 이해받을 수 있다는 마음, 노력했다가 실패해도 나는 여전히 특별하다는 격려, 그리고 노력하면 성과가 반드시 나올 것이라는 믿음에 찬 조언, 주변 사람들은 나의 성과보다도 성장에 박수를 쳐줄 것이라는 '경험에 기반한 믿음'이 이런 친구들이 전력을 다하게 도와줍니다.

소위 '손에 잡히지 않는 영재'들은 어느 순간 누구보다 단단하게 자기 길을 걷기 시작합니다. 다만 우리는 그 지점이 빨라지기를 바랄 뿐이죠.(정확하게는 대학 입학 전에 그 시기가 오기를 바라는 마음입니다.) 이때 부모님과 주변의 선생님들이 해주셔야 할 가장 중요한 일은 아이를 더 뛰게 만들기 위해 마찰을 감수하는 것이 아니라, 뛰어도 안전한 땅을 마련해주는 것입니다. 소위 '손에 잡히지 않는 영재'들의 부모님, 선생님들께서 이런 아이들의 좋은 멘토가 되어주시기를, 그것이 여러 가지 사정으로 여의치 않다면 좋은 멘토를 찾아주시기를 응원합니다.

5분이면 풀 문제를
두 시간 동안 푸는 아이는
어떻게 공부 시킬까?

분명히 몰라서 못 푸는 건 아닌데 5분이면 풀 문제를 두 시간 동안 붙잡고 있는 아이들이 있습니다. 더 정확하게 말하면 두 시간 동안 푸는 것이 아니라 문제를 풀기 위해 시동을 거는 데만 두 시간이 걸립니다. 하지만 막상 풀기 시작하면 다른 아이들 못지않은 속도로, 때로는 다른 아이들보다 훨씬 빠른 속도로 문제를 풀어냅니다.

제가 만난 이런 아이들 중 상당수는 성적이 나쁘지 않았고, 오히려 생각이 깊은 아이들이 많았습니다. 문제를 풀 수 있는 능력이 충분한데도 실제로 손을 움직이기까지는 시간이 오래 걸렸습니다. 딱히 그 시간에 딴짓을 하고 있는 것도 아니고 펜을 들고 문제를 풀려고 노력하고 있습니다. 머릿속에서 너무 많은 풀이 방법이 떠돌고, 그중 어떤 것이 가장 좋은지, 어떻게 시작하면 좋을지 생각하면서 막상 아무것도 시작하지 못하고 있는 경우가 많습니다.

학원에서도 이런 아이들을 만나는 것은 그리 어렵지 않습니다. 분명히 연필을 들고 문제를 보고 있었고, 연습장도 펴고 있었고, 옆 친구와 떠들지도 않았고, 자세도 틀어지지 않았기 때문에 그저 '열심히 하고 있나 보구나' 생각했는데 나중에 체크해보면 거의 진도가 나가지 않아서 당황시킵니다. "왜 안 풀고 있어?"라고 물어보면 "어떻게 시작할지 모르겠어요"라고 이야기하기도 합니다. 사실 많은 경우에 이런 아이들은 오늘 배운 내용을 이해하지 못했거나, 문제를 아예 못 풀겠다는 게 아닙니다. 머리로는 몇 가지 풀이를 떠올리고 있었고, 어느 쪽이 더 나은지 비교하기도 했는데, 막상 '어떻게 시작하면 좋을지' 결정하지 못하는 경우가 많습니다. 머리는 움직이는데 손은 움직이지 못하는 상태라고 표현할 수 있습니다.

이런 아이들을 보면 어른들은 성급하게 결론을 내리기 쉽습니다.

'하면 잘하는데 게으르구나.'

'의지가 부족하구나.'

'집중력이 떨어지네.'

'하고 싶은 마음이 없구나.'

이런 말들로 대변되는 결론들이 대부분입니다.

그도 그럴 것이 그렇게 한참 멈춰 있던 아이가 어느 순간 갑자기 몇 분 만에 문제를 풀어내거나, 미뤄두었던 일을 순식간에 끝내는 모습을 종종 볼 수 있기 때문입니다. "하면 되는 걸 왜 안 했지?"라는 말이 나올 수밖에 없습니다. 평소에는 느리고 미적대는 것처럼 보이다가, 특정 순간에 갑자기 속도를 내는 모습이 어른의 눈에는 '할 수 있는데 의도적으로 할 일을 미루는 것'처럼, 혹은 '내킬 때만 할 일을 하고 공부를 하는 것'처럼 비춰지기도 합니다. 하지만 실제로는 '안 하다가 갑자기 하는 것'이 아니라, '보이지 않는 준비 시간이 길어 행동 자체는 짧게 나타나는 것'에 가깝습니다.

우리는 이런 아이들이 가진 어려움을 '동작 지연' 또는 '시작 지연'이라고 부릅니다. 시작 지연이란, 능력이나 이해에는 문제가 없는데 행동을 시작하도록 만드는 뇌의 기능이 제때 작동하지 않는 상태를 뜻합니다. 뇌 안에서는 이미 여러 가능성을 검토하고 있는데, 그중 하나를 선택해 몸을 움직이라는 신호가 쉽게 내려오지 않는 것입니다. 사람의 뇌에는 계획을 세우고, 행동을 선택하고, 실제로 몸을 움직이도록 지시하는 역할을 하는 영역이 있습니다. 이 기능을 담당하는 부위는 주로 이마 뒤쪽, 전두엽이라고 불리는 곳입니다. 이 전두엽은 '지금 무엇을 할지 결정하고, 그 결정을 행동으로 옮기는 일'을 맡고 있습니다. 시작 지연을 보이는 아이들은 바로 이 영역의 기능이 약하거나, 과부하 상태에 놓여 있는 경우가 많습니다.

의지의 문제가 아니라
시작 지연의 문제라는 것을 인식하기

시작 지연을 겪는 아이들을 어떻게 도울 수 있을까요? 먼저 시작 지연의 원인을 알아볼 필요가 있습니다. 시작 지연의 원인으로 완벽주의, ADHD, 그리고 번아웃 3가지를 꼽을 수 있습니다.

첫 번째 원인은 완벽주의입니다. 완벽주의 성향을 가진 아이들은 시작부터 정답에 가까이 가고 싶어 하고, 끝낼 자신이 없는 일은 아예 시작하고 싶어 하지 않습니다. 쉽게 말해, '틀리면 어떡하지?' '시작해봐야 끝내지도 못할 텐데⋯⋯.'라는 생각이 판단에 큰 영향을 주고, 행동을 지시해야 할 전두엽이 결정을 미루게 되는 것입니다. '오히려 시작하지 않는 편이 낫겠다'라고 무의식적으로 생각할 수도 있습니다.

두 번째 원인은 ADHD입니다. ADHD가 있는 아이들을 흔히 집중력이 부족한 모습으로만 생각하기 쉬운데, 실제로는 집중하기 이전에 '상태를 전환하는 것'이 더 큰 어려움으로 느껴지는 경우가 많습니다. 쉬고 있는 모드에서 과제를 수행하는 모드로 넘어갈 때 필요한 에너지가 너무 큰 것이죠. 이런 아이들에게 무작정 "빨리 시작해"라고 말하는 것은, 내 힘으로는 열 수 없는 무거운 문을 빨리 열라고 요구하는 것과 같습니다. 할 수 있는데 안 한다고 생각하는 오해에서 벌어지는 일이죠.

세 번째 원인은 번아웃입니다. 많은 사람들이 아이가 번아웃에 빠질 수 있다는 사실을 잘 인식하지 못합니다. 하지만 실제로 성실하고 책임감이 강한 아이들일수록 번아웃 상태에 놓이기 쉽습니다. 늘 기대에 부응하려고 노력하고, 누군가를 실망시키지 않기 위해 무리를 해서라도 주어진 일을 완수하려고 노력했을 가능성이 높습니다. 이 경우, 시작 지연은 게으름이 아니라, 뇌와 몸이 보내는 신호일 수 있습니다. 더 이상 에너지가 남아 있지 않다는 경고입니다. 뇌의 여러 부위들이 과부하 상태에 놓이면서 행동을 시작하라는 신호 자체가 약해집니다. 아이는 의식적으로는 해야 한다고 생각하지만, 몸은 전혀 움직이지 않는 상태가 됩니다.

그렇다면 우리는 이런 아이들을 어떻게 도와야 할까요? 일단, 시작 지연을 인지하는 게 매우 중요합니다. 게으르다, 하기 싫어한다는 편견에서 벗어나 '이 아이가 지금 시작하려고 고생하고 있구나'라고 생각하면 그 자체로도 많은 도움이 됩니다.

첫발을 쉽게 만드는 장치로
아이들의 방향을 바꾸기

학원에서 만난 유진이는 분명 공부에 재능이 있는 아이였습니다. 부모님은 유진이가 어렸을 때부터 언어, 과학 과목에 흥미를 보였고, 스스로 모르는 것들을 찾아보며 배우는 열정도 있었다고 알려주셨습니

226

다. 실제로 만나서 공부해보니 유진이는 이해가 빠르고 공부에도 흥미를 보였습니다. 그런데 유독 정해진 시간 안에 나누어준 문제를 다 풀지 못하는 일이 잦았습니다. 위에서 설명한 것처럼 문제 풀이를 거부하거나 딴짓을 하는 것도 아닌데 이해하는 능력에 비해 문제 풀이가 늦었습니다.

유진이의 시작 지연은 유진이를 데리러오신 부모님과 저, 그리고 유진이가 참여한 3명의 우연한 대화에서 해결의 실마리를 찾을 수 있었습니다. 부모님은 저에게 유진이의 어린 시절에 대해 이야기해주셨습니다. 아침에 일찍 일어나서 그날 해야 할 일들을 다 끝내고 시작하던 아이였는데, 어느 순간부터는 그런 모습이 없어졌다고 하셨습니다. 그러면서 에너지가 떨어지고 의욕이 없어진 것 같다고 하셨습니다. 옆에서 듣던 유진이가 동의하지 못하겠다는 표정을 지었고 제가 물었습니다.

"혹시 어차피 다 못 끝낼 것 같아서 새벽에 일어나 할 일을 하던 걸 멈춘 거 아니니?"

그랬더니 유진이는 놀라면서 어떻게 알았냐는 말투로 맞다고 대답해주었습니다.

저는 유진이와 아버님에게 '단순히 의지가 없다'는 문제로 볼 수 없고 시작 지연이라는 관점을 갖는 게 좋겠다고 이야기하면서, 시작 지연을 가진 아이들의 특성을 몇 가지 이야기해주었습니다. 유진이는 그 이야기를 들으면서 하나하나 다 자기의 마음과 상태를 대변한다고 느꼈고 이해받는 것 같다고 말해주었습니다. 그리고 "시작 지연"이라는 말로 자기 상태를 설명할 수 있는 것 같다고 대답했습니다.

그 이후로 유진이는 시작하는 데 어려움을 겪을 때마다 시작 지연이라는 단어를 떠올렸고, 단순히 의지를 발휘하려고 애쓰거나 시간을 흘려보내는 것이 아니라 '쉽게 시작할 수 있는 장치'들을 만들었습니다. 공부를 시작하기 전에 명상을 하기도 하고, 쉬는 시간에 휴대폰을 보는 것도 줄였습니다. 학원 선생님들도 문제를 풀기 시작하는 첫 단계에서 힌트를 조금 더 주고, 시작 단계에서 아주 작은 과제를 주면서 시작하기 위해 필요한 에너지를 낮추기 위해 도왔습니다.

6개월이 지난 후 유진이는 성취도 평가에서 대폭 향상된 점수를 받았습니다. 20점 만점으로 치르는 시험에서 기존에는 5점 정도를 받았는데, 15점을 넘는 점수를 받게 되었습니다. 학원 선생님들은 유진이, 그리고 유진이의 부모님과 상의해서 기존에 들어가려던 반보다 한 단계 더 높인 반에서 공부하기로 결정했습니다. 지금도 유진이는 가끔씩 첫 문제에서 어려움을 겪는 일이 있지만 이제는 그런 자기의 모습에 지나치게 스트레스를 받지 않고 잘 싸워나가고 있습니다.

유진이의 이야기에서 볼 수 있듯이, 시작 지연을 가진 아이들을 돕는 방법은 의외로 단순합니다. 다만 우리가 그동안 아이를 움직이게 만들기 위해 사용해왔던 방식과 정반대일 뿐입니다. 그 일을 하지 않았을 때의 부작용을 강조하거나, 더 다그치고 더 빨리 하도록 독려하는 것이 아니라, 시작하기까지 필요한 부담을 줄여주는 것이 핵심입니다.

첫 번째로 가장 먼저 바꿔야 할 것은 목표의 크기입니다. 시작 지연을 가진 아이들에게 "오늘 여기까지 문제 다 풀어보자", "오늘 여기까지 다 공부하자"라는 말은 너무 높은 허들로 다가옵니다. 전두엽이 감당해야 할 판단의 양이 한꺼번에 늘어나기 때문입니다. 이런 아이들에게는 첫 단계 목표는 실패할 수 없을 정도로 작아야 합니다. 공부를 시작할 때 문제를 풀거나 새로운 내용을 배우는 대신 채점을 하거나 아주 쉬운 문제를 푸는 방법, 논리 퀴즈 등으로 두뇌 체조를 하는 방법이 있습니다.

두 번째는 시간 압박을 줄이는 것입니다. "몇 분 안에 끝내", "빨리 해"라는 말은 시작 지연을 가진 아이에게 거의 도움이 되지 않습니다. 이 말은 행동을 재촉하는 것이 아니라, 불안을 키우는 역할을 하고 '어차피 끝낼 수 없는 일'을 하나 더 늘리는 결과를 낳습니다. 위에서 이야기했듯이 '어차피 끝낼 수 없는 일'은 이런 아이들에게는 도저히 시작을 할 수 없는 일처럼 느껴집니다. "빨리 끝내자"라는 말보다는 "일단 이 문제 하나만 해보자"라는 말이 훨씬 효과적입니다. 이런 아이들에게 중요한 것은 '쉬운 출발'이기 때문입니다.

세 번째는 시작을 돕는 고정된 신호, 즉 공부 루틴를 만들어주는 것입니다. 같은 시간, 같은 자리, 같은 순서로 시작하는 습관은 뇌에 예측 가능성을 제공합니다. 예측 가능성은 불안을 낮추고, 행동을 하기 쉽게 만듭니다. 공부를 시작하기 전에 10분씩 글을 쓰는 것 같은 루틴이 이런 아이들에게 도움이 될 수 있습니다.

그리고 다시 한번 강조하지만 유진이의 사례에서 알 수 있듯, 시작 지연을 해결하는 가장 중요한 열쇠는 아이 스스로와 주변 사람들이 게으름이나 의지의 문제가 아닐 수 있다는 것을 항상 인지하는 것입니다. 의외로 많은 아이들이 자신의 상태를 발전시키고 개선하기 위해 노력하고 있습니다. 시작 지연을 가진 아이들은 공부를 시작하기 위해서 많은 에너지를 사용해야 하고, 그 와중에 불안함과 싸워나가고 있다는 것을 알아주어야 합니다. 주변 사람들이 인지하는 것만으로도 아이들에게 상당 부분 안정감을 줄 수 있습니다. 특히 "왜 아직도 시작하지 못해?", "할 수 있으면서 왜 안 해?"라는 말은 되도록 삼켜주세요. 이런 말들은 아이가 이미 충분히 느끼고 있는 자기 비난을 더 강화할 뿐입니다. 대신 "너 또 시작하는 게 힘들구나", "어디까지 도와주면 시작할 수 있을까?"라는 말을 건네주세요. 이해받고 있다는 느낌은 그 자체로 시작을 돕는 가장 강력한 신호가 됩니다.

시작 지연은 감춰야 할 결함이 아닙니다. 방향을 조금만 바꿔주면, 오히려 깊이 있는 사고력과 빠른 실행력을 보여주는 친구들이 더 많습니다. 이런 아이들에게 필요한 것은 더 많은 채찍이 아니라, 안전한 출발선, 첫발을 쉽게 만드는 장치들입니다. 그 출발선과 장치들을 함께 만들어주는 어른이 곁에 있다면, 5분 걸릴 문제를 두 시간 동안 붙잡고 있던 아이들이 어느 날 쉽게 공부하는 날이 오게 마련입니다.

머리는 좋은데,
공부 머리가 없는 애들은
어떻게 공부를 시키면 좋을까?

"물어보면 설명을 들을 때는 다 알겠다는데, 정작 문제를 못 풀겠대요."

"고개도 끄덕이고, 질문하면 대답도 잘하는데 시험만 보면 성적이 안 나와요."

머리가 좋은 편이라고 믿었는데 학교나 학원에서 시험을 보고 오면 '이걸 틀린다고?' 하는 의아함을 자아내는 아이들을 저에게 데리고 오신 부모님들이 자주 하는 이야기입니다. 아이가 수업 시간에는 분명히 이해한 것처럼 보였는데, 막상 문제를 풀 때는 마치 전혀 설명을 듣지 않은 것처럼 헤맨다는 이야기입니다. 뭘 어떻게 도와줘야 할지 도대체 모르겠다는 이야기가 나오기 십상입니다. 오히려 머리가 나쁘다는 생각이 들면 이런 고민을 안 할 것 같은데, 옆에서 보는 부모 입장에서는 답답함이 쌓여갑니다. 이해력이 없는 것도 아니고, 그렇다고 노력하지 않는 것도 아닌데, 도대체 왜 그러는지 설명하기 어렵습니다.

우리는 이런 아이들을 흔히 "공부 머리가 없다", "요령이 없다"고 표현합니다. 하지만 아이들을 만나며 고민하고 연구해보면서 이런 표현들로는 이런 아이들이 가진 문제의 본질을 제대로 설명할 수 없다는 것을 깨달았습니다. 이런 아이들은 생각을 못 하는 아이들이 아닙니다. 오히려 일상생활에서는 꽤 합리적인 판단을 하고, 상황 파악도 빠른 경우가 많습니다. 친구 관계에서는 눈치를 잘 보고, 게임에서는 규칙을 금방 파악하고 전략을 세우기도 합니다. 그런데 이상하게도 공부 앞에만 서면, 그 능력이 사라진 것처럼 보입니다.

이런 친구들은 오해받기 쉽습니다. 집중을 안 하고 있다거나 머리는 좋은데 노력을 안 한다고 말입니다. 평소에 아이를 관찰해보면 배운 것을 이해하지 못하거나 문제를 못 푼다고 보여지지 않습니다. 이런 아이들은 대부분 신경을 써서 문제를 풀고 있다고 항변합니다.

머리가 나쁜 것도 아니고, 집중을 하지 않은 것도 아니라면, 이런 아이들의 문제는 무엇일까요? 유독 공부에 대해서만 반응하지 않는 특수한 유전자라도 가지고 있는 걸까요?

이 유형의 아이들을 이해하는 데 가장 중요한 관점은 이 책에서 강조하는 '일상생활과 공부의 연결'입니다. 이런 아이들은 일상과 공부를 서로 다른 세계로 인식하고 있을 가능성이 높습니다. 일상생활 속에서는 생각하고 판단하지만, 공부에서는 그만큼의 사고를 사용하지 않습니다. 공부는 생각하는 일이 아니라, 누군가가 알려준 방법을 정확히 따라야 하는 작업이라고 배워왔기 때문입니다. 눈치 빠른 아이들은 다들 생각해서 문제를 풀라고 하지만 사실은 시키는 대로 열심히 반복해서 답을 빨리 구하기를 바라고 있다는 것을 이미 알고 있습니다. 그래서 설명을 들을 때는 고개를 끄덕이고 말의 의미를 이해합니다. 하지만 그 이해를 자기 삶의 경험이나 판단과 연결시키지는 않습니다. 그저, '자 그래서 어떻게 문제를 풀면 되는 거지?'라는 생각으로 너무 빨리 전환되어버리는 거죠.

이런 아이들에게 "이해했어?"라고 물으면, "방금 내가 한 말을 들었니?" 정도의 의미로 받아들입니다. 그래서 아이는 진심으로 "네"라고 대답합니다. 하지만 "선생님이 방금 이야기한 게 무슨 뜻인데?"라고 되묻는 순간 아이는 당황합니다. 어디서부터 말을 시작해야 할지 생각이 안 나는 거죠.

이런 아이들은 공부할 때 일상생활과 공부가 연결되지 않은 상태에 가깝습니다. 즉, 공부 상황에서 쓰는 사고방식과 일상생활에서 쓰는 사고방식이 너무 다른 상태이죠. 공부할 때 사용하는 사고방식과 일상생활에서 사용하는 사고방식이 서로 연결되지 않아서 아무리 설명을 많이 해줘도, 아무리 문제를 반복해서 풀어도 상황이 조금만 바뀌면 다시 처음으로 돌아갑니다. 문제를 '이해'한 것이 아니라, '본 적 있는 설명'으로 기억하고 있기 때문입니다. 공부의 효율 면에서 기존에 가지고 있던 지식에 연결해서 새로운 지식을 받아들이는 게 중요한데, 그런 연결 없이 본 적이 있거나 들은 적 있는' 지식들을 개별적으로 쌓아두고 있는 셈입니다.

이런 메커니즘을 뒷받침하는 연구 결과들도 있습니다. 캐나다 맥길대 뇌과학 연구팀은 학습 과정에서 반복된 규칙을 수행할 때와 스스로 새로운 규칙을 찾아야 할 때 뇌의 다른 부위가 작동한다는 것을 실험을 통해 보여주었습니다. 이 연구는 공부 상황에서도 반복된 적용에 익숙해진 뇌와 판단을 요구받는 뇌가 다르게 반응한다는 것을 이해하는 데 중요한 단서를 제공합니다.

맥길대 연구팀은 참가자들을 두 그룹으로 나눠 일정한 규칙이 있는 과제를 반복 수행하게 했습니다. 한 팀은 규칙을 빠르게 외우도록 했고, 다른 팀은 규칙을 하나하나 해석해가며 의미 중심으로 체득하게 했습니다. 그리고 중간에 규칙을 바꾸는 실험을 설계했습니다. 흥미로운 점은 초기 학습 단계에서는 규칙을 빠르게 '외워서 적용한' 참가자들이 더 높은 성과를 보였다는 것입니다. 이들은 시행착오 없이 요령을 빨리 파악했고, 속도와 정확도 모두에서 우수한 모습을 보였습니다. 하지만 규칙이 갑자기 바뀌자 상황은 달라졌습니다. 규칙을 외워서 습득한 참가자들은 큰 혼란을 겪었습니다. 이미 형성된 처리 방식이 새로운 조건에 맞게 전환되지 않았기 때문입니다. 반면 처음부터 의미 중심으로 규칙을 습득한 참가자들은 초반에는 느리고 불안정했지만, 규칙이 바뀌었을 때 훨씬 유연하게 적응했습니다.

MRI를 활용해서 이때 활성화되는 뇌의 부위를 관찰해보니 반복된 규칙을 처리할 때는 주로 기저핵/소뇌 중심으로 활용했고, 새로운 정보를 찾아보고 조건을 검증하고 판단을 내려야 하는 과정에서는 전두엽을 훨씬 적극적으로 사용하는 것으로 나타났습니다. 전두엽은 상황을 분석하고, 기존 전략을 수정하며, 새로운 선택을 만들어내는 역할을 담당합니다.

공부와 관련된 뇌의 부위

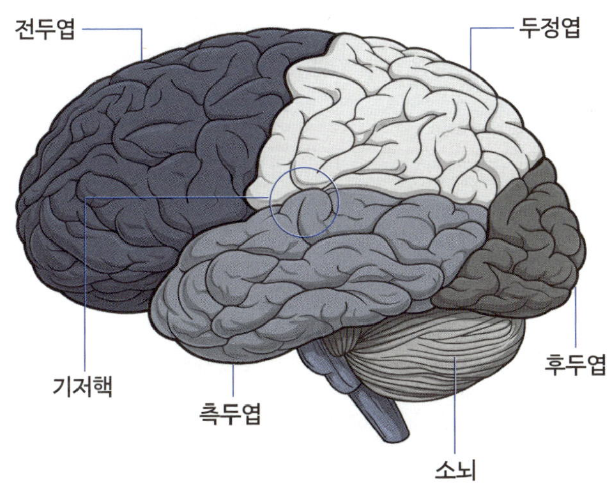

문제는 학습을 오랫동안 '따라 하기'로 받아들여온 경우입니다. 반복 연습을 통해 형성된 기적핵/소뇌 중심의 자동화 회로를 활발히 쓰

는 반면 어려운 문제를 풀 때 써야 하는 전두엽 회로는 활발히 움직이고 있지 않죠. 이런 경우, 아이는 설명을 들으면 이해한 것처럼 느낍니다. 실제로 설명한 것을 다시 말해보라고 하면 말도 잘합니다. 하지만 그 과정에서 스스로 판단하고 선택하는 회로는 거의 쓰이지 않습니다. 생각하지 않아도 공부가 가능했던 경험을 반복적으로 하고 있는 것입니다.

이런 아이가 문제를 풀 때 느끼는 막막함은 판단을 담당하는 회로가 준비되어 있지 않은 상태에서 기인합니다. 새로운 문제, 조건이 살짝 바뀐 문제, 이전에 보지 못한 표현이 등장하는 순간, 뇌는 전두엽을 호출해야 합니다. 하지만 그 회로가 충분히 단련되어 있지 않기 때문에 아이는 이도 저도 못 하는 상태가 되기 마련입니다.

"설명을 들을 땐 알겠는데…… 문제를 못 풀겠어요."

이런 말을 하는 아이들은 거짓말을 하려는 게 아닙니다. 회피도, 변명도 아닙니다. 맥길대 연구팀의 설명에 따르면, 이는 '자동화된 이해'와 '판단 중심 사고' 사이의 균형이 맞지 않을 때 발생하는 매우 전형적인 현상입니다. 문제 풀이에서 필요한 것은 '아는 것'이 아니라, 그 지식을 상황에 맞게 꺼내고 재구성하는 능력입니다. 그리고 그 능력은 타고난 공부 머리가 아니라, 어떤 방식으로 공부를 경험해왔는가에 따라 크게 좌우됩니다.

결국 '알겠는데 틀리는 아이'의 문제는 능력 부족이 아니라 사용되지 않은 뇌 회로의 문제일 가능성이 높습니다. 그리고 이는 훈련을 통해

열린 질문이 전두엽을
사용하게 만든다

부모님과 함께 저를 찾아온 예비 중학생 정후의 해맑은 표정에 비하면 어머니의 고민은 굉장히 깊었습니다. 역량 위주의 공부를 시키기 위해서 노력하고 있는데, 아이가 수학에 대한 거부감이 너무 크고, 다니고 있는 학원에서 연산 실수로 지적을 많이 받아서 자신감이 떨어진 상태라고 걱정하고 계셨습니다. 어머니가 보내주신 메시지를 옮겨보겠습니다.

"학원을 다녀오면 '오늘 배운 내용이 이해된다'고 하고, 집에 오면서 그날 배운 걸 설명도 해주는데 리뷰 테스트를 보면 다 틀려 와요. 그러면 또 못 알아듣는 게 아닌가 싶기도 하고⋯⋯ 도통 아이의 상태를 알 수 없어서 어려워요."

정후는 '머리는 좋은데 왜 이걸 못 하는지 이해 안 되는' 아이였습니다.

어머니는 고민 끝에 제가 운영하는 학원에 정후를 등록하셨습니다. 성격이 활발하고 적극적인 정후는 다행히도 우리 학원의 공부 방식을 굉장히 재밌어했습니다. 정후는 학원 선생님들께 끊임없이 '설명'을 요구받았습니다. "선생님이 지금 설명하면서 뭐라고 그랬어?"라고 묻고 설명하도록 요구한 것이 아니라 "너는 어떻게 생각하니?", "너는 왜 이렇게 풀었니?", "너라면 이 문제를 어떻게 풀기 시작하겠니?"같이 자신의 판단을 묻는 질문을 받고 대답했습니다.

정후는 이런 방식의 수업에 잘 적응해나갔고, 어느 순간부터는 가장 자신 있는 과목이 수학이라고 말하게 되었습니다. 제가 수업 시간에 일차방정식 문제를 하나 풀어주고, "애들아, 근데 생각해봐. 선생님이라면 이 문제를 어떻게 풀 것 같니?"라고 물어봤을 때 제 의도를 알아채고 기뻐하고 뿌듯해하던 정후를 보면서 정말 많이 성장했다고 느끼기도 했습니다.

저는 정후가 문제를 틀리게 풀어도 바로 고쳐주지 않았습니다. 대신 "이렇게 풀려고 한 이유가 뭐야?"를 먼저 물었습니다. 처음에 이런 질문을 받았을 때는 "머리가 부서지는 것 같다"고 말하던 정후는 점점 왜 그런 선택을 했는지 이야기할 수 있게 되었습니다. 이런 변화 끝에 정후는 얼마 전 치른 인생 첫 번째 중간고사에서 수학 100점을 받았습니다.

정답을 요구하는 질문이 아니라
판단을 요구하는 질문이 사고 회로를 열어준다

비슷한 고민을 가지고 있는 부모님들은 이런 이야기를 들으면 "그럼 이런 아이들한테는 설명을 시키는 게 답인가요?"라고 물으시는 경우가 많습니다. 결론부터 이야기하면 절반은 맞고, 절반은 틀렸습니다. 이 글에서 반복해서 말씀드린 대로 질문에도 종류가 있습니다. "지금 내가 뭐라고 그랬어?"라는 질문에 답하는 건 전두엽 회로가 크게 필요하지 않습니다. '설명하게 하는 것'이 중요한 게 아니라, 설명이 나오기까지의 사고 과정을 열어주는 것이 중요합니다.

'설명은 알아듣겠는데 문제를 풀면 틀리는 아이'는 판단을 연습할 기회가 부족한 아이에 가깝습니다. 그리고 여기서 말하는 판단은 공부해서 새로 배워야 할 능력이 아니라 이미 일상생활에서 매일같이 쓰고 있는 능력입니다.

공부의 역할은 새로운 머리를 만드는 것이 아니라, 이미 있는 머리를 공부에도 쓰게 해주는 것입니다. 일상생활과 공부가 연결되는 순간, 아이의 '공부 머리'는 급격하게 좋아집니다. 이런 아이들에게 필요한 것은 공부라는 상황에서도 일상생활에서 쓰던 판단 회로를 그대로 끌고 들어오게 하는 경험입니다.

생각해보면 아이들은 일상생활에서는 설명을 시키지 않아도 판단을 잘합니다. 축구를 할 때, 게임을 할 때, 친구 관계에서 갈등이 생겼을 때 아이들은 상황을 보고, 선택지를 비교하고, 결과를 예상합니다. 아무도 "왜 그렇게 판단했는지 논리적으로 설명해봐"라고 요구하지 않아도 말이죠.

문제는 공부만 유독 다른 세계로 분리되어 있다는 점입니다. 공부에 관해서는 판단하면 안 되고, 생각하면 느려지고, 정해진 방법을 빨리 적용하는 게 '잘하는 것'이라는 메시지를 오랫동안 주입받아온 아이일수록 공부 앞에서만 사고 회로를 접어두게 됩니다.

그래서 이런 아이들을 도울 때 가장 중요한 질문은 "이걸 설명해봐"가 아니라 "너라면 여기서 뭘 먼저 해볼 것 같아?", "이 문제를 처음 봤을 때 어떤 생각이 들었어?", "이 조건이 없으면 문제는 어떻게 달라질까?" 같은 질문을 해주는 것입니다. 이 질문들의 공통점은 정답을 요구하지 않는다는 것입니다. 대신 판단을 요구합니다. 아이의 머릿속에서 전두엽이 자연스럽게 호출되도록 만드는 질문들입니다.

처음에는 아이가 말을 더듬거나 엉뚱한 이야기를 할 수도 있습니다. 어려워할 수도 있습니다. 맥길대의 연구에서 의미 중심으로 접근한 참가자들이 초반에 시행착오를 겪었던 것처럼 말이죠. 하지만 이 과정을 거치고 나면 더 이상 머리는 좋은데 공부 머리는 없는 아이로 남아 있지 않습니다. '이해가 갔다면 문제를 풀 수 있는 아이'로 성장해나가는 것 목격할 수 있습니다.

죽어라 노력하는데
성적이 안 오르는 아이는
어떻게 해야 할까?

2025년 1학기에 학원을 개원하고 처음으로 시험 대비반을 열었을 때 만난 인국이는 참 애정이 가는 중3 남학생이었습니다. 이런 아이들이 성적이 잘 나오고, 좋은 대학에 갔으면 좋겠다는 생각이 드는 그런 친구였죠. 성실하고, 공부도 열심히 하고, 선생님의 이야기는 한마디도 놓치고 싶어 하지 않았습니다. 시험 대비반 첫 시간에 부모님이 저와 이야기를 나누고 싶어 하셨고, 부모님은 인국이가 긴장하면 시험을 정말 깜짝 놀랄 정도로 망치기도 한다는 이야기를 하셨습니다. 이 긴장감을 어떻게 다뤄야 할지 모르겠다면서 걱정을 많이 하셨습니다. 인국이도 그 부분에 대해서 스스로 불안감이 있었습니다.

인국이는 공부 양이나 태도에 비하면 성적은 높지 않았습니다. 직전 시험에서는 평균 70점대 후반의 점수를 받았습니다. 노력하는 것에 비해 점수가 낮게 나와서 자신감이 많이 떨어진 상태였습니다.

인국이처럼 성실한 아이들은 선생님이나 부모님이 옆에서 보면 참 여러모로 기특하면서도 안타깝습니다. 할 일을 미루지 않고, 시키지 않아도 책상 앞에 앉고, 이해 안 되는 부분이 있어도 일단 끝까지 해보려고 합니다. 그런데 이상하게도 이런 아이들 중 일부는 아무리 노력해도 성적이 크게 오르지 않습니다. 뭘 더 해야 성적이 오를지 부모 입장에서도 해결책을 찾기 어렵습니다.

성실하게 공부하지만 생각보다 성적이 나오지 않는 인국이 같은 친구들에게 "어떻게 하면 성적이 오를 것 같니?"라고 질문하면 어떤 답이 나올까요?

"제가 더 열심히 해야 돼요."

"공부 시간을 늘려야 해요."

"제가 더 집중해야 돼요."

이런 아이들은 성적이 나오지 않는 원인을 대개 '노력의 부족'에서 찾습니다. 내가 그때 몇 시간 동안 공부하지 않았던 것, 어느 부분을 진도 나갈 때 피곤해서 집중하지 못했던 것, 어떤 문제집의 어떤 부분을 풀지 않았던 것 등이 떠오르면서 '최선을 다하지 못한 나 자신'을 원망하는 방향으로 대화가 흘러갑니다.

저는 이런 친구들에게 거꾸로 물어봅니다.

"그럼 어떻게 더 열심히 할 거야? 지금도 열심히 하고 있는 거 아니야?"

시간을 더 투자하는 것, 본인이 더 집중하는 것이 해결책이라면 사실 물리적으로 지킬 수 없는 약속을 하게 되는 경우가 대부분입니다. 하루는 누구에게나 24시간이고, 누구나 학교를 가야 하고, 잠도 자야 하고, 밥도 먹어야 하니까요. 그럼에도 자신이 더 열심히 해야 한다고 스스로를 채찍질해보지만 소용없습니다.

이렇게 생각하는 친구들에게 가장 먼저 해야 하는 작업은, 잠깐 멈추게 하는 겁니다. 그리고 같이 생각해보는 거죠. 분명 나보다 열심히 공부하지 않는 것 같은데 나보다 더 좋은 성적을 거두는 친구들을 떠올리게 해볼 수도 있습니다. "그 친구들은 그렇게 열심히 하지 않는 것 같은데 왜 너보다 성적이 잘 나오는 걸까?라고 질문을 합니다. 그리고 그 답을 찾을 때까지 움직이지 않습니다.

성실하게 수행해서 성과를 냈던 이런 친구들은 가만히 멈춰 있는 것이 쉽지 않습니다. 무엇인가 해야 할 것 같고, 이런 '실질적이지 않은' 질문에 대답하는 것이 익숙하지 않습니다. 이런 친구들은 심지어 나보다 성적이 잘 나오는 친구들은 '집에서 더 열심히 하고 있을 것이다'라고 생각하고, 그렇게 대답하기도 합니다.

하지만 이런 친구들이 반드시 만나야 할 질문이 있습니다.

"더 좋은 방법이 있지 않을까?"

이 질문에 대해 고민하고 이 질문에 대답하기 시작하는 순간, 아이의 공부는 '나는 최선을 다했다'라는 노력 중심의 방법에서 '더 좋은 방법을 찾아내겠다'라는 사고 중심의 방향으로 바뀌기 시작합니다. 바로 이 지점이 '상위권 마인드로 들어가는 첫 관문'입니다.

상위권 아이들은 선생님이 못 푸는 문제도 나는 풀 수 있다는 용기, 내가 선생님의 머릿속을 읽어낼 수 있다는 자신감이 있습니다. 수동적인 자세로 "선생님이 이 문제를 어떻게 풀라고 했지?"라고 기억에 의존해 접근하는 것이 아니라 시험 문제를 예상하려고 하고, 문제와 출제자의 의도를 파악하려고 합니다. 이런 작업을 하기 위해선 내가 공부해야만 하는 범위보다 더 넓게 공부해야 할 수도 있고, 내가 해야 하는 것보다 조금 더 많이 공부해야 할 수도 있습니다. 저는 이런 자세를 통틀어서 "상위권 마인드"라고 부릅니다.

마치 축구 경기를 할 때 공만 보고 뛰느냐, 경기 흐름이나 경기장 위 선수들의 위치를 읽고 뛰느냐의 차이와 같습니다. 상위권 마인드, 즉 전략적 사고가 있는 아이들과 그렇지 않은 아이들은 공부 효율에서 차이가 커서 비슷한 재능을 가진 아이들 사이에서도 성적 격차가 벌어지게 됩니다.

상위권 마인드의 중요성을 알고 있으며, 성실한데도 성적이 잘 오르지 않는 아이들을 가까이에서 보다 보면, 공통된 장면을 자주 목격하게 됩니다. 급한 마음에 공부를 시작하면 문제 풀이부터 시작합니다. 또 문제를 보자마자 곧바로 연필을 들고 답을 찾고 계산을 시작하는 모습도 많이 보입니다. 조건을 다시 읽거나, 이 문제가 어떤 유형인지 잠깐 생각해보는 시간 없이 손이 먼저 움직입니다.

반면 '상위권 마인드'를 가진 친구들은 시험공부를 시작하기 전에 계획을 짜고 시험 범위를 전반적으로 훑어보는 작업을 빠뜨리지 않습니다. 계획이 틀어질 가능성도 생각해보고, 공부할 시간이 부족하다 싶으면 우선순위를 조정하기도 합니다. 문제를 풀기 전에 전반적인 내용을 훑어보고, 목차를 보며 흐름을 파악합니다. 수학 문제를 풀 때는 연필을 움직이기 전에 문제의 의도를 파악하고, 구해야 하는 것과 주어진 것을 정확히 확인합니다. 바쁘게 움직이는 것은 그 이후이지요.

이 차이는 아이의 의지나 성실함, 성격의 문제로만 생각할 것이 아니라, 뇌를 사용하는 순서와 깊이의 문제로 이해할 수 있습니다. 사람의 뇌에는 각기 다른 역할을 맡은 영역들이 있습니다. 그중 수량을 비교하고 계산을 처리하는 기능에는 두정엽이 중요한 역할을 합니다. 이미 배운 공식을 적용하거나 숫자를 계산하는 과정에서 이 영역이 활발히 작동합니다. 한편, 반복 연습을 통해 계산이 익숙해지고 처리 속도가 빨라지는 과정에는 기저핵과 소뇌가 함께 관여합니다. 같은 유형의 문제를 많이 풀수록 계산이 빨라지고 손이 익는 이유도 바로 이런 자동화 회로가 강화되기 때문입니다.

반면에 문제에 어떻게 접근할지 판단하고, 여러 가능성 중 하나를 선택하고, 이 문제가 요구하는 것이 무엇인지 파악하는 역할은 이마 뒤쪽에 위치한 전전두엽이 담당합니다. 이 영역은 '지금 무엇을 할지', '어디서부터 시작할지', '이 문제는 계산 문제인지 사고 문제인지'를 결정하는 곳입니다. 흔히 우리가 말하는 전략적 사고, 상위권 사고, 출제자의 의도를 읽는 사고는 바로 이 전전두엽에서 이루어집니다.

성실하지만 성적이 정체된 아이들, 일단 시작하고 보는 아이들은 뇌의 영역이 동시에 혹은 순차적으로 잘 협력하지 못하는 경우가 많습니다. 문제를 보는 순간, 전전두엽이 개입해 방향을 판단하기 전에 이미 익숙한 계산 처리부터 시작해버리는 것입니다. 뇌는 익숙한 방식을 선호하기 때문에 '문제를 보면 곧바로 푸는 것'이 반복되면 그것이 가장 안전한 전략이라고 학습해버립니다. 그 결과, 문제를 읽고 판단하는 시간은 점점 줄어들고, 손으로 처리하는 시간만 길어집니다. 시험이 끝난 뒤 "아, 여기서 이렇게 생각했어야 했네", "아 왜 그때는 이런 생각을 못 했지"라는 말을 자주 하는 이유가 바로 여기에 있습니다. 생각하지 못한 것이 아니라, 생각이 너무 늦게 등장한 것입니다. 계산과 처리를 먼저 시작해버리면서 문제를 바라보는 관점 자체를 바꿀 기회를 놓친 셈입니다. 그래서 실수는 반복되고, 시간은 부족해지고, 마음은 급해지면서 노력 대비 점수는 오르지 않는 악순환이 이어집니다.

뇌를 사용하는 순서로 결정되는
상위권 마인드

상위권 마인드란 결국 머리가 더 좋으냐 나쁘냐, 자신감이 있느냐 없느냐의 차이보다 뇌를 사용하는 순서에 의해서 가질 수도 있고 가지지 못할 수도 있는 것입니다. 상위권 학생들은 문제를 받았을 때 손을 움직이기 전에 머리가 먼저 움직입니다. 이 문제의 출제자는 학생들의 어떤 부분을 확인하고 싶었을지, 어떤 지점에서 함정을 설계했을지, 펜을 움직이기 전에 먼저 생각합니다. 그렇게 전전두엽이 충분히 일을 한 뒤에야 두정엽이 움직입니다. 그래서 계산은 오히려 짧고, 판단은 깊습니다. 이런 '전략적 사고의 유무'가 '성실함의 유무'보다 아이들의 성적을 더 크게 좌우합니다.

다행히도 뇌를 사용하는 패턴은 훈련으로 충분히 좋아질 수 있습니다. 성실한 아이들에게 지금 필요한 것은 손을 움직이기 전에 생각을 꺼내는 연습입니다. 문제를 풀기 전에 "이 문제는 뭘 묻는 걸까?", "내가 선생님이라면 어디에 함정을 둘까?", "내가 이 문제를 풀다가 실수를 한다면 어디서 실수를 하게 될까?"라고 스스로에게 질문하는 그 짧은 시간이 뇌의 사용 방식을 완전히 바꿔놓을 수 있습니다.

이런 관점으로 아이를 바라보면, "이렇게 열심히 하는데 왜 성적이 안 오를까?"라는 질문은 "이 아이는 지금 어떤 뇌를 먼저 쓰고 있을까?", "전략적 사고를 하고 있는 걸까?"라는 질문으로 바뀝니다. 그리고 앞에서 이야기한 대로 이런 의문을 가지면서부터 무엇을 해야 할지가 보이고, 아이의 공부 인생은 달라질 수 있습니다.

'더 열심히 해야 한다'가 아니라
'내 방법을 점검해보자'로 사고의 방향 전환

인국이에게 시험공부를 시작하기 전에 시험 범위의 목차를 외우게 하고, 목차를 쓰고 그 밑에 중요 내용을 써내려가도록 연습시켰습니다. 국어 지문을 읽고 바로 문제를 푸는 것이 아니라 글의 갈래, 작가의 문체, 작품의 시대적 배경, 표현적 특징을 먼저 외워서 설명하게 만들었습니다. 수학 문제를 풀 때는 문제를 아예 풀지 못하게 하고, 풀기 전에 이 문제를 어떻게 풀 것인지 전략을 적어두는 연습만 따로 하도록 지도했습니다. 답을 요구하지도 않았고, 채점을 해주지도 않았습니다. 답을 구하는 과정보다 그 앞 단계인 문제 풀이 전략을 세우는 연습을 시키는 것이 무엇보다도 중요했기 때문입니다. 모든 과목에서 이런 질문들을 해주었습니다.

"이 문제에서 선생님이 제일 하고 싶은 말이 뭐 같아?"

"이 문제에서 주어진 조건들은 뭘까? 그 조건들이 너에게 주고 싶은 힌트는 뭘까?"

"네가 문제를 내는 사람이고 이 문제를 더 어렵게 만들고 싶다면 어떤 방법을 쓸 것 같아? 그리고 문제를 푸는 아이들은 어떤 실수를 할 것 같아?"

특히 과학 과목에서 이 실험은 교과서의 어떤 내용에 관련돼서 나온 것이고, 무엇을 증명하기 위한 것이고, 실험에 사용된 것들은 각각 어떤 의미를 갖는지 말로 설명할 수 있도록 하고, 이 과정이 충분히 이루어졌다고 생각했을 때 문제를 풀게 했습니다.

처음에 인국이는 어색해했습니다. '이러고 있어도 되나?'라는 불안감이 얼굴에 고스란히 드러났습니다. 하지만 3주간 이런 연습을 계속하면서, 아이의 반응이 조금씩 달라지기 시작했습니다. 문제를 풀기 전에 내용을 다시 한번 떠올리는 습관이 생겼고, 수학이나 과학 문제를 읽고 바로 답을 찾으려고 하지 않고 잠깐 멈춰서 생각하는 시간이 생겼습니다. 그리고 그 멈춤의 시간이 길어질수록 문제를 푸는 시간은 오히려 짧아졌습니다.

인국이가 상위권 마인드의 필요성에 대해 완전히 설득된 계기가 있었습니다. 자신 없어 하는 국어 과목을 함께 공부하다가 좁은 시야로 학교에서 주어진 자료, 작품의 일부분만 보지 말고 시험 범위의 작품과 작가에 대해서 더 알아보자고 이야기하고 같이 자료 조사를 하고 있었는데, 우연히 학교에서 받은 프린트물에 담긴 내용과 거의 유사한 게시물을 찾았습니다. 선생님이 학생들에게 나눠줄 수업 자료를 만들 때 참고한 자료를 찾아낸 것이죠. 선생님이 어떤 경로로 자료를 만들고 문제를 만드는지 실마리를 찾게 된 인국이는 시험 보기 전에 이번 시험에서는 국어를 잘 볼 수 있을 것 같다고 이야기했습니다.

인국이는 시험 대비반에서 함께 공부하고 준비한 중간고사에서 평균 97.5점을 받았습니다. 평균 70점대 후반이었던 학생이 갑자기 반 1등을 차지하며 최상위권이 된 것이죠. 가장 걱정했던 국어 과목에서는

100점을 받았습니다.

인국이는 성적이 안 나오는 원인, 공부가 부족한 원인을 노력의 문제가 아니라 구조에서 찾기 시작했습니다. 그리고 이런 변화를 통해 자신감을 회복할 수 있었습니다.

아무리 노력해도 성적이 오르지 않을 때 아이에게서 가장 먼저 무너지는 것은 실력이 아니라 자신감입니다. '나는 열심히 해도 안 되는 애'라는 생각이 자리를 잡는 순간, 공부는 버거운 싸움이 됩니다. 하지만 '아, 더 좋은 방법을 찾아낼 수 있구나'라는 해석은 아이에게 다시 시도할 수 있는 여지를 남겨줍니다.

상위권 마인드는 결국 '내가 부족하다', '더 열심히 해야 한다'가 아니라 '내 방법을 점검해보자'로 사고의 방향을 바꾸는 힘입니다. 이런 힘이 생기면 아이는 더 이상 방향 없이 무작정 뛰지 않습니다. 멈출 줄 알고, 돌아볼 줄 알고, 필요하면 방향을 바꿀 줄 압니다. 그리고 이 능력은 중학교 시험을 넘어서 고등학교 공부, 나아가 인생 전체에서 쓰이게 됩니다.

인국이는 이제 시험이 다가와도 예전처럼 긴장하지 않습니다. 여전히 떨리긴 하지만, 그 떨림이 '아무것도 모르겠는 불안'이 아니라 '어디서 실수할 수 있는지 아는 긴장'으로 바뀌었습니다. 긴장할 것을 예상하고 작전도 짭니다. 시험을 보기 직전에는 절대 책을 펴지 않고 종이에 이름을 천천히 반복해서 쓰면서 디폴트 모드 네트워크를 활성화시켜서 감정을 정리합니다. 긴장감이라는 변수를 미리 예상하고 대책을 세울 수 있는 관점을 가지게 된 것이지요.

상위권 마인드는 타고나는 것이 아닙니다. 방향을 바꾸는 연습, 질문하는 연습, 멈추는 연습을 통해 만들어집니다. 그리고 그 출발점은 언제나 "분명 더 좋은 방법이 있을 거야"라는 질문에서 시작합니다.

여기서 어른의 역할은 분명 더 좋은 방법이 있다고 믿도록 도와주고 그 방법을 함께 찾아나가는 것입니다.

시키는 것까지만 딱 하고
더 안 하는
아이는 어떻게 해야 할까?

혹시 우리 아이가 시키는 것만 공부하고 더 이상 하지 않아 걱정인가요? '우리 아이는 시키는 건 잘하는데 왜 이렇게 욕심이 없지?' 하는 생각이 들었던 적이 있을까요? 아이들을 가르치다 보면 비슷한 유형이 눈에 띕니다.

시키는 건 참 열심히 합니다. 숙제를 안 해 오지도 않고, 대충 하지도 않습니다. 문제를 풀라고 하면 문제를 풀고, 정리하라고 하면 정리도 합니다. 그런데 늘 거기까지입니다. 선생님이 말한 범위를 조금이라도 넘어서 생각하거나, "이건 왜 그럴까?" 하고 한 번 더 들여다보는 일은 거의 없습니다.

문제를 다 풀고 나면 연필을 내려놓고 가만히 앉아 있습니다. 왜 가만히 있냐고 물어보면 한결같은 대답이 나옵니다.

"다 했는데요."

마치 게임을 하다가 화면에 'MISSION COMPLETE'라는 글자가 뜬 것처럼 연필을 내려놓습니다. 수업 시간에도 열심히 듣고 있는 것 같다가 갑자기 손을 들어서 발언 기회를 주면 이런 질문을 합니다.

"언제 끝나요?"

이런 아이들을 두고 흔히 "욕심이 없다", "공부를 수동적으로 한다", "스스로 생각을 안 한다"고 말합니다. 하지만 실제로 이런 아이들을 가까이에서 오래 지켜보면, 그 말들이 정확하지 않다는 것을 곧 느끼게 됩니다. 이 아이들은 게으르지 않습니다. 시키는 일은 성실하게 이행합니다. 집중력이 부족한 것도 아닙니다. 오히려 지시를 잘 따르고, 요구 사항을 정확히 파악하는 능력은 평균 이상인 경우가 많습니다.

공부를 안 하거나 거부하는 아이들과는 확실하게 다르지만, 공부를 일정 부분 즐길 줄 아는 최상위권 학생들과도 확연히 다릅니다.

이런 친구들을 이끌고 저를 찾아오시는 부모님들은 거의 비슷한 고충을 토로합니다.

"학원 선생님들 얘기를 들어보면 공부를 안 하는 건 아닌데 욕심을 좀 냈으면 좋겠다고 하세요. 근데 아이는 시키는 것만 해요."

"모르면 바로 별표 치고 채점하려고만 해요. 채점해서 틀렸다고 해주면 또 고쳐오고, 결국 그렇게 해서 넘어가긴 하는데 이게 맞나 싶어요."

"깊이 고민을 안 하는 거 같아요. 조금만 더 생각해보면 될 것 같은데, 그냥 모르겠대요."

이런 아이들의 공부하는 모습을 가만히 들여다보면, 공통점이 하나 보입니다. 이 아이들에게 공부는 '생각하는 일'이 아니라 '처리해야 할 과업'에 가깝습니다. 문제를 푸는 이유는 이해하기 위해서가 아니라, 끝내기 위해서입니다. 목표는 성장이 아니라, 주어진 일을 정확히 해내는 것입니다. 그래서 저는 이런 아이들을 마음속으로 "미션 컴플리트 지향형 아이들"이라고 부릅니다. 스스로 성장의 기준을 세우기보다는 외부에서 주어진 기준을 정확히 충족시키는 데 더 많은 무게중심을 둔 아이들이죠.

미션 컴플리트형 아이에게
필요한 건 어른의 역할

이런 아이들이 공부를 시작할 때 가장 먼저 시작하는 건 바로 미션을 설정하는 겁니다. 일종의 최저 기준선을 긋는 작업이죠.

"여기까지 하면 된다", "이 정도면 충분하다"라는 느낌을 선호한다고 볼 수 있습니다. 그 선을 넘어가는 것을 요구하면 거부하거나 곤란한 표정을 짓는 일이 잦습니다.

회사에서도 이런 분들을 만나는 것이 어렵지 않습니다. 나에게 주어진 일들은 성실하게 하되 최소한의 에너지로 그 일들을 마무리하고, 그 이상의 업무를 가져가지 않기 위해 굉장히 신경을 쓰는 분들이 있습니다. 이런 분들에게 업무를 부탁하면 부탁한 그대로 수행을 해오고 요청 사항에 포함되지 않은 내용에 대해서는 책임이 없음을 확실하게 확인하고는 합니다. 이런 분들이 입버릇처럼 하는 이야기가 있습니다. 바로 "더 해봐야 내 손해다", "할 것만 딱 해라"입니다. 미션 컴플리트 지향형 아이들을 볼 때마다 회사에서 만났던 미션 컴플리트 지향형 직원들이 떠오르곤 합니다.

이런 아이들이 만든 낮고 공고한 기준선은 대부분의 경우 아이가 의식적으로 만든 것이 아니라 과거의 환경, 학습 경험 속에서 아주 정교하게 형성된 결과물이라는 것을 아이들을 가르치다 보면 쉽게 알 수 있습니다. 물론 타고난 성향이 영향을 미치는 경우도 있겠지만, 아이들 스스로도 기억하지 못하는 여러 가지 기억과 경험이 쌓이면서 만들어진 기준선이라는 해석이 더 타당하다고 생각합니다. (타고난 기질보다 환경과 경험이 중요하다고 생각하는 이유는 이런 부분이 생각보다 쉽게 고쳐지기 때문입니다. 이 내용은 글의 뒷부분에서 다루겠습니다.)

조금 더 생각하다가 오히려 문제를 틀리게 풀어서 망신을 당하거나 혼난 경험, 선생님이 설명한 방식과 다르게 풀었다가 "그렇게 하지 말라"는 핀잔을 들었던 경험, 질문을 했다가 수업 시간을 방해한다는 느낌을 주는 반응에 마주쳤던 경험 등이 있을 수 있습니다. 어떤 경우에는 공부를 정말 열심히 했는데, 그렇지 않았을 때보다 오히려 성적은 떨어졌던 경험이 아이들에게 큰 영향을 미치기도 합니다.

위의 경험들 외에, 제가 접한 미션 컴플리트 지향형 아이가 되는 가장 큰 원인은 '어차피 다 끝내도 일이 하나 더 생긴다'는 생각입니다. 문제를 다 풀고 나면 추가 문제가 주어지고, 숙제를 해가면 보충 과제가 붙고, 열심히 하면 "그럼 이것도 해볼까?"라는 말이 따라옵니다. 처음에는 칭찬처럼 들리던 말이 어느 순간부터는 보이지 않는 추가 미션의 신호로 인식되면서 아이는 열심히 할수록 점점 일이 늘어난다는 느낌을 받게 됩니다. 그런 상황에서 아이가 할 수 있는 가장 합리적인 선택은 무엇일까요? 기준선을 넘지 않는 것입니다. 딱 요구받은 만큼만 하고, 더 눈에 띄지 않는 것. 그렇게 하면 최소한 일이 추가되지는 않습니다. 마치 회사원들이 '최소한만 하자'라고 마음먹게 되는 과정과 비슷합니다.

이런 경험이 반복되다 보면 아이는 자연스럽게 학습의 목표를 '잘하기'가 아니라 '끝내기'로 설정합니다. 성취감은 사라지고, 대신 할 일을 무사히 마쳤다는 안도감만 남습니다. 이 아이들에게 공부는 도전의 대상이 아니라, 관리해야 할 업무에 가깝습니다.

이런 경험이 누적되면 아이는 학습에 대해 하나의 결론을 내립니다.

"여기서 더 하는 건 위험하다."

"시키는 것까지만 하는 게 가장 안전하다."

이때 아이가 선택한 전략은 매우 합리적입니다. 더 생각하면 틀릴 확률이 올라가고, 기준을 넘어서면 혼날 수도 있으며, 시간 대비 효율도 떨어집니다. 반면 시키는 만큼만 정확히 하면 최소한 비난은 피할수 있습니다. 칭찬은 못 받아도 혼나지는 않습니다. 그러니 아이는 점점 '확실한 미션'만 기다리는 쪽으로 학습 태도를 조정해갑니다.

"왜 거기까지만 해?"라고 묻는 질문, "좀 더 생각해야지"라는 요청은사실 아이들의 입장에서는 이해하기 어려운 말입니다. 아이는 이미 자기가 받은 과제를 정확히 완수했다고 생각하기 때문입니다. 문제를 다풀었고, 숙제를 했고, 요구받은 공부 양을 채웠습니다. 숙제를 채점해서 틀린 부분을 다시 고쳐 결국 다 동그라미로 바꿨습니다. 더 이상 할것이 없는 상태이지요. "그러니 뭘 더 하라는 말이죠?"라는 느낌으로 선생님이나 부모님을 쳐다보게 됩니다.

또 이런 아이들은 "조금만 더 생각해봐"라는 말을 들으면 당황합니다. 어디까지가 '조금 더'인지 모르고, 무엇을 더 해야 하는지도 명확하지 않기 때문입니다. 기준이 없는 추가 요구는 이런 아이들에게 노력의요청이 아니라 규칙 없는 시험처럼 느껴집니다. 오히려 그냥 틀렸다고채점을 해주는 게 편하게 느껴지기도 합니다.

'시키는 것까지만 하는 아이'는 생각이 없는 아이가 아닙니다. 오히려 매우 계산적인 판단을 거친 아이라 할 수 있습니다. 자신의 에너지,실패 가능성, 보상 구조를 종합해서 가장 손해 보지 않는 학습 전략을선택한 결과입니다. 그리고 이 전략은 아이가 나쁘거나 부족해서가 아니라, 그동안의 학습 환경이 그렇게 설계되어 있었기 때문에 만들어진 것입니다. 그래서 이런 아이들을 이해하는 첫걸음은 "왜 더 안 하니?"라고 묻는 것이 아니라, 이런 아이들에게 중요한 것은 '체크리스트에 있는 일들을 지우는 것'이라는 걸 인정하는 일입니다. 조금 다르게 표현하면, "왜 시키는 것까지만 하는가?"를 의지나 태도의 문제로 해석하지 않는 것이 매우 중요합니다.

앞에서 언급한 캐나다 맥길대 연구팀의 연구는 이 아이들의 학습 태도를 이해하는 데 중요한 실마리를 제공합니다. (234쪽 참고) 맥길대 연구팀은 참가자들을 두 팀으로 나눠서 일정한 규칙이 있는 과제를 반복적으로 수행하게 한 뒤, 규칙을 갑자기 바꾸었을 때의 반응을 관찰했습니다. 흥미롭게도 반복 훈련을 통해 빠른 처리에 익숙해진 참가자일수록 규칙이 바뀌는 순간 더 크게 흔들렸고, 처음에는 느리더라도 의미를 중심으로 상황을 해석하던 참가자들은 오히려 더 유연하게 적응했습니다. 반복을 통해 형성된 자동화 처리 회로와 상황을 해석하고 전략을 재구성하는 전전두엽 중심의 사고 회로가 서로 다른 방식으로 작동하고, 어떤 쪽의 회로를 사용했는지에 따라 뇌의 반응은 크게 달라진다는 것을 알게 된 연구였습니다.

미션 컴플리트 지향형 아이들의 공부 방식은 이 중 자동화된 처리 회로에 강하게 맞춰져 있습니다. 문제를 보면 익숙한 패턴을 빠르게 떠올리고, 손에 익은 절차대로 처리합니다. 이 과정은 효율적이고, 에너지가 적게 듭니다. 이미 여러 번 사용해본 회로이기 때문에 뇌 입장에서는 '편한 길'입니다. 굳이 새로운 해석을 하거나, 다른 가능성을 탐색

하지 않아도 되기 때문입니다. 이 길로 갈 수 없다면 차라리 별표를 치고 틀린 다음 힌트를 받는 쪽을 택합니다.

반대로 "왜 이렇게 되는지 설명해볼래?", "이 조건이 바뀌면 어떻게 될까?" 같은 질문은 전전두엽을 적극적으로 사용해야 합니다. 상황을 다시 바라보고, 규칙을 재구성하고, 말로 정리하는 과정은 훨씬 많은 에너지를 요구합니다. 뇌는 본능적으로 에너지를 아끼려는 기관이기 때문에, 이미 자동화된 처리 경로가 있다면 굳이 더 힘든 경로를 선택하지 않으려 합니다.

이런 상태가 반복되면 아이의 공부는 점점 '생각하는 일'이 아니라 '처리하는 일'로 굳어집니다. 문제를 더 깊이 이해하려는 시도는 줄어들고, 주어진 지시를 정확히 끝내는 것이 최우선 목표가 됩니다. 그래서 문제를 다 풀고 나면 더 이상 할 일이 없다고 느끼고, "다했어요"라는 말과 함께 사고를 멈추게 됩니다.

중요한 점은 이 아이들이 생각할 능력이 없어서 이런 일이 빚어지는 게 아니라는 것입니다. 오히려 뇌가 가장 익숙하고 효율적인 방식으로 작동하고 있을 뿐입니다. 다만 그 방향이 자동화 처리에 과도하게 맞춰져 있을 뿐이고, 그 결과 전전두엽을 써야 하는 사고가 점점 '피곤한 일', '굳이 하지 않아도 되는 일'로 인식되고 있는 것입니다.

이런 아이들을 바꾸는 방법은 더 열심히 하라고 채근하는 것이 아니라 달성해야 하는 일을 바꿔주는 것입니다. 주어진 과제보다 더 하라고 자극을 줘도 좀처럼 변하지 않지만, 할 일을 바꿔주면 그것을 차질 없이 수행하는 것이 이 아이들의 특기이기 때문입니다. 아이의 성향을 부정하거나 바꾸려고 하지 말고, 보완해야 하는 역량을 생각해보고 그 역량을 강화할 수 있는 해결책을 과제 안에 녹여서 집어넣어주는 것이 변화의 첫걸음입니다. 그리고 꼭 "오늘 이게 네가 해야 할 일이다"라고 이야기해주세요.

미션을 구체적으로 바꿔준 후
나타난 놀라운 변화

일본에서 유학을 마치고 돌아와서 과외를 맡게 되었습니다. 그중 한 명은 고등학교 3학년 학생이었습니다. 사실 공부 체질을 개선하는 것에 관심이 많은 저는 마음 급한 고3 학생을 가르치는 것을 선호하지 않았는데 아이에게 변화가 필요하다는 어머니의 간곡한 요청에 수능 전 여름방학까지 6개월 정도 함께 공부하기로 했습니다. 그렇게 만난 충진이는 이 글에서 이야기하는 전형적인 특징을 가진 아이였습니다. 공부를 안 하는 것은 아니지만 뭘 더 해야 하는지 고민해본 적은 없었습니다. 숙제도 잘하고 문제도 많이 풀지만 고민한 흔적은 거의 없었습니다. 본인의 성적에 큰 아쉬움도 없다고 느껴졌습니다. 오르면 좋지만 안 오르면 어쩔 수 없다는 생각을 가진 것이 명백했습니다. 9등급제에서 5~6등급을 오르내리는 성적을 받고 있었고, 목표는 3등급을 받는 것이었습니다. 그러나 공부해온 태도와 남은 시간을 고려할 때 목표를 달성하는 것은 쉽지 않아 보였습니다. 100명 중 60등을 하던 친구가 6개월 공부해서(그것도 모든 아이들이 공부를 제일 열심히 하는 기간에) 100명 중 20등을 하겠다는 목표였으니까요. 게다가 딱히 구체적인 계획도 없었습니다.

과외를 시작하기 전에는 충진이에게 6개월 동안 수학능력시험 준비를 열심히 시켜야겠다는 계획을 가지고 있었는데, 두 번째 시간부터는 이 계획을 뒤집고 공부 체질을 바꾸지 않으면 가능성이 없겠다는 생각이 들었습니다. 먼저, 숙제를 대충하고 틀린 상태로 더 이상 모르겠다는 말과 함께 가지고 왔기 때문에 숙제에 대한 관점을 바꿔줬습니다. 문제의 답을 내지 말고, 문제를 풀기 위해서 어떤 지식을 사용해야 하는지 쓰는 숙제를 내줬습니다. 그리고 그중 어려운 두 문제를 자신이 선생님이 되었다고 생각하고 설명할 방법을 쓰는 것을 숙제에 넣었습니다. 초등학교 내용부터 복습하라고 숙제를 내주었는데, 그 또한 문제를 풀어오는 것에 그쳤기 때문에 그 내용을 구체적으로 조정했습니다. 초등 과정, 중등 과정의 수학 교과서 목차를 처음부터 끝까지 외우고, 목차에 나오는 모든 단어의 정의를 외우는 것으로 과제를 설정해주자 곧잘 수행해왔습니다.

충진이에게서 달라진 모습이 보이기 시작한 건 3개월 정도 지난 후였습니다. 고등학교 3월 모의고사에서는 아쉽게 4등급에 못 미치는 5등급을 받았는데, 놀랍게도 본인이 매우 아쉬워하면서 다음 시험에서는 성적을 더 올리겠다며 전의를 불태웠습니다.

어느 날 충진이가 저에게 말했습니다. 예전에는 모르는 문제는 그냥 손도 못 대고, 봤던 문제는 외워서 풀어서 시험을 보면 시간이 많이 남았는데 이제는 시간이 부족해졌다고 말이죠. 옆에서 보는 저도 문제를 대하는 태도가 달라졌다고 느끼고 있었는데, 본인 역시 공부에 점차 흥미가 생기는 느낌을 받고 있었습니다. 그 결과, 6월 모의고사에서는 4등급의 성적표를 받았습니다. 이후, 약속한 6개월이 되어 저는 메시지로만 충진이의 소식을 들을 수 있었습니다.

수능 즈음에 부모님께 연락이 왔는데 충진이가 폭탄선언을 했다는 소식이었습니다. 이제 공부를 어떻게 하면 되는지 알게 된 것 같은데 지금 이대로 대학에 갈 수 없다고 했답니다. 의아해하는 부모님에게 충진이는 이번 수능에서 수학 3등급을 못 받으면 고등학교를 졸업하자마자 군대에 가겠다고 얘기했습니다. 어차피 가야 하는 군대에 남들보다 일찍 가서 짬 날 때마다 열심히 공부를 하고, 전역하고 나서 1년만 더 공부하면 원하는 대학에 갈 수 있을 것 같다고 말이죠. 부모님 입장에서는 항상 '적당히'를 외치던 충진이의 모습이 의아하기도 하고 걱정되기도 했지만, 본인의 의지가 강하고 평소와 달리 능동적이고 적극적인 모습에 동의해주었습니다.

군대에 간 충진이는 저에게 전화를 걸어서 어떻게 공부를 하면 좋겠냐고 물었고, 제가 말해준 것들을 충실하게 실행했습니다. 그리고 전역 이후 1년 동안 공부를 하고 수학능력시험에 응시했습니다. 나중에 연락이 닿은 충진이는 선생님 덕분에 정말 수능 수학에서 3등급을 받았다며 성적을 더 올릴 수 있을 것 같은데 아쉽다고 말했습니다. 선생님을 더 일찍 만났다면 좋았을 것 같다는 말도 덧붙였습니다.

저는 충진이의 이런 경험이 인생을 바꿀 수 있는 중요한 순간이라고 생각합니다. 주로 자동화된 처리 회로만 사용해 문제를 풀던 충진이는 자기에게 주어진 목표가 바뀌면서 전전두엽을 쓰며 공부하는 사람이 되었습니다. 구체적인 목표를 수행하면서 성과를 내게 되었고 충진이는 도전적이고 모험적으로 바뀌는 모습을 갖게 된 것입니다.

충진이의 변화에서 우리가 중요하게 여겨야 하는 점은, 충진이의 성향이 아니라 충진이에게 주어진 목표가 바뀌었다는 점입니다. 저는 충진이에게 "한번 열심히 해봐"라고 하지 않았습니다. "이게 오늘 해야 할 일이"라고 말하며 목차를 외우게 했고, 문제의 정답이 아닌 풀이를 쓰도록 명확하게 정해줬습니다. 과제를 명확하게 하기 위해 답을 아예 쓰지 말고 풀이 과정만 쓰라고 정해줬습니다. 이런 환경에서 '미션 컴플리트 지향형 아이들'은 자신에게 주어진 일을 완수하기 위해 전두엽을 사용하게 됩니다. 판단해야 하고, 비교해야 하고, 자기 생각을 정리해야 하기 때문입니다.

예전에는 아이들 스스로 공부를 찾아서 하지 않기 때문에 부모님이나 선생님들이 답답해했는데, 이제는 '이건 내 미션이다'라고 여기게 된 것이죠. 이는 아이들이 가지고 있는 성향, 안정감을 느끼는 구조를 해치지 않으면서 사고의 깊이를 넓히는 방식이라고 할 수 있습니다.

충진이의 예에서 보듯, 이 과정이 반복되면 아주 중요한 변화가 일어납니다. 아이의 뇌는 '과제를 수행하는 과정에서도 생각이 필요하다'는 것을 배우게 됩니다. 생각하는 것이 추가적인 노동이 아니라, 과제의 일부가 됩니다. 이때부터 아이는 조금씩 기준선을 내부로 가져옵니다. '여기까지 하면 끝'이 아니라, '이 정도면 내가 만족'이라는 감각이 생기기 시작합니다.

시키는 것까지만 하던 아이들이 변하기 시작하는 순간은, 갑자기 의욕이 넘칠 때가 아닙니다. 과제의 정의가 바뀌었을 때입니다. 그리고 그것을 설계하는 역할은 어른에게 있습니다. 이런 과정이 반복되면서 스스로 도전적인 목표를 설정하게 되면 '미션 컴플리트 지향형 아이들'에게는 놀라운 변화가 일어납니다. 왜냐하면 이런 아이들은 무슨 일이 있어도 목표를 수행해내기 때문이죠.

시키는 것까지만 하던 아이들이 변하는 과정은 언제나 이렇습니다. 자유를 주면 바뀌는 게 아니라, 사고를 요구하는 목표를 반복적으로 완수해보면서 바뀝니다. 그리고 그 목표가 너무 막연하지 않고, 실패하지 않을 만큼 구체적일 때 아이는 안전함을 느낍니다. 그 안전함 속에서 전두엽은 조금씩 더 오래, 더 자주 작동하기 시작합니다.

'여기까지만 하면 된다'는 기준 속에서 성실하게 살아온 아이들에게, 그 성실함은 방향만 바꿔주면 최고의 역량이 될 수 있습니다. 이 글을 읽으며 우리 아이의 얼굴이 떠오르는 분이 있다면, 미션 컴플리트 지향형 아이들을 도와줄 수 있는 어른의 역할은 아이에게 더 많은 자유를 주며 자발적으로 동기부여하라고 채근하는 게 아니라, 조금 더 정교한 목표를 옆에서 함께 설계해주는 것이라는 점을 기억하셨으면 합니다.

쉬운 것만 하려고 하고,
어려운 건 거부하는 아이는
어떻게 해야 할까?

이번 글은 초등학생, 혹은 그보다 어린 아이들을 자녀로 둔 부모님들이 조금 더 관심을 가지실 수 있는 이야기입니다. 바로 어려운 내용을 거부하고, 풀 수 있는 문제만 골라서 공부하려는 아이들에 대한 이야기입니다.

어려운 문제를 만나면 짜증부터 내는 아이들이 있습니다.

"내가 이걸 어떻게 알아요?"

"왜 이렇게 어려운 걸 해야 해요?"

"다른 애들은 이런 거 안 하는데 왜 나만 해야 돼요?"

이런 말을 쏟아내며 문제 앞에서 감정을 먼저 드러냅니다. 이런 성향을 가진 아이들 중에 조금 더 어린 아이들은 "수학 공부하자"는 말만

들어도 고개를 절레절레 흔들며 강한 거부 반응을 보이기도 합니다. 부모님들이 한숨을 쉬게 되는 장면이죠.

흥미로운 건 이 아이들이 공부 자체를 전면 거부하는 경우는 많지 않다는 점입니다. 오히려 쉬운 문제를 반복해서 풀며 정답이 맞았을 때는 기분이 좋아 보입니다. 이미 풀어본 문제, 결과가 예상되는 문제 앞에서는 손도 빠르고 집중력도 괜찮습니다. 반면 잘 이해되지 않는 문제, 한 번 더 생각해야 할 것 같은 문제는 쳐다보기도 싫어합니다.

때로는 예상하지 못한 상황에서 감정이 크게 터집니다. 수업 중 문제를 풀다 말고 눈물을 보이거나, 문제를 틀렸다는 사실을 견디지 못해 책을 덮어버리는 경우도 있습니다. 어른 입장에서는 당황스럽습니다. 분명 못하는 아이는 아닌데, 반응이 과한 것처럼 느껴지기 때문입니다.

그래서 이런 아이들은 해석하기가 쉽지 않습니다. 단순히 게으르다고 말하기도 어렵습니다. 실제로 이 아이들은 대부분 게으르지 않습니다. 오히려 '될 게 확실한 일' 앞에서는 누구보다 성실합니다. 그렇다고 반항적인 아이들도 아닙니다. 공부 자체를 거부하는 것도 아니고 문제를 풀 때 집중하지 않는 것도 아닙니다.

문제는 실패를 대하는 기준선이 감정적으로 지나치게 낮게 설정되어 있다는 점입니다. 조금이라도 새롭거나, 조금이라도 틀릴 가능성이 있거나, 조금이라도 '생각을 더 해야 할 것 같은' 문제 앞에서 이런 아이들은 빠르게 감정적으로 반응합니다.

이런 아이들을 이해하기 위해서는 '불안'이라는 감정을 먼저 살펴봐야 합니다.

"여기서 조금만 더 생각하면 될 것 같은데……."

"이 정도는 충분히 할 수 있을 텐데……."

어른들은 이렇게 말하지만, 아이의 내부에서는 '문제를 풀고 못 풀고'라는 문제와는 차원이 다른 문제가 벌어지고 있습니다. 이런 아이들에게 '어려운 문제'란 단순히 난이도가 높은 문제가 아닙니다. 어려운 문제를 만난다는 것은 불안한 상황에, 더 정확히 말하면 불안을 증폭시키는 상황에 맞닥뜨려야 한다는 것을 의미합니다. 즉, 나의 부족함이 드러나거나 창피를 당하거나 혼날 수 있는 '불안한 상태'가 되어버리는 것이라고 할 수 있습니다.

초등 시기의 아이들에게 '틀린다'는 경험은 어른이 생각하는 것보다 훨씬 크게 다가옵니다. 어른들이 보기에는 문제 하나 틀렸을 뿐인데, 아이의 머릿속에서는 순식간에 이런 생각들이 연결됩니다.

'나는 수학을 못해.'

'나는 머리가 안 좋아.'

또 마음속에선 부모님의 표정, 선생님의 말투, 친구들과의 비교가 아주 짧은 순간에 스쳐 지나갑니다. 이때 아이의 뇌는 아주 빠르게 '불안하다'라는 느낌을 온몸에 전달합니다.

아이들은 무의식적으로 이 문제를 풀려고 시도했을 때 얻을 수 있는 것과 틀렸을 때 감당해야 할 감정을 비교한 뒤, 대부분 이런 결론을 내립니다.

"굳이 이런 상황을 감당할 이유가 없다."

그래서 아이들은 어려운 문제를 피합니다. 이 선택은 게으름이 아니라 불안을 피하기 위한 방어 전략에 가깝습니다. 이미 성공 경험이 있는 문제, 안전한 문제, 결과가 예측 가능한 문제만 고르는 이유가 여기에 있습니다.

이 선택은 당장은 아이를 보호해줍니다. 울지 않아도 되고, 혼날 가능성도 줄어들며, 최소한은 '나는 할 수 있다'는 생각은 유지할 수 있습니다. 이런 상황에서 부모님은 감정적으로 반응하는 아이들에게 억지로 공부를 시켰을 때의 부작용을 생각하지 않을 수 없습니다. 부모로서 '이렇게까지 싫다는데 지금 당장 시키는 게 맞나'라는 생각을 하게 됩니다. 이런 상황이 반복되면서 아이들은 어려운 문제를 회피하는 것이 습관처럼 자리 잡습니다.

'할 수 없는 것'이라는 불안에서 벗어나게 해주기

쉬운 문제만 고르는 시간이 길어질수록 아이에게는 '생각해보는 경험'이 거의 쌓이지 않습니다. 생각하지 않아도 풀 수 있는 문제만 반복하다 보면, 생각하는 과정 자체가 점점 낯설어집니다. 그러다 어느 순간, 조금만 복잡해 보여도 문제를 읽기도 전에 감정이 먼저 반응합니다. 생각이 시작되기도 전에 몸이 먼저 거부하는 상태가 되는 것이지요.

아이들의 이런 반응을 개선해주기 위해서 어른들은 "틀려도 괜찮아", "도전해보는 게 중요한 거야", "넌 할 수 있어" 이렇게 얘기해주지만 상황을 개선하는 데 큰 도움이 되지 않습니다.

그런데 왜 이런 말들이 도움이 되지 않는 것일까요? 진심이 담긴 충고이고 힘이 나게 해주려는 것인데, 그리고 어른들이 아이들의 마음을 알아주면 그 자체로도 도움이 될 것 같은데 말이죠. 위에서 이야기한 대로 이런 아이들이 공부를 거부하는 이유는 '불안'이고, 어른들의 격려는 불안을 잠재워주지 않기 때문입니다. 이미 불안 회로가 켜진 아이에게 이런 말들은 생각보다 큰 힘을 발휘하지 못합니다. 아이의 뇌는 '위험 상황'이라는 판단을 끝낸 뒤이기 때문입니다.

어려운 문제를 거부하는 아이들에게 공부와 일상생활을 연결시키는 것은 필수적입니다. 문제집을 푸는 것보다 생활 속에서 할 수 있는 것부터 시작해나가야 합니다. 아이의 뇌가 공부라는 상황을 이미 '위험 요소'로 분류해버린 경우가 많기 때문에 '공부 모드'에서는 아무리 좋은 설명을 해줘도 모르는 것이 나오기 시작하면 아이는 사고를 시작하기도 전에 먼저 몸을 움츠립니다.

하지만 일상생활 속에서는 다를 수 있습니다. 아이가 '공부 모드'라고 인식하지 않은 상태에서 계산이 필요 없는 질문, 정답이 딱 정해지지 않은 이야기를 던져주면 아이는 생각을 하게 됩니다. 설사 답이 있는 질문이라 해도 틀려도 아무 일도 일어나지 않습니다. 이때 아이는 자신도 모르게 전두엽을 사용합니다. 비교하고, 추측하고, 판단합니다. 중요한 건 이 모든 과정이 불안 없이 이루어진다는 점입니다.

앞서 이야기했던 캐나다 맥길대 연구팀의 연구처럼, 전두엽을 사용하는 사고는 본래 에너지가 많이 들고 불확실성을 동반합니다. 여기에 실패에 대한 두려움까지 얹히면, 뇌는 이 상황을 피해야 할 대상으로 빠르게 분류합니다. 그래서 공부 상황에서 아이의 뇌는 자동화된 처리 회로로만 돌아가려 하고, 조금만 새로운 판단이 필요해져도 강한 거부 반응이 튀어나옵니다. 일상생활에서 사고를 시작해야 하는 이유는, 전두엽을 쓰는 경험을 '위험하지 않은 기억'으로 다시 저장하기 위해서입니다. 생각해도 괜찮았고, 틀려도 아무 일도 없었고, 누군가 나를 평가하지 않았다는 경험이 쌓이기 시작하면, 아이의 뇌는 전두엽을 사용하는 것을 조금씩 덜 경계하게 됩니다.

하지만 안심하기는 이릅니다. 일상생활 속에서는 잘 생각하던 아이가, 다시 책상 앞에 앉아 '공부 모드'가 되면 불안감을 느낄 가능성이 여전히 있기 때문입니다. 이때 제가 자주 말하는 마법의 한마디가 있습니다.

"나는 수학 전문가인데, 나는 네가 풀 수 있다는 걸 알거든. 너는 어떻게 생각할지 모르지만 나는 네가 이걸 무조건 풀 수 있다고 확신해."

이 말을 들은 아이들의 표정에선 약간의 혼란과 함께 안도감이 찾아오는 걸 볼 수 있습니다. 말로는 "저 못 하는데요"라고 하지만 표정은 한층 밝아지는 경우도 있었고, "내가 못 풀면 선생님 책임이에요"라고 말하는 경우도 있었습니다. 어느 쪽이든 아이의 불안감이 낮아졌다는 게 명확히 보입니다.

사실 이 말은 격려하는 말이 아닙니다. 믿으니까 잘해보라는 응원도 아닙니다. 이 말의 핵심은 판단의 책임을 잠시 어른이자 전문가인 제가 아이에게서 가져오는 데 있습니다. 초등학생은 아직 과제의 난이도와 자신의 능력을 객관적으로 판단할 수 있는 힘이 충분히 자라 있지 않습니다. 불안이 강한 아이일수록, 그 판단은 지나치게 보수적으로 기울어집니다. '할 수 없는 것'으로 분류해버리는 기준이 실제 능력보다 낮게 설정되어버리는 것이죠. 이때 전문가의 위치에 있는 어른이 "이건 네가 해볼 수 있는 범위야"라고 말해주면, 아이는 혼자 판단해야 한다는 부담에서 벗어납니다. 이 문제를 풀어도 되는지, 도전해도 괜찮은지에 대한 결정을 더 이상 혼자 떠안지 않아도 되는 것이지요. 이는 아이의 불안을 누르는 말이 아니라, 불안을 관리해주는 구조에 가깝습니다.

저는 이런 작업을 "대신 판단해주기"라고 부릅니다. 아이가 공부를 거부할 때, 우리는 흔히 의지의 문제나 성실성의 문제로 해석하지만, 실제로는 불안을 다루는 방식과 관련된 것일 가능성이 높습니다. 그리고 불안이 높은 아이일수록, 이 판단을 혼자서 감당하기 어려워합니다.

이 문제는 내가 풀어도 되는 난이도인지, 이만큼 생각해도 되는지, 혹시 틀리면 내가 무능하다는 평가를 받는 건 아닌지, 이런 질문들이 한꺼번에 몰려옵니다. 이 질문들에 대한 답을 스스로 내려야 하는 순간, 아이의 뇌는 다시 에너지를 아끼는 방향이 아니라, 위험을 회피하는 방향으로 움직입니다. 결국 가장 안전한 선택은 '아예 시작하지 않는 것'이 됩니다.

이때 제가 "나는 수학 전문가인데, 나는 네가 풀 수 있다는 걸 알아"라고 말하는 이유는 단순합니다. 이 판단을 네가 지금 하지 않아도 된다고 말해주기 위해서입니다. '인지적 부담의 외주화'라는 용어가 있습니다. 판단이나 계획 같은 고도의 인지 작업을 외부(주로 어른들)에 맡겨놓고 아이가 신경 쓰지 않아도 되는 환경에서는 아이들의 행동력이 눈에 띄게 향상된다는 연구 결과에서 나온 이야기이죠. 이 문제가 나에게 미칠 영향에 대해 고민해야 하는 부담이 줄어든 아이들은 한결 쉽게 문제를 풀기 시작합니다.

공부를 '피해야 할 대상'이 아니라 '접근 가능한 대상'으로 바꿔주기

그렇다면 전문가가 아닌 부모님들은 어떻게 '인지 부담의 외주화'에 동참할 수 있을까요? 부모가 대신해줘야 할 판단은 "네가 할 수 있냐 없냐"가 아니라, "지금 이 상황은 안전한가? 불안해하지 않아도 되는가?"입니다.

"이 문제는 정답을 맞히는 게 중요한 게 아니래."

"선생님이 이건 네가 해볼 수 있다고 하셨어."

"결과는 나중에 확인하고 지금은 그냥 생각만 해보자."

이런 말들은 아이에게 판단을 요구하지 않습니다. 대신, 판단이 유예된 공간을 만들어줍니다. 생각해도 평가받지 않는 시간, 실패가 기록되지 않는 순간을 허락해주는 것입니다. 부모는 아이에게 '네가 할 수 있다'고 말하지 않아도 됩니다. 지금은 판단하지 않아도 된다고 말해주는 것으로도 충분합니다. 나는 네 편이고, 전문가가 판단한 것을 나는 믿는다는 뜻을 아이에게 확실하게 전달해주는 것이 중요합니다.

이렇게 판단 대행과 판단 유예가 함께 작동할 때, 아이의 뇌는 서서히 전두엽 사용을 다시 시도하기 시작합니다. 생각해도 혼나지 않았고, 틀려도 관계가 흔들리지 않았고, 실패가 곧 자기 부정으로 이어지지 않았다는 경험이 쌓이기 때문입니다.

어른의 역할은
판단의 무게를 나눠주는 것

부모님이 초등학교 2학년 은정이를 학원에 데리고 오신 이유는 수학에 대한 거부감이 너무 심했기 때문이었습니다. 부모님이 강제로 많은 양의 문제를 풀게 한 것도 아니고, 심한 선행학습을 시킨 것도 아닌데, 은정이는 수학 얘기만 나오면 울음을 터뜨린다고 했습니다. 부모님은 수학을 잘하게 만들어야겠다는 마음보다는 수학을 재미있게 공부했으면 하는 마음으로 학원에 은정이를 데리고 오셨습니다. 은정이가 참여한 수업은 초등 저학년을 대상으로 주 1회 운영되는 과정이었는데, 일상생활에서 수를 쓰게 연습하는 내용으로 구성되어 있었습니다. 스도쿠 같은 논리 퍼즐도 풀게 하고, 자동차 번호판을 보고 숫자 4개를 활용해 10을 만들어내는 놀이도 했습니다. 이렇듯 전형적인 수학 공부가 아니라 일상생활에서 수학을 쓰는 아이로 만들기 위한 활동들을 하면서 은정이는 특별한 거부감을 보이지 않았습니다. 은정이가 잘 적응해서 이 수업을 끝까지 들을 수 있을까 내심 걱정했던 부모님들은 이것만으로도 성공이라고 생각하셨습니다. 수업은 쉽지 않았고 어려운 내용들도 제법 다루었지만, 은정이는 문제를 풀다가 울지 않았습니다. 오히려 수업이 재미있다며, 학원에 오는 날을 기다렸습니다.

이 수업에서 은정이는 페르미추정을 배우고 연습했습니다. 정확한 계산을 할 수 없을 때 주어진 정보들을 가지고 논리적으로 그 값을 추정해보는 페르미추정은 일상생활에서 수학을 쓰도록 하고, 문제 해결 능력을 길러주는 가장 효과적인 훈련이기 때문에 많은 아이들과 학부모님들께 권하고 있습니다.

어느 날 은정이는 부모님과 함께 걷다가 "아빠, 저 나무에 나뭇잎이 몇 개나 달려 있는지 페르미추정으로 맞혀볼래요?"라고 말했습니다. 부모님은 너무 놀라고 기뻐하며 제 SNS에 이 소식을 전해주셨습니다. 그리고 얼마 후에 만났을 때 연신 감사 인사를 하시며 집에서도 계속 부담감 없이 수학 공부를 할 수 있도록 지도하고 싶다고 하셨습니다. 부모님은 평소에도 '대신 판단해주기'를 잘 활용해 은정이가 수학을 재미있게 공부하도록 잘 유도해주었습니다.

그렇게 저와 1년을 함께 공부한 은정이는 더 이상 수학을 싫어하는 아이가 아니었습니다. 문제집이 아닌 일상생활에서 수학을 접하도록 하자 은정이는 불안해하지 않았고, 오히려 배운 것을 써먹고 활용하려고 했습니다. 그리고 집에서도 부모님이 인지적 부담을 같이 감당해주며 공부를 했고, 그 결과 은정이의 불안감을 낮춰줄 수 있었습니다.

틀릴까 봐, 주위를 실망시킬까 봐 불안하고, 공부할 때마다 부담감이 큰 학생에게 공부에 대한 거부감을 없애는 데 있어서 핵심은 동기부여가 아닙니다. 아이에게 필요한 것은 의욕이 아니라, 판단 부담에서 벗어날 수 있는 구조입니다. 누군가가 대신 판단해주어서 누군가에게 판단을 미뤄도 되는 환경. 그런 구조 안에서 아이는 처음으로, 공부를 '피해야 할 대상'이 아니라 '접근 가능한 대상'으로 다시 인식하게 됩니다.

또한, 일상생활에서 전두엽을 안전하게 쓰는 경험, 공부 앞에서는 어른이 판단을 함께 짊어져주는 경험 이 2가지가 함께 작동할 때, 아이는 자신감을 가지고 어려운 문제 앞에서 도망치지 않고 잠시 멈춰 서게 됩니다. 그 잠깐의 멈춤이 바로 사고가 시작되는 지점입니다.

문제를 어려워하는 아이들에게 저는 이런 이야기를 자주 합니다.

"에이, 네가 이걸 모른다고? 말도 안 돼. 선생님은 딱 알지. 네가 이

거 할 수 있는지 없는지.”

이 문제를 왜 지금 풀어보는지, 어디까지 생각하면 충분한지, 막히는 게 왜 정상인지부터 이야기합니다. 아이가 전두엽을 써도 괜찮은 상황이라는 신호를 계속해서 보내는 겁니다.

저는 아이들이 어려운 문제 앞에서 멈춰 설 때, 그 멈춤을 실패로 보지 않습니다. 오히려 사고가 시작되기 직전인, 아주 중요한 순간이라고 생각합니다. 그 순간에 아이를 밀어붙이느냐, 아니면 옆에 서서 판단의 무게를 함께 나누느냐에 따라 이후의 방향은 크게 달라집니다. 공부를 싫어하는 아이를 바꾸려고 애쓰기보다 공부 앞에서 불안해하지 않아도 되는 구조를 먼저 만들어주는 것. 그것이 아이를 도와주는 가장 빠른 길입니다.

아이는 생각할 수 있는 존재입니다. 어른은 그 생각이 시작될 수 있도록 환경을 정리해주는 역할을 하면 됩니다. 그게 우리 어른들이 불안해하는 아이들에게 해줄 수 있는 가장 현실적인 도움입니다.

공부에 아예 관심이 없다는 아이는 어떻게 해야 할까?

공부에 아예 관심이 없는 것처럼 보이는 아이들을 만나본 적이 있으신가요? 이런 아이들은 공부를 하게 만들어주고 싶어도 어디서부터 손을 대야 할지 감이 오지 않습니다. 노력하려는 마음도, 공부에 대한 의욕도, 목표도 없는 상태처럼 보이기 때문입니다. 공부에 대한 이야기가 나오면 반응이 없거나 씩 웃어 넘겨버리는 일도 많습니다. 공부의 중요성에 대해 이야기해봤자 별다른 반응도 보이지 않아 열변을 토하는 사람이 되레 민망해집니다.

공부에 아예 관심이 없다는 친구들은 사실 큰 거부 반응도 보이지 않는 경우가 대부분입니다. 소리를 지르지도 않고, 책을 덮어버리지도 않으며, "하기 싫어요"라고 강하게 말하지도 않습니다. 하지만 문제를 내주면 연필을 들지 않고 가만히 쳐다만 보고 있거나, 연필을 들더라도 몇 번 끄적이다가 멈춥니다. 시간이 꽤 지난 뒤 가봐도 그 어떤 노력의 흔적도 보이지 않습니다. 마치 공부라는 상황 전체에서 한 발 물러나 있는 것처럼 보입니다.

이런 아이들을 옆에서 지켜보는 부모님들, 어른들은 마음이 답답할 수밖에 없습니다. 차라리 싫다고 말하거나, 울거나, 도망이라도 가면 이야기라도 해볼 것 같은데, 이런 아이들은 아무런 감정도 드러내지 않기 때문입니다. "괜찮아?"라고 물어보면 "네"라고 대답하고, "어디를 모르겠어?"라고 물어보면도 "다요"라고 말합니다. 관심도, 긴장도, 거부도 없는 상태인 거죠.

이 지점에서 하나 분명히 짚고 넘어가야 합니다. 우리가 흔히 "공부에 관심이 없는 아이"라고 말하는 아이들 중 상당수는, 오히려 걱정이 덜 되는 되는 경우가 많습니다. 왜냐하면 이 아이들은 대부분 '공부'에는 관심이 없을지 몰라도 삶의 다른 영역에서는 또렷한 관심과 에너지를 가지고 있기 때문입니다. 무엇을 좋아하는지, 무엇에 시간을 쓰고 싶은지, 어떤 활동에 몰입하는지 비교적 분명합니다. 이런 아이들은 공부를 거부한다기보다는 아직 공부가 자신의 삶과 연결되지 않았을 뿐입니다. 그래서 이런 아이들은 오히려 구분하기 쉽습니다. 공부가 아닌 일상적인 질문을 던졌을 때 자신의 생각을 설명하려 하고, 이유를 붙이고, 선택의 기준을 말할 수 있다면, 그 아이는 자기 나름의 공부를 하고 있는 아이로, 학교 공부와 일상생활을 연결시켜줄 수만 있다면 빠르게 성과를 내기도 합니다.

문제는 오히려 공부에 관심이 '없는 것처럼 보이는' 아이들입니다. 이런 아이들은 겉으로 보면 무기력하고, 반응이 없습니다. 공부 이야기를 하면 고개를 돌립니다. 하지만 자세히 살펴보면, 이 무관심은 선택이 아니라 방어에 가깝습니다. 이미 여러 번 실패를 경험하면서 '생각해봤자 소용없다', '어차피 틀린다', '잘 못하면 평가받는다'는 결론에 도달한 아이들입니다. 그래서 이 아이들은 공부 앞에서만 조용한 게 아니라 판단이 필요한 상황 전반에서 한 발 물러서 있습니다. "아무거나요", "상관없어요", "몰라요"라는 말이 반복되고, 선택과 책임을 회피하려는 모습이 나타납니다. 이 아이들에게 공부는 불안을 불러오는 상황으로 인식됩니다. 그래서 뇌는 나름대로 합리적인 선택을 합니다. 생각을 아예 시작하지 않는 쪽을 택하는 것입니다.

여기서 중요한 오해를 하나 짚고 넘어가야 합니다. 어른들은 종종 '관심이 없으면 동기를 만들어주면 된다', '동기부여가 필요하다'고 생각합니다. 하지만 이 아이들에게 필요한 것은 동기 부여가 아니라 안전 신호입니다. 해볼 만하다는 느낌, 시도해도 괜찮다는 생각이 없는 상태에서 던지는 목표나 자극은 오히려 아이를 더 움츠러들게 만듭니다.

공부에 관심 없다는 아이들의 본질은 무관심이 아닙니다. 그것은 불안에 대한 대응 방식이고, 자존감을 지키기 위한 방어입니다. 관심을 없애버린 것이 아니라, 관심을 드러내는 순간 치러야 할 비용이 너무 컸던 경험의 결과입니다. 그래서 이 아이들을 다시 살리는 출발점은

"왜 공부를 안 하니?"가 아니라 "이 아이는 왜 관심을 숨기게 되었을까?"라는 질문이어야 합니다.

이 지점에서 중요한 해석의 전환이 필요합니다. 많은 어른들이 이런 아이들을 보며 "게으르다", "의지가 없다", "동기가 없다" 같은 관점에서 접근하지만, 이건 의지의 문제가 아니라 자기 방어의 문제에 가깝습니다. 아이의 뇌는 이미 불안을 피하려는 방향으로 작동하고 있는 거죠. 생각을 시작하는 순간, 실패의 기억이 함께 떠오르고, 비교와 평가가 예고되기 때문에, 뇌는 그 출발점 자체를 차단해버립니다. 그래서 이 아이들의 무관심은 사실상 '학습된 회피'에 가깝습니다. 관심이 없어서가 아니라 해봐야 안 된다고 생각하거나, 해봐야 힘들어지기만 하고 더 혼나기만 할 거라고 생각하는 것이죠.

이런 아이들에게 '앞혀서 공부를 시켜야 한다', '일단 성적을 올려야 한다'는 생각으로 접근하는 순간, 대부분의 경우 관계의 문제가 발생해서 원하는 목적을 달성하기 어렵습니다. "공부를 시킨다"는 말에는 이미 따라와야 하고, 이해해야 하고, 성과를 내야 하고, 평가를 받아야 한다는 전제들이 깔려 있습니다. 이 전제들은 아이의 뇌에 다시 위험 신호로 해석됩니다. 그래서 아무리 좋은 설명을 하고, 아무리 쉬운 문제를 제시해도 아이는 출발선에 서지 않습니다. 이 단계에서 필요한 것은 공부의 내용이 아니라, 공부라는 말의 정의에 대해 다시 이야기해보는 일입니다. 앞에서도 이야기했듯, 핵심은 '해볼 만한 상태'로 만드는 것이고, 그전에 다시 숨어버리지 않는 것이 무엇보다 중요합니다.

공부하지 않는 상태를 인정해주는 전략으로 이해할 수 있는 목표 앞에 세우기

제가 주로 택하는 전략은 이 아이들의 "공부하지 않는 상태"를 인정해주는 것입니다. 이런 아이들에게는 "너를 억지로 바꾸거나 뭔가 계속 강요해서 힘들게 만들지 않겠다"라는 전제가 필요하기 때문입니다. 대신 저는 이렇게 말합니다.

"학교 공부는 일단 접어두더라도 살면서 필요한 공부는 하자."

흥미로운 건, 이 아이들이 이 말에는 확연히 다르게 반응하고 공감한다는 것입니다. '이다음에 무슨 이야기를 하는지 한번 들어나 볼까?'라고 생각하는 게 전달되기도 합니다. 아마도 이 말이 아이들이 불안해하는 영역을 직접 건드리지 않기 때문에 이런 결과가 나타나는 게 아닐까 생각합니다. 학교 공부라는 말이 빠지는 순간, 비교와 평가라는 단어 없이 생각해볼 수 있어 아이는 시험대 위에 올라가지 않아도 괜찮습니다. 이건 잘해야 칭찬받고 인정받는 일이 아니라, 나를 위해 알아두면 좋은 일처럼 들립니다. 그래서 아이의 뇌는 이 상황을 상대적으로 안전하다고 판단합니다.

이 아이들에게는 공부할 명분이 필요합니다. 지금까지 공부와 거리를 두었던 만큼 자기 자신을 설득할 명분이 없으면 새로운 시도를 할 엄두를 내지 못합니다. 우리는 자신이 통제할 수 없는 목표보다 의미를 이해할 수 있는 목표 앞에서 더 쉽게 움직입니다. "아이에게 공부해야 한다"는 말은 외부에서 내 의지와 상관없이 주어진 과제이지만, "살면서 필요한 공부를 한다"는 행위는 자신의 삶과 연결될 여지가 생깁니다. 아이가 공부를 '사람들이 나를 평가하는 수단'이 아니라 '내가 살아가기 위한 도구'로 인식하기 시작한 지점이라는 점에서 이 순간이 중요합니다.

그래서 이런 아이들과는 정말로 '학교 교과는 아니지만, 인생에 도움이 되는 공부'를 시작합니다. 성적을 올리기 위한 공부도, 당장 시험에 나오는 내용을 익히는 공부도 아닙니다. 오히려 그 이전 단계, '생각해도 되는 상태'를 회복하는 공부에 가깝습니다.

우리가 살아가면서 실제로 필요한 역량은 무엇일까요? 정답을 빨리 맞히는 능력보다 상황을 이해하고 맥락을 읽는 힘, 자기 생각을 끝까지 붙잡고 있어보는 힘, 그리고 틀려도 괜찮다는 태도일 것입니다.

살아가면서 꼭 필요한 논리력을 길러주기 위해서 (공부처럼 느껴지지 않는) 네모네모로직이나 스도쿠 같은 논리 퍼즐을 열심히 연습시켜보세요. 네모네모로직이나 스도쿠를 푸는 모습을 보고 있으면 수학 문제를 풀 때는 볼 수 없었던 열의가 이 아이들에게서 심심찮게 발휘됩니다. 이런 과정에서 아이들은 결국 문제 해결 능력, 그리고 문제를 해결하고 나서 느끼는 쾌감을 깨닫게 됩니다. 이런 감각은 공부의 문턱을 확실하게 낮춰주는 효과를 나타냅니다.

독서와 글쓰기 역시 마찬가지입니다. 정해진 해석을 외우거나, 교과서에 나오는 답을 찾기 위해 읽는 것이 아닙니다. 학교 공부와 직접적인 상관은 없지만 인생에 필요한 공부 중 우리가 떠올리기 가장 쉬운 것은 아마 독서일 겁니다. 독서는 무엇일까요? 이 장면에서 어떤 느낌이 들었는지, 주인공의 선택이 이해되는지, 나라면 어떻게 했을지 생각해보는 과정입니다. 글쓰기는 더 안전한 공간입니다. 잘 쓴 글이 아니라 솔직한 생각을 꺼내놓는 연습입니다. 맞고 틀림의 기준 없이, 자신의 언어로 생각을 정리해볼 수 있는 시간입니다.

이 활동들의 공통점은 분명합니다. 평가보다 탐색이 앞선다는 점입니다. 잘했는지 못했는지 따지기 전에 '생각해보는 과정'이 충분히 존중받습니다. 이 구조 안에서 아이의 뇌는 아주 조금씩 다시 판단하기 시작합니다. "이건 누가 시켜서 하는 게 아니라 내가 생각해도 되는 상황이구나"라는 신호가 반복해서 쌓입니다. 그렇게 닫혀 있던 문은 한 번에 열리지 않지만, 아주 천천히, 그러나 분명히 열리기 시작합니다. 그리고 그 순간부터 진짜 공부가 가능해집니다.

서두르지 않고, 뭘 배우는지 알고 시작하면서 비로소 진전되는 공부

지난 시험에서 수학 점수가 23점이었다는 중학생 친구 지혜가 찾아왔습니다. 이 친구는 최근 몇 년간 공부와는 담을 쌓고 살았는데, 최근 경험한 몇 가지 일을 계기로 학원을 다닐 마음이 생겼다고 했습니다.

같이 공부를 하면서 관찰해보니 머리가 나쁜 친구는 결코 아니었습니다. 하지만 학원에 다닐 마음이 생겼다고는 하나 그 정도 의욕이 생겼다고 해서 속도를 내서 달리는 것은 쉽지 않습니다. 지각도 잦았고, 수업 시간에도 자주 졸았습니다. 숙제도 해 오는 날이 해 오지 않는 날보다 적었습니다.

지혜의 어머니는 수학뿐 아니라 시험공부도 체계적으로 같이 했으면 하는 마음에 중간고사 시험 대비반에 등록했는데, 지혜는 억지로 따라온 듯한 느낌이었습니다. 주말까지 공부를 해야 하냐며 반발이 심했던 것 같다는 생각이 들 정도였으니까요. 다음 날 부터는 못 오겠다는 뉘앙스로 이야기하다가 마지막으로 과학 내용을 정리하고 가자는 말에 책을 가지고 와서 저와 마주 앉았습니다. 저는 내용을 설명하기 전에 '우리가 이걸 왜 배우는지, 도대체 어떤 것들을 배운 건지 이야기해보자고 한 뒤, 목차를 가지고 30분 정도 이야기했습니다. 그리고 "이렇게 뭘 배우는지 알고 공부하는 게 진짜 공부"라고 말하고 "나는 공부가 생각보다 재미있는 거라고 믿는다"라고 이야기해주었습니다. 그날을 마지막으로 다시는 오지 않을 것 같던 지혜는 어머니와 이야기하더니 계속 와보겠다고 했습니다.

시험 기간이라서 가르치는 선생님들도 마음이 급했지만, 서두르진 않았습니다. 기본적인 문제들을 찬찬히 설명하면서 풀도록 했습니다. 지혜는 수업을 시작하면 10분 동안 글을 쓰고, 30분 정도 논리 퍼즐(스도쿠, 네모네모로직, 켄케퍼즐)을 하며 수학 감각을 느끼는 학원의 방식을 잘 따라와줬습니다.

공부에 손을 놓고 산 아이들은 처음부터 끝까지 알고 있는 내용이 거의 없을 것이라고 단정하기 쉽지만, 지혜는 수업 시간에 들은 내용들은 잘 기억하고 있는 것 같았습니다. 다행히 어렴풋이 알고 있던 내용들을 연결시키는 작업을 하면서 지혜는 나름의 재미를 찾았습니다. 가끔 능청스럽기도 한 지혜는 조금씩 제대로 된 공부를 해나가고 있었습니다.

그렇게 시험 대비를 마치고 나서 본 첫 시험에서 지혜는 지난 시험보다 수학 점수가 세 배나 올랐습니다. 무엇보다 학원을 빠지지 않고 스스로 오고, 수학 시험을 본 뒤 "시간만 있었으면 못 풀 문제는 없었다"라고 말하는 지혜를 보면서 부모님은 대견함을 느끼셨습니다.

시험이 끝나고 나서 다소 아쉬운 부분이 있었지만 복기를 해보면서 이런 생각이 들었습니다. '그때 조금 서두른다고 문제를 풀고 그냥 보냈으면 지혜는 시험공부를 완주하지 못했겠구나'라고 말이죠.

지혜는 공부에 관심이 없는 게 아니었습니다. 어떤 계기로 공부하지 않기로 결정했거나, 아니면 공부하는 것에 대한 흥미를 잃어버렸을 뿐입니다. 학교 공부에 대한 흥미를 잃어버린 것이지 공부 자체에 대한 흥미를 잃어버린 것은 아니었습니다. 이런 경우야말로 일상생활과 공부를 연결시키는 작업이 꼭 필요합니다. 늦었으니 더 빨리, 더 많이 공부시키려고 하면 오히려 시작할 명분을 뺏는 결과가 될 수 있습니다.

그 이후로도 공부와는 거리가 멀었던 친구들이 학원에 많이 찾아왔습니다. 제가 운영하는 학원에서는 이 아이들을 가르칠 때 진도를 서둘러 빼거나 부족한 부분을 메꾸겠다고 문제를 갑자기 많이 풀게 하진 않습니다. 이 말이 느슨하게 그냥 내버려둔다는 의미는 결코 아닙니다. 이런 아이들은 공부에 활용할 수 있는 역량들을 기르도록 하기 위해 정말 많은 노력을 해야 합니다. 글을 읽게 만들고 글을 쓰게 만들어야 합니다. 요약해서 말하도록 해야 하고 앉아 있을 명분도 만들어줘야 합니다. 이런 것들을 바삐 하다 보면 의미 없이 문제를 풀거나 무엇인가 외우게 만들 시간이 없다는 표현이 적절합니다.

어려운 문제는 잘 풀고, 쉬운 문제는 틀리는 아이는 어떻게 해야 할까?

"분명, 어려운 문제는 잘 푸는데 왜 쉬운 문제를 틀려 올까요? 선생님들은 우리 아이를 똑똑하다고 하지만 시험 점수가 최상위권으로 나오지 않습니다. 쉬운 문제를 자꾸 틀리기 때문이죠."

'어? 이 문제를 푸는데 이 문제는 틀린다고?'라는 생각을 하게 만드는 친구들입니다. 어려운 문제를 풀어내니 실력이 많이 올라온 것 같다고 생각하다가도 정작 그보다 쉬운 문제는 틀리는 모습을 보면 우리 아이의 상태를 종잡을 수 없습니다.

아이들이 문제를 풀고 공부하는 모습을 옆에서 한 시간만 지켜보면 그 아이의 성격과 습관들에 대해서 참 많은 것을 파악할 수 있습니다. 저는 아이들의 실력을 파악할 때 문제를 보자마자 풀기 시작하는지, 고민하고 풀기 시작하는지, 제한된 시간이 남으면 검토를 하는지 다 했다고 제출하는지 하나하나 기록합니다. 손톱을 물어뜯거나 볼펜을 딸깍거리는 작은 습관까지 관찰합니다. 또 틀린 문제는 어떤 문제들이고 그 문제들을 틀린 이유에 대해서, 틀렸다는 사실에 어떻게 반응하는지도 중요한 기록의 대상입니다. 이런 기록들이 모이면서 어떤 특성을 가진 아이가 어떻게 문제를 푸는지, 그리고 그런 풀이 성향을 가진 아이들을 어떻게 공부와 더 가깝게 만들어줄 수 있는지 깨닫게 되었습니다.

누구보다도 열심히 문제를 풀고 공부에 대한 태도도 진지한 민지는 저와 처음 만났을 때 정신적으로 많이 힘든 상태였습니다. 더 이상 열심히 하기 힘들 정도로 학원을 다녔고 과외도 받고 있는 데다가 선행학습도 꽤 했는데, 문제집을 몇 권이나 풀어도 눈에 띄는 성적의 변화가 없었기 때문입니다. 부모님도 많이 답답해하셨는데, 학원 선생님들도 민지에게서 딱히 개선할 점을 발견하지 못했습니다.

저는 민지가 지금까지 풀어온 문제집을 살펴보다가 특이한 점을 발견했습니다. 공부를 어지간히 많이 한 친구들도 쉽게 풀기 어려운 문제는 척척 풀어내면서도 공부를 조금 했다면 맞힐 수 있는 문제들의 오답률은 상대적으로 높았습니다. 혹시 실수한 것인지 알아보기 위해 문제 풀이 과정을 잘 살펴봤는데, 그런 모습은 보이지 않았습니다. 또 하나 특이한 점은 비슷한 유형의 문제를 여러 개 묶어놓은 부분에서도 정답률이 매우 들쭉날쭉했다는 것입니다.

민지를 만난 뒤, 조금 어려운 수준의 문제를 주고 풀어보게 하고, 그렇게 푼 이유와 과정을 설명해보라고 요청했습니다. 계산 과정을 설명하라는 게 아니라 여기서 어떻게 이 부분과 이 부분을 같다고 놓을 수 있었는지, 이 식을 어떻게 이렇게 진행시켰는지를 물어본 것이죠. 예상대로 민지는 이런 이야기에 대답하는 것을 굉장히 난감해했습니다. 그래서인지 이렇게 얘기했죠.

"그냥 원래 그런 거 아니에요?"

"그렇게 하라고 배웠는데요."

저는 민지가 어떻게 공부를 해왔는지 금세 알 수 있었습니다. 문제집을 펴서 풀고 또 풀면서 '문제 데이터 베이스'를 늘려온 것이죠. 즉, 사고력을 이용해서 문제를 풀어내는 것이 아니라 예전에 풀었던 문제와 비교하고 분류하는 작업을 했던 것입니다. 학원에서 알려준 대로 열심히 많이 풀면서 유형 학습을 해왔는데, 문제를 패턴으로 풀다 보니 풀이가 정형화되어 있어서 문제가 약간만 변형되어도 틀렸고, 출제자가 파놓은 함정에도 쉽게 걸렸던 겁니다.

어려운 문제를 쉽게 푸는 것 같은데 막상 쉬운 문제는 틀리는 아이들이 우리 주변에 꽤 있습니다. 이런 아이들의 공통점은 공부를 '유형'으로 해왔다는 것입니다. 이 아이들에게 유형이란, 문제를 이해하기 전에 먼저 꺼내는 판단 기준입니다. 문제를 읽자마자 '내가 본 적 있는 문제인지', '풀이 방법이 기억나는지' 먼저 판단하고, 그 순간부터 그 패턴을 기억해서 따라가는 것으로 사고의 흐름이 이어집니다. 이미 정해진 길로 들어서는 셈인데, 이 길이 익숙한 길이면 문제는 빠르게 풀립니다. 공식이 떠오르고, 풀이 순서가 자동으로 이어집니다. 기억에서 문제 풀이를 잘 꺼내 쓴 것에 가깝습니다.

고난이도 문제도 본 적이 있으면 잘 풀지만, 반대로 문제의 난이도가 낮아도 처음 보는 형태가 나오면 상황은 완전히 달라집니다. 공식도 어렵지 않고 계산도 복잡하지 않은데, 아이는 의외로 헤맵니다. 왜냐하면 이 문제를 어떤 패턴으로 풀어야 하는지 바로 감이 오지 않기 때문입니다. 어떻게 해결하면 좋을까?, 이 문제의 답을 구하기 위해서 무엇이 필요할까 고민하기 이전에 벌써 '이건 안 배웠는데' 하는 생각이 듭니다.

고난이도 문제를 푸는데 쉬운 문제는 오히려 틀리는 모습을 보면 보통 부모님들이나 선생님들은 '아직 연습이 부족한가?', '더 많은 문제를 풀리면 괜찮아지지 않을까?' 혹은 '이 아이는 원래 실수가 많은가?' 생각하기 쉽습니다. 그래서 이런 모습을 극복하기 위한 해결책으로 반복해서 문제를 풀게 하는 것을 선택하는 경우가 많습니다. 물론 효과가 없는 것은 아니지만, 이런 방법은 오히려 패턴으로 문제를 풀어내는 경향을 강화하는 결과를 낳는 경우가 많습니다.

최근 'N회독'이라는 말이 유행하면서, 조금 덜 이해한 상태라도 문제 풀이를 반복하다 보면 언젠가는 '감을 잡을 수 있다' 라는 잘못된 믿음이 퍼지고 있습니다.

저는 이런 공부 방법이 논리적 사고를 요구하는 과목에서는 치명적 부작용을 낳을 수 있다고 생각합니다. 특히 수학 과목은 '모르는 문제'를 풀어내는 능력을 측정하는 과목인데, 이런 공부 방법은 정반대 공략법을 제시하는 것이나 마찬가지죠. 물론 반복하고 유형별로 정리하면서 문제를 많이 풀면 얻게 되는 것들도 있습니다. 하지만 이것은 시험 준비를 할 때 유용한 것이지 수학을 공부하기 위한 역량을 강화하는 방법으로는 적절하지 않습니다.

이런 공부 방법이 유행하게 된 배경에는 '생존자 편향'이 있다고 생각합니다. 생존자 편향이란, '성공한 사례'만을 기준으로 원인을 해석하면서 그 과정에서 사라진 실패 사례들을 보지 못하는 인지적 오류를 말합니다. 반복해서 문제를 풀다가 성과를 낸 아이들만을 보며, 그 방식이 모두에게 맞는 것처럼 착각하지만, 그 과정에서 사고를 잃고 조용히 이탈한 아이들의 이야기는 거의 남지 않습니다. 그래서 우리는 공부가 잘된 이유보다 공부가 무너진 이유를 더 의식적으로 들여다볼 필요가 있습니다.

학군지에서 열심히 공부하다가 만나는 아이들 중에는 민지와 같은 이유로 고생하는 친구들이 많이 있습니다. 이런 친구들에게 필요한 것은 일단 공부하는 방법에 대한 의심을 품는 것입니다.

여기서 중요한 점은 이 아이들은 생각을 '시작하는 훈련'을 거의 받아본 적이 없다는 것입니다. 문제를 풀어낼 때 가장 중요한 부분은 이 문제가 요구하는 게 무엇인지, 이 문제를 풀기 위해서는 무엇이 필요한지 파악하는 능력인데, 유형 학습은 이런 부분을 생략하게 만듭니다.

문제를 보자마자 예전에 풀었던 문제의 풀이법을 떠올리고 바로 풀이를 시작하게 만드는 것이 유형 학습의 목적입니다.

유형으로 기억해서 문제를 분류하고 빠르게 푸는 훈련을 하는 공부는 전형적인 '시험공부'입니다. 유형 학습은 아이와 부모님들에게 큰 안정감을 줍니다. 열심히 하고 있다는 느낌을 주는 것은 물론이고, 무엇을 해야 할지 명확하고, 틀릴 확률도 낮고, 노력한 만큼 성과가 나오는 것처럼 보입니다. 같은 과정을 여러 번 되풀이하다 보면 정답률이 점점 올라가는 것은 당연하니까요. 특히 성실한 아이일수록 이런 방식에 빠르게 적응합니다. 문제를 많이 풀수록 실력이 느는 것 같고, 성취감도 큽니다. 하지만 이 방식에는 분명한 한계가 있습니다. 문제가 유형 바깥으로 나가는 순간, 아이의 사고는 함께 멈춰버립니다. 문제를 풀 수 있는 능력이 충분히 있음에도 불구하고 '안 배웠는데', '처음 보는 문제네'라고 생각해버리는 것이죠. 줄에 묶여 있던 새끼 코끼리가 시간이 지나 줄을 끊어버릴 힘이 생겼는데도 줄을 끊을 생각을 하지 못한다는 이야기가 생각나는 건 슬프지만, 어쩌면 당연한 일인지도 모릅니다.

유형이 아닌
사고력으로 문제를 풀기

"민지는 공부 방법을 어떻게 바꾸면 좋을까요? 유형 학습에서 벗어나 제대로 공부하려면 어떻게 해야 할까요?"

이 질문의 답은 분명합니다. 유형이 아닌 방법으로 문제를 푸는 관점을 길러주는 것이 가장 효과적입니다. PART 3에서 어려운 문제보다 쉬운 문제가 중요하다고 이야기했습니다. 이 글은 이런 친구들을 위해 쓴 글이라고 해도 과언이 아닙니다.

첫째, 쉬운 문제와 어려운 문제의 차이를 알려줘야 합니다. 이 친구들에게는 어려운 문제를 푸는 연습, 응용력을 기르는 훈련은 우선순위가 아닙니다. 쉬운 문제를 제대로 풀어내는 연습이 필요합니다. 여기서 '제대로'라고 하는 말은 남에게 설명할 수 있을 정도로, 논리적으로 풀어내는 것을 이야기합니다. 그렇다면 쉬운 문제는 논리가 복잡하지 않고 단일 개념에 대해 물어보는 문제라고 생각할 수 있는데, 이런 친구들에게는 본 적 있고 여러 번 풀어본 문제가 쉬운 문제라고 느껴집니다. 문제를 풀기 전에 아이들에게 "이 문제는 쉬운 문제니, 어려운 문제니? 왜 그렇게 생각하니?", "아이들은 이 문제를 쉽게 풀 것 같니, 어렵다고 생각할 것 같니?"라고 자주 물어봐주세요. 질문을 받은 아이는 쉬운 문제와 어려운 문제를 구별해내는 감각을 익혀갑니다. 쉬운 문제를 주고 "네가 이 문제를 어렵게 만들려면 어떻게 바꾸면 되겠니?", "이 문제를 만든 사람은 이 문제를 어렵게 만들려고 어떤 작전을 썼을 것 같아?"라고 물어보는 것 역시 효과적입니다.

둘째, 어려운 문제들이 쉬운 문제들의 조합인 경우가 대부분이라는 것을 알게 해줘야 합니다. 처음 보는 문제 중에도 쉬운 문제가 있고, 자주 본 것 같지만 풀기 어렵게 만들어놓은 문제가 있습니다. 본 적 있는 문제가 쉬운 문제라는 오해를 정정해주는 방법은 풀기 전에 이 문제를 풀기 위해 필요한 지식이 뭔지, 어떤 흐름으로 문제를 풀지 '풀이 계획'을 설명하도록 지도하는 것입니다.

예를 들어 1부터 100까지 모든 자연수를 더하는 문제를 주면 '본 적이 있는 문제'이기 때문에 '1+100=101, 2+99=101, 3+98=101……'이라는 것을 이용해서 쉽게 '5050'을 만들어냅니다. 그러면서 이 문제를 '쉽다'고 인지하죠. 그런데 이 문제를 유형으로 배운 아이들에게 '1+3+5+…95+97+99=?'이라는 비슷한 문제를 주면 벽에 부딪힙니다. 이 문제는 본 적이 없는 문제라고 느끼는 것이죠.

이때 아까 1부터 100까지 모든 자연수를 더하는 과정을 다시 생각해보게 합니다. 우리는 이 문제를 어떻게 풀었을까요? 맨 앞의 수와 맨 뒤의 수를 더한 것, 앞에서 두 번째 수와 뒤에서 두 번째 수를 더한 것, 앞에서 세 번째 수와 뒤에서 세 번째 수를 더한 것이 모두 같다는 것을 이용했습니다. 수가 모두 100개이니 101이 모두 50개 나온다는 것을 이용해서 '101×50'을 도출해냈습니다. 이 과정을 설명하고 나서 다시 '1+3+…+97+99'를 계산하는 문제로 돌아가보면, 문제를 푸는 과정은 같습니다. 아이들이 문제를 풀어야 하는 것은 이 지점입니다. 앞으로 어떻게 이 문제를 풀 것인지 설명하고 시작해야 합니다.

맨 앞의 수와 맨 뒤의 수를 더한 것, 앞에서 두 번째 수와 뒤에서 두 번째 수를 더한 것, 앞에서 세 번째 수와 뒤에서 세 번째 수를 더한 것이

얼마인지 확인한 후 수가 모두 몇 개인지 확인해서 두 개씩 더한 결과
가 모두 몇 쌍 나오는지 알아내는 과정이 필요합니다.

이 과정을 거치지 않고 유형으로 푸는 아이들은 일단 맨 앞과 맨 뒤
의 수를 더하니 100이 나오는 것을 확인하고 50을 곱해봅니다. 예전에
풀었던 문제에서는 50을 곱했기 때문이죠.

이 문제를 이해하고 앞으로도 활용할 수 있는 친구들은 100까지의
수들 중 홀수만 골라냈으니 숫자가 총 50개라는 것을 알 수 있고, 50개
의 수를 2개씩 더했으니 25쌍이 된다는 것을 알아냅니다. 그래서 '100
×25＝2500'이라는 답을 쉽게 낼 수 있지요.

문제를 푼 후에 이런 설명을 들려주면 이 친구들은 본인이 이해했다
고 느낍니다. 하지만 그 느낌은 착각일 수도 있습니다. 그래서 반드시
문제를 풀기 전에 이 과정을 설명한 뒤 연필을 움직여야 합니다.

저는 이런 아이들에게 처음부터 새로운 고난도 문제를 던져주지 않
습니다. 대신, 아주 단순해 보이지만 처음 보는 문제를 꺼냅니다. 그리
고 바로 풀게 하지 않습니다. "이 문제는 어떤 이야기 같아?"라고 묻습
니다. 계산을 요구하지 않고, 유형을 찾으라고 하지도 않습니다. 문제
를 한 문장으로 다시 말해보게 하고, 조건을 하나씩 짚어보게 합니다.
이 과정에서 아이는 불편함을 느낍니다. 자동으로 풀 수 없기 때문입니
다. 하지만 바로 이 불편함이 아이에게 가장 필요한 지점입니다.

방향만 바꿔주면
성장 속도가 가팔라진다

민지와 공부하면서 저는 문제를 풀어준 적이 거의 없습니다. 처음에는 쉬운 문제를 주고 이 문제를 어떻게 풀 것인지 계획을 말해보라고 요구했습니다. 민지는 당연한 걸 왜 묻냐는 표정을 지을 때도 있었고, 이런 것까지 설명이 필요하냐고 항변하는 경우도 있었습니다. 하지만 정말 쉽다고 생각하는 문제를 제대로 설명하지 못하는 자기 자신의 모습을 스스로 자각하면서 제가 질문하고 기다리는 의도를 파악했습니다.

쉬운 문제에 대답할 수 있게 된 다음에는 그 문제를 변형하거나 응용한 문제를 내주었습니다. 머뭇거리는 민지에게 제가 해준 이야기는 아까 풀었던 걸 활용해야 한다는 것뿐이었습니다. 처음에는 생각의 실마리를 잡지 못하던 민지는 복잡한 문제를 점점 쉬운 문제들의 합으로 생각하는 감각을 익혀나갔습니다. 이런 활동을 수학뿐 아니라 국어, 과학, 사회 등 모든 과목으로 적용하는 연습을 해나갔습니다.

처음에는 시간이 오래 걸리고, 답도 틀릴 수 있습니다. 하지만 이때 중요한 건 정답이 아닙니다. 유형 없이도 문제 앞에 설 수 있다는 경험입니다. "처음 보는 문제라도 생각을 시작해볼 수 있구나." 이런 감각이 쌓이기 시작하면, 아이의 문제 해결 방식은 서서히 바뀝니다. 유형은 여전히 도움이 되는 도구로 남지만, 사고를 대신하지는 않게 됩니다.

기억이 아니라 이해가 앞서는 구조로 옮겨가는 것입니다.

민지는 학교에서 평균 80점대 중후반의 점수를 받고 있었는데, 이런 과정을 1개월 정도 이어가고 나서 본 학교 시험에서 평균 95점의 점수를 기록했습니다. 민지도 가족들도 불안한 점이 있었겠지만 특유의 성실함으로 이 과정을 수행했습니다. 민지는 옆에서 보기에도 문제를 대하는 태도가 바뀌고 있다는 것이 보였습니다. 그리고 실제로 중상위권과 상위권의 차이를 메꿔내는 데 성공했습니다.

이런 아이들은 노력파입니다. 그래서 방향만 바뀌면 대부분 성장 속도가 굉장히 빠릅니다. 이미 버텨본 경험이 있고, 생각을 지속하는 체력도 갖추고 있기 때문입니다. 중요한 건 더 많은 유형을 추가해주는 게 아니라, 유형에 기대지 않고도 첫 발을 떼는 연습을 시켜주는 것입니다. 모르는 문제를 풀어내는 경험, 문제 안에서 출제자의 의도를 파악하고 논리적으로 답변해가는 과정을 통해 아이들은 더 재미있게, 자신의 역량을 더 잘 발휘하면서 좋은 결과를 내는 공부를 할 수 있습니다.

똑같은 문제를 다시 풀어도
또 틀리는 아이는
어떻게 공부시킬까?

"창의력이 뛰어난 아이들은 공부를 잘할까요?"

여러분은 '창의력이 좋은 사람'이라는 말을 듣고 어떤 이미지를 떠올리시나요? 창의력이라는 말은 사실 여러 가지 역량을 포괄적으로 지칭하는 단어이지만, 대중이 '창의력'에 대해 가지고 있는 이미지는 꽤 한쪽으로 기울어져 있습니다. 말이 많고 산만해 보이고, 웃다가 갑자기 진지해지고, 생활은 엉망이거나 너저분한데 머릿속에는 뭔가 번쩍이는 생각이 계속 떠올라서 아무 때나 불쑥 엉뚱한 얘기를 하는 사람을 연상하는 경우가 많습니다. 또, 규칙을 싫어하고, 수업이나 회의에서 자꾸 옆길로 새고, 정해진 방식에는 잘 안 맞는 사람. 그래서 "재능은 있는데 관리가 안 되는 타입", "천재긴 한데 손에 안 잡히는 사람"이라는 평가를 받는 이미지죠. 영화 〈아마데우스〉 속 모차르트가 딱 그 전형입니다. 웃음소리는 과하고, 행동은 유치해 보이고, 사회적 맥락에서는 늘 어긋나 있는데, 음악만 시작되면 설명할 수 없는 질서가 쏟아져 나오는 인물 말이에요.

왜 이런 이미지가 강하게 남았을까를 생각해보면, 사람들이 창의성을 '통제되지 않는 것'으로 이해하고 있기 때문인 것 같습니다. 이미 잘 정리된 체계, 안정적인 규칙, 예측 가능한 결과를 추구하는 성향은 창의력의 반대편에 있다는 보편적 인식이 있습니다. 그래서 창의적인 사람을 떠올릴 때, 성실함이나 안정감보다는 불안정함, 기행, 변덕 같은 단어들이 먼저 붙습니다.

문제는 이 이미지가 절반만 맞다는 데 있습니다. 흥미로운 점은, 실제 기록에 남아 있는 모차르트의 모습은 영화 속 이미지 하나로는 도저히 설명되지 않는다는 사실입니다. 그는 분명 장난기가 많았고, 어른의 기준으로 보면 유치한 표현을 지키기도 했습니다.(편지에서 계속 방귀에 대해서 이야기하면서 즐거워했다고 합니다.) 하지만 동시에 계약 조건을 꼼꼼하게 따지고, 연주 일정과 보수를 철저하게 계산하며, 자신의 음악이 어떤 환경에서 어떻게 받아들여질지 객관적, 현실적으로 판단할 줄 아는 사람이었습니다. 즉, 통제가 안 되는 아이 같은 면과 매우 현실적인 어른의 면이 동시에 존재한 인물이었습니다. 우리는 흔히 이 둘 중 하나만을 보고 사람을 분류하지만, 모차르트는 그 틀에 잘 들어맞지 않는 사람이었습니다.

여기서 궁금증을 하나 갖게 됩니다.

"모차르트가 현대 한국에 살고 있다면 좋은 대학에 갈 수 있었을까요? 좋은 음대에 붙어서 유명한 작곡가가 될 수 있었을까요?"

이 질문에 대해 생각하면서 우리의 상상은 어디로도 뻗어나갈 수 있지만, 객관적으로 말할 수 있는 것은 사실 우리는 모차르트 같은 친구에게 어떻게 공부를 시켜야할지 고민해본 적이 별로 없다는 것입니다.

타고난 독창성이 강해
기존 경로를 따라가지 못하는 아이들

우리 주변에도 모차르트 같은 친구들이 있습니다. 저는 이 친구들을 독창성이 뛰어난 아이들이라고 부릅니다. 독창성이 뛰어난 아이들이라서 개성이 강할 거라고 생각하는데, 이런 아이들이 교실에서 반드시 엉뚱하고 예측 불가능한 모습을 보이는 것은 아닙니다. 제가 이런 아이들을 독창성이 뛰어나다고 말하는 이유는 모차르트의 장난기 많은 모습을 닮아서가 아니라 문제를 풀 때 접근하는 방식이 다르기 때문입니다.

분명 유형을 설명해주었고 풀이 과정도 함께 따라왔는데, 또 비슷한 문제를 주면 전혀 다른 방식으로 문제를 풀어내는 아이들이 있습니다. 대충 듣거나 집중하지 않은 것도 아닙니다. 오히려 고개를 끄덕이며 끝까지 듣고, 질문에도 성실히 답합니다. 그런데 막상 비슷한 문제를 주면, 우리가 방금 다룬 틀을 거의 사용하지 않습니다. 계산을 건너뛰거나, 순서를 바꾸거나, 문제를 통째로 다시 정의해버리기도 합니다. 옆에서 지켜보던 부모님이나 선생님은 '얘는 왜 방금 전에 알려준 걸 무시하고 처음부터 다시 시작하는 거지?'라고 생각할 수 있습니다.

중요한 건 이 아이들이 게으르거나 이해력이 부족해서 그러는 게 아니라는 점입니다. 오히려 스스로 생각하려는 에너지가 강한 아이들에게서 이런 모습이 반복적으로 관찰됩니다. 저는 이런 아이들을 '유형을 참고하지 않고 출발하는 아이들'이라고 표현합니다. 이 아이들은 문제를 풀 때 기존 패턴을 불러와 적용하는 방식보다, 그 자리에서 처음부터 문제를 다시 만들어 풀어내는 쪽에 가깝습니다. 즉, 창의력의 여러 요소 중에서도 '독창성'을 주된 도구로 사용하는 아이들입니다.

잠깐 창의력에 대해 이야기하고 넘어가겠습니다. 앞에서도 이야기한 것처럼 사실 창의력이라는 말은 여러 가지 요소를 포함하는 표현입니다. 새로운 문제를 만났을 때 우리가 그 문제를 해결하기 위해서 발휘하는 능력이 창의력입니다. TTCT_{Torence Test Creative Thinking}(토렌스 창의력 검사)에서는 미완성인 그림을 주고 이 그림을 완성해보라고 과제를 준 다음, 완성해온 그림을 보고 창의력의 몇 가지 요소를 평가합니다.

TTCT에서 평가하는 창의력의 5가지 요소는 독창성(통계적으로 드문 그림을 그려냄), 정교성(떠올린 아이디어를 구체적으로 다듬어나감), 유창성(짧은 시간에 많은 아이디어를 만들어냄), 추상적 제목 짓기(서로 다른 개념들을 연결시킴), 개방성(결론을 성급히 내리지 않고 여러 가능성을 염두에 둠)입니다. 이처럼 사람마다 문제를 해결할 때 가장 먼저 동원되는 창의력의 방향은 다릅니다. 예를 들면, 유창성을 중심으로 창의력을 발휘하는 사람은 일단 많은 아이디어를 내고 다양한 시도를 해봅니다. 정교성을 중심으로 창의력을 발휘하는 사람은 하나를 끝까지 붙잡고 점점 세부적인 부분을 채워나갑니다. 개방성을 중심으로 활용하는 사람은 결론을 함부로 내지 않고 다른 가능성들을 염두에 두면서 문제를 해결합니다. 마지막으로 독창성이 뛰어난 사람은 기존 사례를 거의 참고하지 않고 새롭게 문제를 재정의하는 경향이 강합니다. TTCT를 개발한 토렌스는 창의력을 하나의 점수나 하나의 능력이 아니라 여러 사고요소의 조합으로 봤습니다.

이 글에서 이야기하는 모차르트 같은 친구들은 독창성을 주로 사용하는 유형으로, 이 친구들은 문제를 해결할 때 기존 패턴을 많이 활용하지 않습니다. 독창성이 강하다는 것은 새로운 연결을 잘 만든다는 뜻이기도 하지만, 동시에 이미 제시된 경로를 그대로 따라가는 데 불편함을 느낀다는 의미이기도 합니다. 한마디로 독창성이 두드러진 아이들은 기존 해결 전략을 빠르게 모방하고 활용하는 데 강점을 보이기보다는, 새로운 접근을 시도하는 경향이 강하게 나타납니다. 음악·미술·기술혁신 분야 등에서 탁월한 역량을 발휘하는 게 장점입니다.

문제는 이렇게 기존 패턴을 잘 참고하지 않는 친구들이 한국의 입시에서는 다소 불리한 점이 있다는 데 있습니다. '주어진 시간 동안' 빠르게' '정해진 답'을 잘 찾는 사람을 선별하는 것이 지금까지 한국 입시에서 아이들을 평가하는 주된 요소였다고 해도 과언이 아닌데, 이 아이들의 특기는 정해진 답을 효율적으로 찾는 것과는 다소 거리가 있기 때문입니다.

이런 환경에서 이런 아이들의 문제 푸는 모습 역시 오해를 받기 좋습니다. 독창성이 강한 아이들은 모차르트의 이미지와 닮은 면이 분명히 있습니다. 질문이 많고, 말이 길고, 설명이 옆으로 새고, 문제를 풀다 말고 전혀 다른 이야기를 꺼냅니다. 그래서 때로는 수업의 흐름을 방해하는 것으로 보이기도 합니다. 신이 나면 상대방의 반응을 의식하지 않고 이야기를 이어가기도 합니다.

이 아이들은 처음 보는 문제나 조건이 살짝 비틀린 문제에는 오히려 강한 모습을 보입니다. 하지만 반복 훈련으로 충분히 익숙해졌을 법한 쉬운 문제에서 실수가 잦습니다. 이유는 단순합니다. 이 아이들은 문제를 '인식'하지 않고 '재구성'하면서 풀기 때문입니다. 쉬운 문제일수록 굳이 생각하지 않아도 될 부분까지 다시 생각하고, 조건을 과도하게 해석하고, 계산을 하다 말고 구조를 다시 점검합니다. 그래서 옆에서 보면 "왜 이걸 틀려?"라는 말이 나오지만, 사실 이 아이들은 그 문제를 우리가 생각하는 방식과 전혀 다른 방식으로 풀고 있었을 뿐입니다.

이 아이들에게 유형은 다른 사람들이 보는 관점에서의 유형과 다릅니다. 실제로 독창성을 주로 쓰는 친구들에게 이 문제랑 비슷한 문제를 풀어본 적이 있냐고 물으면 비슷한 풀이 과정을 거쳐야 하는 문제를 이야기하기보다는 이 문제도 기차가 나왔는데 그때 그 문제도 기차가 나왔으니 비슷하다고 한다든가, 이 문제도 진짜 어려운데 예전에 풀었던 문제도 진짜 어려웠다고 말하기도 합니다. 카테고리를 만드는 기준 자체가 다른 사람들과 다른 거죠.

제 경험상, 이런 친구들의 부모님들 중에는 미술·음악·문학과 관련된 일을 하시거나 예술·문화 분야에 조예가 깊은 분들이 상당히 많습니다. 유전자를 물려받아서인지 아니면 어렸을 때부터 환경적으로 학습된 것인지는 모르지만, 이런 통계적 깨달음을 통해서 정말 이 아이들이 노력하지 않거나 집중하지 않아서 유형을 파악하지 못하는 게 아니라는 걸 확신하게 되었습니다. 독창성을 주로 사용하는 아이들과 대화하다가 이런 특징에 대해 이야기하면 부모님들끼리 얼굴을 잠깐 마주 보고 "아빠가 영화 쪽 일을 해요"라거나 "할머니가 화가이시고 아빠는 디자이너세요"라는 이야기를 높은 비율로 듣고 있습니다.

질문을 통해
유창성과 개방적 사고를 길러주기

해수는 독창성을 주로 사용하는 아이들 중에서도 그 특징이 도드라지는 중학생 친구였습니다. 해수는 성실한 아이였고, 공부에 대한 욕심도 있었습니다. 그런데 국어와 영어 과목에 비해서 수학과 과학 과목의 점수가 현저하게 낮았고, 그중에서도 수학은 직전 시험에서 40점대를 받았습니다. 점수만 들어보면 공부를 열심히 하지 않는 아이로 오해할 수 있지만, 제가 본 해수는 그렇지 않았습니다. 어려운 문제를 풀어내기도 하는데 기본 문제에서 정말 어처구니없는 실수를 하는 일이 잦았습니다. 이유를 물어보면 집중을 못 했다거나 실수했다고 이야기를 했습니다. 이 앞의 글에서 소개한 유형으로 공부한 친구들의 특징과는 다릅니다. 유형으로 공부한 친구들은 유형으로 풀어본 문제는 맞고 그렇지 않은 문제는 틀리는 경우가 많은데, 해수는 한 번 풀어주고 이해했는지 확인하고 다시 한 번 풀게 한 다음 완전히 똑같은데 숫자만 바뀐 문제를 주면 언제 풀어봤냐는 듯 혼란스러워하면서 실수를 했습니다. 이 문제랑 똑같은 거 아니냐고 이야기하면 "아"라고 하지만, 여전히 또 다른 방법을 시도해서 선생님들의 오해를 사기도 했습니다.

고군분투하지만 성과는 나오지 않는 일이 반복되면서 해수는 자신감이 많이 떨어져 있었습니다. 저는 해수에게 이렇게 얘기해줬습니다.

"너한테 오른손이 있고 왼손이 있는데 너는 오른손잡이잖아. 그래도 왼손을 써야 할 때도 있단 말이야. 그런 것처럼 네가 수학을 잘하기 위해서 왼손잡이가 될 필요까지는 없지만 필요할 때 왼손을 쓸 수 있는 정도는 되어야 해. 중요한 건 지금부터 왼손을 쓰는 연습을 하는 거야. 그 왼손은 뭐냐면 수학에서 쓸 수 있는 것과 쓸 수 없는 걸 구분하는 거야. 수학도 창의력이 필요하고 미술도 창의력이 필요한데, 수학에서 필요한 창의력은 미술에서의 창의력과는 다르거든. 수학에서는 유창성과 개방적 사고가 미술에서보다 더 많이 필요해. 수학에서는 '써먹을 수 있는' 것들이 정해져 있고 그것들을 얼마나 자유롭고 유창하게 써먹을 수 있는지가 창의력의 기준이야."

이 아이들이 가지고 있는 잠재력을 해치지 않으면서 다른 과목에서의 성취도도 올리기 위해서는 독창성뿐 아니라, 유창성과 사고의 개방성을 길러주는 것이 꼭 필요합니다. 튀는 아이디어를 많이 내지만 아이디어의 수는 적고 (독특하지 않으면 아이디어로 잘 받아들이지 않습니다.) 한번 꽂히면 근거가 부족해도 다른 관점으로 잘 넘어가지 않는, 독창성이 뛰어난 아이들의 특징을 보완하기 위해서입니다. 다행히 창의력의 5가지 요소 중에서 독창성과 정교성은 후천적으로 길러주기 힘들지만, 유창성과 개방적 사고는 상대적으로 용이하게 향상된다고 알려져 있습니다.

독창성을 주로 쓰는 아이들에게는 같은 문제라도 여러 가지 각도에서 파악해보고(유창성), 틀렸을 가능성을 염두에 두고 논리를 전개하는 (개방적 사고) 연습을 통해서 왼손도 쓸 수 있게 만들어주는 것이 효과적입니다. 이 2가지 창의력의 요소를 길러주는 가장 확실한 방법은 바로 PART 4에서 이야기한 '반문하는 습관'입니다. "지금 말한 게 확실해? 더 좋은 방법은 없어?"라는 질문을 옆에서 해주고, 결과적으로는 그 질문을 스스로에게 하도록 만들어주는 것입니다.

물론 이 대화 한 번으로 해수가 왼손잡이가 되지는 않았습니다. 해수와 공부하면서 가장 많이 강조한 부분은 역시 짐작하지 말라는 것이었습니다.

"해수야, 꽂히면 안 돼. 그냥 문제를 보자마자 딱 보이는 건 수학에서는 답이 아닐 가능성이 높아."

이게 당연히 90도 아니냐고 딱 봐도 90도 아니냐고 억울하다는 듯 이야기하는 해수에게 89.9일 수도 있다고 이야기하면서 실랑이를 해야 하는 일도 많았습니다. 같은 문제라도 여러 가지 방법으로 풀어보면서 논리적으로 비약이 있어서 오답이 나올 가능성을 줄이도록 훈련도 시켰습니다.

출제자의 의도를 파악해보라는 질문, 확실한지 스스로 생각하고 설명해보라는 훈련이 쌓여가면서 해수는 점점 오른손만큼은 아니지만 왼손도 쓸 수 있는 연습이 되어갔습니다. 특히 논리 퍼즐을 집중적으로 풀게 하면서 한눈에 결과를 예상하고 즉흥적으로 써내려갔을 때의 결과(다 지우고 처음부터 풀어야 하는)를 받아들이는 과정에서 논리적으로 건너뛰지 않고 한 줄 한 줄 넘어가는 개념을 이해하기 시작했습니다. 이런 연습은 시험공부할 때 과학 과목에서도 동일하게 계속됐습니다. 이 실험은 어떤 의도로 했는지, 각각의 요소가 무엇을 의미해서 사용됐는지 다 파악한 이후에 문제를 풀게 했습니다.

해수의 성적은 서서히 올랐습니다. 저와 공부하고 나서 첫 시험에서 수학은 60점대를 기록했지만 과학은 100점을 받았고, 두 번째 시험에서는 수학도 90점에 육박하는 성적을 받아왔습니다. 본인이 90점을 못 넘긴 것을 아쉬워하며 다음 시험에 대한 전의를 불태울 정도로 해수는 많이 성장했습니다. 불과 4~5개월 만에 점수가 두 배 가까이 오른 셈입니다.

우리 주변에서는 해수 같은 아이들의 특성을 이해하지 못하고 소용없는 해결책을 제시하는 경우가 많습니다. 해수가 유형을 따라 문제를 풀지 못한다고 해서 될 때까지 문제를 반복해서 풀게 한들 본인의 사고하는 방식에 대한 이해가 없으면 매우 낮은 효율로 재미없게 공부를 해야 하는 데다가 큰 효과를 기대할 수도 없습니다. 애초에 유형별로 문제를 분류하고 있지 않고, 자신이 쓸 수 있는 수학적·과학적 개념들도 언제 쓰고 언제 쓰면 안 되는지 분류하지 않는 상태에서 반복적으로 문제만 풀린다면 길을 모른다고 해서 열 번 넘게 그 길을 걷게 하는 것과 같습니다.

이 글을 읽고 우리 아이가, 또는 나의 학생이 독창성을 우선으로 사용하는 아이라고 확신하신다면 답답하고 이해되지 않았던 부분에 대해서 조금은 공감할 수 있게 되셨을 것이라고 기대합니다. 가장 중요한 것은 성의가 없다거나 집중하지 않는다고 공격하지 않는 것입니다. 이 아이들이 생각하는 방식은 세상에 없던 물건, 세상에 없던 작품을 만들어내는 큰 무기가 될 수 있다고 믿고, 누구도 풀지 못했던 수학 문제, 과학 문제를 풀어내는 힘이 될 수도 있다고 생각합니다.

한국의 입시제도에선 불리한 부분이 있다는 것을 인정해야 할지도 모릅니다. 하지만 왼손을 쓰는 연습을 조금만 한다면 충분히 극복하고도 남을 문제라는 것을 많은 친구들의 사례에서 확인했습니다. 무작정 반복학습으로 이런 부분을 넘으려고 하면 부작용이 더 클 수도 있다는 걸 잘 기억해야 합니다. 독창성을 잘 사용하는 친구들에게는 "왜?" "확실해?", "더 좋은 방법은 없어?"라는 질문을 통해 유창성과 개방적 사고를 길러줌으로써 학업에서의 불안한 점을 보완해줄 수 있습니다.

해수와 같은 잠재력 있는 친구들이 다소 무자비하게 느껴질 수 있는 한국의 교육 시스템 속에서 자신들의 장점인 독창성을 잃지 않고 잘 간직할 수 있기를, 잘 성장해서 독창성을 발휘해 아무도 해결하지 못한 문제들을 해결해내고 아무도 생각하지 못했던 것들을 생각해내는 사람이 되기를 응원해봅니다.

엉뚱한 실수를
많이 하는 아이는
어떻게 해야 할까?

OMR 마킹을 밀려서 했다, 4번이라고 풀어놓고 3번이라고 썼다, 마지막에 어이없는 계산 실수를 했다, 문제를 잘못 읽었다, 마지막 장 뒷면에 문제가 있는지 몰라서 못 풀었다, 나중에 풀려고 넘어갔는데 깜빡하고 다 안 풀었다…….

학원에서 아이들을 가르치다 보면 웃기면서도 슬픈 아이들의 실수를 참 많이 접하게 됩니다. 얼마 전에도 한 아이가 시험을 보고 와서는 저를 보자마자 도망을 갔습니다. "시험 잘 봤니?"라고 물어볼 틈도 없이 말이죠. 나중에 알고 보니 시험을 보고 나서 며칠 후 선생님이 부르시길래 가봤더니 문제는 16번까지밖에 없는데 17번까지 마킹되어 있었다고 했습니다. OMR 카드를 어디선가부터 밀려서 마킹한 것이죠. 이런 예들은 오히려 약과인지도 모릅니다. 유학 전에 과외로 만난 한 친구는 시험이 끝나는 시간을 착각해서 여유 있게 문제를 풀다가 5분 남았다는 이야기를 듣고 놀라서 서두르다 보니 시험을 망쳤다는 이야기를 한 적도 있습니다. 부모님들은 진짜 이런 실수를 한 건지, 아니면 다른 이유로 시험을 못 보고는 핑계를 대는 건지 헷갈릴 지경입니다. 그러나 아이들을 가르치면서 옆에서 보면 확실히 어이없는 실수를 많이 하는 친구들이 있습니다.

연산 실수가 많고 엉뚱한 실수를 반복하는 아이들을 보면, 어른들은 대개 비슷한 진단을 내립니다. "연습이 부족한 것 같다." "집중을 안 해서 그렇다." "대충 풀어서 실수가 많다." 그래서 자연스럽게 해결책도 비슷한 방향으로 흘러갑니다. 더 많은 문제를 풀리고, 더 빠르게 계산하는 연습을 시키고, 실수하지 말라고 계속해서 주의를 주는 방식입니다. (사실 책을 쓰면서 다시 한번 느끼지만 한국 교육에서는 모든 문제에 대한 해결책이 '다시 한번 반복해서 문제를 많이 푼다'인 것 같기도 합니다.)

이렇게 어이없는 실수를 반복하는 아이들은 어떻게 도와줄 수 있을까요? 받아올림 하나를 빠뜨리거나, 부호를 반대로 쓰거나, 문제에서 요구하지 않은 계산을 해버립니다. 심지어 아이 스스로도 자기가 왜 이런 실수를 하는지 모르겠다고 말합니다. 더 이상한 건, 이런 아이들이 문제를 대충 푸는 건 아니라는 점입니다. 시간을 재보면 오히려 꽤 빠르게 풀거나, 반대로 너무 오래 붙들고 있다가 시간을 다 써버리는 극단적인 모습이 나타나기도 합니다. 스스로도 스트레스를 받고 고치려고 나름 많은 노력을 하는데도 쉽게 고쳐지지 않습니다.

이 아이들의 핵심 문제를 '실수'라는 결과에서만 보면, 원인은 끝없이 헷갈립니다. 하지만 시선을 한 단계 앞당겨 문제를 푸는 동안 뇌 안에서 어떤 일이 벌어지고 있는지로 옮겨보면, 비교적 명확하게 설명이 가능한 경우가 많습니다. 많은 경우, 이런 아이들에게서 공통적으로 관찰되는 것은 작업 기억과 처리 속도 사이의 불균형입니다.

처리 속도는 말 그대로 정보를 받아들이고 반응하는 속도입니다. 숫자를 보고 계산을 시작하는 속도, 문제를 읽고 손이 움직이는 속도, 답을 적어 내려가는 속도 같은 것들이 여기에 포함됩니다. 반면 작업 기억은 문제를 푸는 동안 여러 정보를 동시에 붙잡아두는 능력입니다. 문제의 조건을 기억하고, 중간 계산 결과를 머릿속에 유지하고, 지금 내가 무엇을 하고 있는지 점검하는 기능입니다. 이 두 기능은 함께 작동해야 하지만, 아이들마다 그 균형 크게 다릅니다.

실수가 많은 아이들 중 상당수는 처리 속도가 빠른 편입니다. 문제를 보면 곧바로 계산을 시작하고, 손이 먼저 나갑니다. 문제는 그 속도를 따라가지 못하는 작업 기억에 있습니다. 머릿속에 붙잡아두어야 할 정보들이 충분히 유지되기 전에 다음 단계로 넘어가버리기 때문에, 중간중간 정보가 빠져나갑니다. 받아올림, 부호, 단위, 조건 같은 것들이 바로 이 지점에서 탈락합니다. 아이는 성실하게 계산하고 있는데, 계산의 맥락을 유지하는 힘이 그 속도를 감당하지 못하는 것입니다.

이때 중요한 점은, 이 아이들이 일부러 대충 푸는 것이 아니라는 사실입니다. 오히려 반대로, "빨리 풀어야 한다"는 압박을 강하게 내면화한 경우가 많습니다. 속도가 곧 실력이라는 메시지를 한국의 입시 위주 교육에서 반복해서 들어온 아이들입니다. 빨리 풀었을 때 칭찬을 받았고, 시간을 남겼을 때 '잘했다'는 평가를 받았습니다. 그러다 보니 아이의 내부 기준은 점점 이렇게 바뀝니다. 멈추는 것은 불안한 일이고, 속도를 늦추는 것은 실력 없는 신호처럼 느껴집니다. 결과적으로 아이는 생각보다 손을 먼저 움직이게 됩니다.

이 구조는 실수를 줄이기보다는 오히려 고정시킵니다. 왜냐하면 작업 기억이 충분히 작동할 시간을 주지 않기 때문입니다. 아이는 이미 여러 번 같은 유형의 실수를 반복했음에도 문제를 풀기 전에는 그 실수를 떠올릴 여유가 없습니다. 일단 풀이를 시작해버리기 때문입니다. 이 경우, 더 많은 연습은 실수를 줄이기보다 '빠르게 틀리는 패턴'을 강화하는 쪽으로 작동하기 쉽습니다.

흥미로운 점은 이런 아이들 중 일부가 시험 때 시간이 부족해서 문제를 다 못 푸는 상황을 겪는다는 사실입니다. 얼핏 보면 모순 같습니다. 평소에는 빨리 푸는 아이인데, 왜 시험에서는 시간이 모자랄까요? 이것 역시 작업 기억과 처리 속도의 불균형으로 충분히 설명됩니다. 아이는 초반에는 빠르게 출발하지만, 중간중간 발생한 작은 실수들 때문에 뒤로 갈수록 사고가 꼬이기 시작합니다. 조건을 다시 확인하고, 계산을 되돌리고, 이미 쓴 풀이를 의심하며 고쳐보는 과정이 반복됩니다. 이때 소모되는 시간은 처음에 아낀 시간보다 훨씬 큽니다. 이런 경험들을 쌓다 보면 가장 확실한 방법을 찾겠다는 일념에 수를 하나하나 넣어보거나, 패턴을 파악하지 않고 처음부터 끝까지 수열을 다 써버리는 방법을 택하기도 합니다. 노력은 가상하지만 시간을 부족하게 만드는 또 하나의 원인이 되어버릴 뿐입니다.

이런 경우들은 대개 악순환을 발생시킵니다. 처리 속도가 빠른 아이들 중 일부는 문제를 '한번에 제대로 풀어야 한다'는 압박을 강하게 느낍니다. 실수를 하면 고치느라 시간이 더 걸린다는 경험을 이미 여러 번 해봤기 때문입니다. 그래서 시험에서는 오히려 시작 전에 오래 망설이거나, 한 문제에 지나치게 많은 시간을 쓰는 양상이 나타납니다. 평소에는 빠르게 문제를 풀던 아이가 시험장에서는 한 문제를 붙잡고 놓지 못하다가 결국 뒤쪽 문제는 건드리지도 못 하는 상황이 벌어집니다. 이 역시 실력 부족이 아니라 처리 속도와 작업 기억의 불균형이 긴장 상황에서 다른 방식으로 표출된 결과입니다.

마지막으로 빠뜨릴 수 없는 이유가 하나 더 있습니다. 바로 불안과 긴장입니다. 시험 상황에서는 감정 처리와 관련된 뇌 영역이 함께 활성화됩니다. 이때 작업 기억은 더 쉽게 줄어듭니다. 반면 처리 속도는 오히려 빨라지는 경우가 많습니다. 머릿속은 급해지고, 손은 서두르는데, 붙잡아두어야 할 정보는 더 빨리 흘러나가는 상태가 됩니다. 그래서 평소보다 실수가 급격히 늘어나거나, 아예 시간 관리 자체가 무너지는 현상이 나타납니다.

정리해보면 연산 실수가 많고 엉뚱한 실수를 반복하는 아이들의 문제는 단순히 계산 능력이나 집중력의 부족이라고 보기 어렵습니다. 많은 경우, 이 아이들은 생각보다 빠르게 반응하고, 그 속도를 자신의 무기로 삼아왔습니다. 하지만 그 속도를 지탱해줄 작업 기억과 점검 체계가 충분히 함께 자라지 못한 상태입니다. 여기에 속도 중심의 평가 경험과 시험 상황의 긴장이 겹치면서 실수는 더 잦아지고, 때로는 시간 부족이라는 형태로까지 나타납니다.

자신의 사고를 믿고
다룰 수 있도록 도와주는 어른의 언어

이런 아이들에게 어른들이 속도 모르고 해주는 말이 있습니다.

"천천히 풀어."

"꼭 검산해."

"한 번 더 확인해."

이런 표현들입니다. 하지만 앞에서 살펴본 구조를 고려하면, 이 말들이 실제로 얼마나 도움이 될지는 다시 생각해볼 필요가 있습니다. 이 아이들은 이미 '빨리 가야 한다'는 내부 기준과 '틀리면 안 된다'는 불안을 동시에 안고 있습니다. 이 상태에서 속도만 줄이라고 요구하면, 사고는 더 꼬이고 긴장은 더 커지기 쉽습니다. 결과적으로 아이는 더 조심하려다 더 많은 실수를 하거나, 아예 문제 앞에서 멈춰 서게 됩니다.

그렇다면 이런 아이들에게 필요한 접근은 무엇일까요. 이 아이들을 이해하는 첫걸음은 "왜 이렇게 실수가 많을까?"라는 질문을 "이 아이는 어떤 속도로 생각하고, 어떤 지점에서 정보를 놓치는가?"로 바꾸는 데서 시작됩니다. 실수는 원인이 아니라 결과입니다. 원인을 제대로 보지 못한 채 결과만 다듬으려 하면 아이는 더 빨리, 더 불안하게, 같은 실수를 반복하게 됩니다.

이 아이들에게 필요한 첫 번째 변화는 첫발을 내딛는 순간을 뒤로 미루는 것입니다. 손이 나가기 전에 생각을 잠깐 멈추는 구조를 만들어야 합니다. 문제를 푸는 과정에서 속도보다 점검이 우선되는 구조를 만드는 것입니다. 중요한 점은 이것이 태도의 문제가 아니라 시스템의 문제라는 사실입니다. 예를 들어, 문제를 풀기 전에 반드시 한 번 거쳐야 하는 짧은 체크 질문을 고정적으로 만들어줍니다. "이 문제에서 내가 자주 틀리는 건 뭐였지?", "조건이 몇 개였지?", "부호나 단위는 어디에 있지?" 같은 질문을 문제 풀이의 일부로 포함시킵니다. 이 질문들은 작업 기억을 더 많이 쓰게 하는 것이 아니라, 오히려 작업 기억이 무엇을 붙잡아야 하는지 미리 정리해주는 역할을 합니다. 중요한 건 문제를 풀기 전에 이 작업을 해야 한다는 겁니다.

문제를 풀기 전에 문제를 분석하는 습관을 길렀다면, 이제는 문제를 풀기 전에 나 스스로에 대한 점검이 필요합니다. 메타인지를 발휘해야 하는 순간이죠. "나는 이 문제를 이런 이유로 틀릴 가능성이 있다." 이런 판단을 해보는 겁니다. "나는 어떤 상황에서 어떤 실수를 반복하는

가?"를 구체적으로 인식하고 기억하도록 도와줄 필요가 있습니다. 저는 학원에서 아이들에게 문제를 풀어줄 때 거의 모든 문제에서 "얘들아, 보통 아이들이 이 문제를 왜 틀리겠니?"라고 물어봅니다. 아이들은 "합동이 아닐 것 같은데 합동이라고 할 것 같아요." "90도가 아닌데 보기에 그렇게 보여서 그냥 90도라고 할 것 같아요" 등의 대답을 합니다. 본인의 실수를 미리 예상해보는 거죠.

엉뚱한 실수를 하는 경험이 축적되면 시험에서 극도의 긴장 상태가 되기 쉽습니다. 이 또한 대비가 필요합니다. 저는 시험에서 긴장도를 낮추는 자기만의 루틴이 있어야 한다고 생각하고, 그 연습을 시험 기간이 아닌 평소에도 하라고 이야기합니다. 어떤 것을 하면 좋아질지는 아이들마다 다르겠지만 절대 해서는 안 되는 1가지는 있습니다. 바로 '내가 공부 안 한 게 나오면 어떡하지?'라는 불안감에 책을 빠르게 넘기는 모습입니다. 저는 이럴 때 시험 전에 연습장을 펴고 자기 이름을 천천히 20번 정도 적으라고 이야기합니다.

영우는 처음에 저를 찾아왔을 때, 자신을 "수학 바보"라고 불렀습니다. 중학교 1학년 때 수능 문제를 풀어도 국어 영역은 1등급에 해당하는 점수가 나오고, 이미 책을 출간한 적이 있을 정도로 문학 분야에 재능이 있는 친구였습니다. 하지만 수학은 정말 자신감이 없어 보였습니다.

영우는 수학 문제를 보면 전투적으로 달려들었고, 잘 모르겠다 싶으면 1부터 100까지 수를 넣어보면서 답을 찾기도 했습니다. 이렇게 문제를 풀다가 막히면 다시 처음부터 더 빠르게 문제를 풀어서 낭비한 시간을 만회하겠다는 마음으로 서둘렀습니다. 그러다 보니 실수가 나오는 빈도가 높았습니다. x와 y를 서로 바꿔 쓰는 경우도 많았고, 출제자가 파놓은 함정에도 쉽게 빠졌습니다.

저와 선생님들은 영우를 도와주기 위해 문제를 푸는 과정이 아니라 문제를 풀기 전에 영우의 행동을 교정해주려고 노력했습니다. 일단 시작하는 것이 아니라 출발하기 전에 생각하는 것이죠.

평소에는 차분하고 독서도 즐겨하는 영우였지만 수학 문제를 풀 때는 문제가 안 풀리면 초조해하기도 하고, 문제를 잘 풀어나가는 친구들을 보며 스트레스를 받기도 했습니다. 저와 공부한 지 한 달이 지났을 때 첫 시험을 봤는데 초긴장 상태에서 시험을 못 봤을 뿐 아니라 OMR 마킹에서 실수가 있어서 20점대의 수학 점수를 받아왔습니다.

영우는 자기는 이제 망한 거 아니냐며, 대학을 못 갈 거 같다고, 재능이 없는 것 같다고, 기말고사도 망치면 어떡하냐며 쉬지 않고 걱정을 쏟아냈습니다. 다행히 영우는 의욕을 잃지 않고, 문제를 풀 때 일단 멈추고 시작해야 한다는 선생님들의 잔소리에 반응하기 시작했습니다. 이 문제를 틀린다면 왜 틀릴 것 같냐는 질문을 스스로에게 하기 시작했고, 모르는 문제도 포기하지 않고 오랫동안 생각해서 답을 찾아내는 경험들을 쌓아갔습니다. 처리 속도와 작업 기억 간에 엇박자가 나지 않도록 처리 속도는 조금 낮추고 암산을 계속하면서 수학에 필요한 작업 기억을 확보하기 위해서 노력했습니다.

그 결과 영우는 기말고사에서 89점을 받았습니다. 하지만 90점을 못 넘겨서 너무 속상하다고 펑펑 울었습니다. 수학 점수는 거의 4배나 올랐는 데도 말이죠. 저는 우는 영우를 달래면서도 뿌듯한 마음을 감출 수 없었습니다. 어머니는 '기적'이라는 단어를 쓰셨습니다. 게다가 수학 점수가 향상되면서 과학을 비롯해서 다른 과목의 점수들도 같이 오르는 바람직한 결과를 얻을 수 있었습니다.

어른의 언어가 먼저 바뀌어야 합니다. "왜 또 이런 실수를 해?", "이건 너무 아까운 실수잖아"라는 말은 아이에게 사실을 전달하는 것 같지만, 실제로는 실수에 대한 공포를 강화할 뿐입니다. 대신 "이건 네가 자주 놓치는 부분이야", "이건 연산 문제가 아니라 리듬 문제야", "이 실수는 고칠 수 있는 종류야"처럼 실수를 구조 안에서 설명해주는 언어가 필요합니다. 실수가 아이의 능력을 규정하는 것이 아니라, 조정 가능하다는 것을 반복해서 알려주는 것입니다.

글을 읽으면서 공감해주셨으리라 믿습니다만, 연산 실수가 많고 엉뚱한 실수를 반복하는 아이들을 보고 실력이 부족하다고 단정지어버리는 것은 무리가 있습니다. 오히려 생각이 빠르고, 반응이 빠르고, 스스로를 몰아붙여온 아이들인 경우가 많습니다. 이 아이들에게 필요한 것은 더 많은 채찍질이 아니라, 속도와 사고를 맞추는 브레이크입니다. 그 브레이크를 어떻게 달아주느냐에 따라 이 아이들은 계속해서 같은 실수로 좌절하는 아이가 될 수도 있고, 자신의 사고력을 안정적으로 펼치는 아이가 될 수도 있습니다. 실수를 줄이는 교육은 아이를 더 조심하게 만드는 것이 아니라, 아이가 자신의 사고를 믿고 다룰 수 있게 만드는 데서 시작됩니다.

아이들의 마음을 이해해줬을 때
생기는 놀라운 변화

이제까지 다양한 유형의 아이들에 대해 함께 고민해봤습니다. 중요한 것은 아이들도 나름의 사정이 있다는 것을 기억하는 것입니다. 나름 노력하고 있지만 다른 사람들이 보기에는 열심히 하는 것처럼 보이지 않기도 하고, 마음이 초조해져서 중요한 것을 놓치기도 합니다. 또 어려운 건 잘 풀었는데 쉬운 문제를 틀려서 주변 사람을 어리둥절하게 만들기도 합니다.

상황마다 아이 성향마다 다르지만 아이들의 생각하는 방식을 들여다봐주세요. 수많은 아이들을 만나면서 느끼는 것은, 아이들이 못 해서 멈추는 경우보다 다르게 생각해서 어긋나는 경우가 훨씬 많다는 사실입니다. 시작이 느린 아이는 게으른 것이 아니라 출발점을 신중하게 고르는 아이였고, 실수가 잦은 아이는 대충 푸는 아이가 아니라 속도와 사고의 균형을 아직 배우지 못한 아이였습니다. 유형을 외워서 문제를 잘 푸는 아이는 생각을 안 하는 것이 아니라 이미 익숙한 경로를 효율적으로 선택한 아이였고, 반대로 엉뚱하게 문제를 푸는 아이는 집중을 안 한 것이 아니라 처음부터 다시 생각하는 방식을 택한 아이였습니다.

문제는 어른들이 이런 문제를 너무나 쉽게 '태도'나 '성실성'의 문제로 해석해왔다는 데 있습니다. 아이가 멈춰 있으면 의지를 의심했고, 실수를 하면 연습량을 늘렸고, 엉뚱한 답을 내면 집중을 요구했습니다. 하지만 그렇게 아이를 고쳐 쓰려는 방식으로는 아이의 생각 구조가 바뀌지 않습니다. 오히려 아이는 자신이 틀렸다는 생각만 더 강하게 학습하게 됩니다. "나는 이상한가 보다", "나는 왜 이것밖에 안 될까"라는 생각이 쌓일수록 아이는 자신의 사고를 믿지 못하게 됩니다.

이 글에서 소개한 아이들은 모두 나름대로 최선을 다하고 있었습니다. 다만 그 방식이 학교나 시험이라는 시스템과 잘 맞지 않았거나 이제 맞춰나가야 했을 뿐입니다. 그래서 우리가 해야 할 일은 아이를 시스템에 억지로 맞추는 것이 아니라, 아이의 사고방식을 이해한 뒤 그 위에 필요한 기술을 덧붙여주는 일입니다. 시작이 느린 아이에게는 시작을 쉽게 만드는 법을, 실수가 많은 아이에게는 점검하는 리듬을, 독창성이 강한 아이에게는 사고를 펼치고 정리하는 언어를 가르쳐야 합니다.

저는 세상의 많은 아이들을 몇 개의 카테고리로 나눠서 해석할 수는 없다고 생각합니다. 그럼에도 불구하고 이런 글을 쓴 것은 아이들이 사고하는 방식을 이해하는 마음으로 접근했을 때 얼마나 극적인 변화가 생겨날 수 있는지 이야기하고 싶었기 때문입니다. 우리 아이, 나의 학생이 답답해 보이고 걱정스러워 보일 때 모든 아이들은 나름의 사정이 있다는 것을 꼭 기억하셨으면 합니다. 그리고 이 글에서 소개한 아이들처럼 자신이 가지고 있는 벽을 깨는 경험을 통해 아이들이 성장해갈 수 있기를 응원합니다.

시험 기간에는 말 그대로 시험을 잘 보기 위한 공부를 해야 합니다. 배운 것들을 구조화해서 잘 정리하고, 문제를 만났을 때 '문제를 잘 이해하고 머릿속에 있는 지식을 잘 꺼내 쓰기 위한 준비'를 해야 합니다. 또, 실수와 혼동을 줄이기 위한 연습도 필요합니다. 계획을 잘 세우고 위의 작업들을 잘 해낸다면 성적은 무조건 향상됩니다.

그러나 이 작업은 생각보다 쉽지 않습니다. 앞서 PART 1부터 PART 4에서 이야기한 공부 기본기를 습득한 후 6주 PLAN을 따라야 합니다. 이 책의 앞부분, 특히 PART 5에서 소개한 성적이 향상된 학생들은 모두 이 과정을 거쳤습니다.

시험공부를 하기 위한 스케줄을 잘 세우고, 약속을 지켜나가기 위한 장치들을 마련하고, 지식을 구조화하고 인출하는 연습을 계속했습니다. 또 시험 범위의 내용들을 숙지하고 지식을 인출하는 것에 익숙해진 이후에는 문제를 풀면서 구조화된 지식들의 디테일을 더해나갔습니다.

중고등학교 중간고사/기말고사를 기준으로 학생들과 했던 실제 시험공부 6주 PLAN을 공개합니다.

부록 1

반드시 성적이
오르는 시험공부
6주 PLAN

6주전~5주전

시험 공부 큰 그림 그리기

이 시기는 6주 후에 있을 시험을 효율적으로 준비하기 위해서 가장 중요한 과정을 수행해야 하는 시기입니다. 바로 '큰 틀을 잡아주는 과정'입니다. 목표는 단순합니다. 이번 시험이 어떤 시험인지 전체 그림을 그려보는 것이죠. 이 시기에는 과목별 시험 범위를 파악하고, 목차를 공부합니다.

과목과 범위를 파악하자

다음과 같은 표를 만들어보세요. 이 단계의 목표는 단 하나입니다. 과목별로 시험 범위가 어떻게 되는지, 수행평가와 지필고사의 비중이 어떻게 되는지 등을 정리해나가는 겁니다. 시험을 본 경험이 있는 학생이라면 어떤 방법으로 공부를 할지 미리 생각해보는 것도 좋습니다. 필요한 자료나 문제집이 있으면 미리 구해둘 수도 있어요!

과목	시험 범위	주요 내용(요약)	공부 방법
(예시) 사회	교과서 6~59p	내가 사는 세계, 기후	교과서 읽기, 백지 테스트하기, 문제집 풀기
국어			
영어			
수학			
과학			

목차를 외우자

각 과목별로 시험 범위 표를 완성했다면 이제는 본격적으로 지식을 잘 정리해서 넣어둘 서랍장을 만들어두는 것이 필요합니다. 바로 각 과목의 시험 범위에 해당하는 목차를 외우는 것입니다. 이때 대단원부터 소단원까지 외우는 게 중요합니다.

교과서 대단원의 목차부터 외운 후 중단원 목차까지 암기하면 대부분 1~2시간 이내로 시험 범위 모든 과목의 목차를 외우고 쓰는 수준까지 도달할 수 있습니다. 다음 표처럼 과목별로 목차를 적으면서 암기해 보세요. 며칠 간격으로 두세 번 정도 반복하면 완전히 숙지할 수 있어요.

(예시) 사회	과목명
1. 내가 사는 세계 　1) 다양한 지도 읽기 　2) 위치와 인간 생활 　3) 지리 정보의 이용 **2. 우리와 다른 기후, 다른 생활** 　1) 세계 기후 지역 　2) 열대 우림 기후 지역의 생활 　3) 온대 기후 지역의 생활 　4) 건조 기후 지역의 생활 　5) 툰드라 기후 지역의 생활	

이 단계에서 주의해야 할 점이 1가지 있습니다. 목차를 기계적으로 외우는 것이 아니라 앞뒤 단원의 관계를 생각하면서 서로 연결된 상태로 외워야 한다는 점입니다. 예를 들면 위 표의 2단원에서 알 수 있는 단원 간의 관계는 이렇게 미리 파악할 수 있습니다.

① 2단원은 기후에 대해서 배우고, 2-1)에서는 기후의 개념에 대해 배운다.

② 2-2)부터 2-5)까지는 몇 가지 지역의 기후 특징에 대해서 배운다.

③ 2-3)과 2-4)에서는 열대 우림 기후와 온대 기후의 차이를 배운다.

④ 2-5)에서는 살기 힘든 지역(너무 춥거나 너무 건조한)에서 사람이 어떻게 살아가는지 배운다. 아마 생존과 관련된 부분을 많이 다룰 것 같다.

이렇게 목차를 외우면 지식들이 자리 잡을 서랍장이 완성됩니다. 이런 과정을 통해 구조화된 틀 속에 지식을 알맞게 넣으면 필요할 때 지식을 쉽게 인출하여 꺼내 쓸 수 있습니다.

5주전

구체적으로 계획/전략을 수립하기

시험 준비의 큰 그림은 이미 그려놓았고, 지식들은 미리 만들어놓은 구조화된 서랍에 차곡차곡 쌓이고 있습니다. 이제 시험까지 한 달 정도 남았다면 본격적으로 시험 대비 태세로 들어갈 차례입니다. 첫 단계는 구체적으로 계획과 전략을 수립하는 일입니다. 이 단계에서 할 일은 3가지입니다. 내가 공부할 수 있는 가용시간 파악해보기, 과목별 공부 계획 세우기, 날짜별 공부 계획 세우기입니다.

공부 가용시간을 파악하자

하루에 몇 시간 정도 공부할 수 있는지 현실적으로 계산해보세요. 학교 수업, 학원, 휴식 시간까지 고려해서 실제로 공부할 수 있는 시간을 파악하는 것이 중요합니다. 의욕이 넘쳐 지나치게 많은 시간을 적어두거나, 아니면 쉴 시간이 하나도 없는 일정을 만들어두는 것보다는 현실적으로 꼭 지킬 수 있는 시간표를 만드세요.

저는 아이들에게 시험 준비에 필요한 시간을 100시간으로 이야기합니다. 학교와 학원에서 공부하는 시간, 스스로 공부하는 시간을 모두 포함해서 최소 100시간 정도의 투자가 있어야 상위권의 성적을 기대할 수 있습니다. (물론 선생님의 강의나 수업을 듣고 있는 시간은 포함하지 않습니다.) 이렇게 시험 공부 가용시간을 파악해 보았더니 100시간에 미치지 못하는 경우에는 우선순위를 조절해서 100시간을 만들어내는 작업을 해야 합니다.

각 과목별로 공부 전략을 세우고, 필요 시간을 계산해보자

공부에 필요한 시간을 산출해보세요. 먼저 각 과목을 어떤 방법으로 얼마나 공부해야 하는지 파악하고, 지난 시험의 성적을 참고해서 이번 시험의 목표를 설정해봅니다. 그리고 나서 몇 주 전에 세웠던 시험 전략을 구체화시켜서 어떤 작업을 어떻게 얼마나 해야 하는지를 적어보면 과목별로 필요한 공부 시간이 나오게 됩니다.

이때 주의할 점은 시험 전략은 '측정 가능'해야 한다는 것입니다. '문제 많이 풀기' '한문 완전히 외우기'와 같이 측정이 어려운 형태가 아니라, 교과서 ×번 읽기, 백지 테스트 ×번 하기, 기출문제 ×년치 ×번씩 풀기, ○○문제집 연습문제 ×번 풀어보기처럼 실제 실행했는지 확인, 체크가 가능한 형태여야 계획으로서의 의미가 있습니다.

날짜별 공부 계획을 세우자

과목별로 공부에 필요한 시간이 정해졌으니 이제는 날짜별로 어떤 과목을 얼마나 공부하면 좋을지 계획을 짤 수 있습니다. 예를 들어 월요일에는 수학 2시간, 사회 1시간, 영어 1시간처럼 구체적으로 계획을 세워보세요.

이미 공부할 시간을 100시간 이상 확보하는 작업을 했기 때문에 이를 과목별로 잘 나누는 게 중요합니다. 각 과목별로 필요한 시간의 합이 확보한 시간보다 많으면 어쩔 수 없이 과목별로 우선순위를 조절하거나 공부 시간을 추가로 확보해야 합니다.

이제 남은 것은 계획한 그대로 지키는 것뿐입니다. 저는 시험공부를 본격적으로 시작하기 전인 이 시점에서 이 아이의 성적이 얼마나 오를지 그 최대치가 이미 결정된다고 믿습니다.

아래 그림은 한 학생이 실제로 작성한 가용시간 파악, 시험 전략, 시험 공부 계획표입니다. 참고로, 이 친구는 이 시험에서 목표한 점수를 그대로 달성하고 반 1등이 되었습니다.

시험공부 가용시간

이름:

	일	월	화	수	목	금	토
				03월 26일	03월 27일	03월 28일	03월 29일
학원				X	영어	수학	영어, 수학
자습				7h	4h	2h	8h
	03월 30일	03월 31일	04월 01일	04월 02일	04월 03일	04월 04일	04월 05일
학원	X	영어	수학	X	영어	수학	영어, 수학
자습	11h	5h	2h	7h	4h	2h	5h
	04월 06일	04월 07일	04월 08일	04월 09일	04월 10일	04월 11일	04월 12일
학원	X	영	수	X	영	수	영, 수
자습	11h	5h	2h	7h	4h	2h	6h
	04월 13일	04월 14일	04월 15일	04월 15일	04월 17일	04월 16일	04월 19일
학원	X	영	수	X	영	수	영, 수
자습	11h	5h	2h	7h	4h	2h	6h
	04월 20일	04월 21일	04월 22일	04월 23일	04월 24일	04월 25일	04월 26일
학원	X	영	수	X		시험	
자습	11h	5h	2h	7h	수-2h / 영-4h		10h
	04월 27일	04월 28일	04월 30일	05월 01일			
학원		시험					
자습	영-9h / x-11h	시험			약186h		

332

과목별 목표 및 시험전략   이름:

과목	지난학기 성적	중간고사	시험전략
국어	8?점	100	○ ~4/6 : 목차/내용, 작가, 주제, 표현법, 특징 구조화 ○ ~4/13 : 구조화 완료 ⊕ 평가문제집 완료 ○ ~4/20 : 기출 ⊕ 외부지문 특징 암기 완벽히
영어	100점	100	○ ~4/6 : 목차, 문법내용, 본문 내용, 외부지문 내용, 강조하는 부분 구조화 ○ ~4/13 : 구조화 완료 ⊕ 평가문제집 풀이 ○ ~4/20 : 기출 ⊕ 평가문제집 완료 ⊕ 외부지문 암기 완벽히 (내용, 특징)
수학	8?점	90~95	○ ~4/6 : 목차, 배운 내용, 문제 유형 구조화 ○ ~4/13 : 구조화 완료 ⊕ 학교별/단원별 기출 다루기 ⊕ 2단원이 마무리 ○ ~4/20 : 연등/보충 2강씩/기출 2십 ⊕ 기출 ⊕ 최오 실전문제
과학	86점	100	○ ~4/6 : 목차, 멘트 개념, 방법 구조화 ○ ~4/13 : 구조화 완료 ⊕ 암독 완료 ⊕ 하이탑 완료 ○ ~4/20 : 기출 ⊕ 암독/하이탑 2십

시험공부계획표   이름:

	일				월				화				수				목				금				토			
													03월 26일				03월 27일				03월 28일				03월 29일			
과목													국	영	수	과	국	영	수	과	국	영	수	과	국	영	수	과
시간													1h	2h	2h	2h	2h		2h				2h			2h		3h
	03월 30일				03월 31일				04월 01일				04월 02일				04월 03일				04월 04일				04월 05일			
과목	국	영	수	과	국	영	수	과	국	영	수	과	국	영	수	과	국	영	수	과	국	영	수	과	국	영	수	과
시간	3h	2h	3h	3h			3h	3h	2h	1h	2h	2h	2h	2h		2h		2h				2h		3h	3h
	04월 06일				04월 07일				04월 08일				04월 09일				04월 10일				04월 11일				04월 12일			
과목	국	영	수	과	국	영	수	과	국	영	수	과	국	영	수	과	국	영	수	과	국	영	수	과	국	영	수	과
시간	3h	2h	3h	3h			3h	3h	2h	1h	2h	2h	2h	2h		2h		2h				2h		3h	3h
	04월 13일				04월 14일				04월 15일				04월 15일				04월 17일				04월 16일				04월 19일			
과목	국	영	수	과	국	영	수	과	국	영	수	과	국	영	수	과	국	영	수	과	국	영	수	과	국	영	수	과
시간	3h	2h	3h	3h			3h	3h	2h	1h	2h	2h	2h	2h		2h		2h				2h		3h	3h
	04월 20일				04월 21일				04월 22일				04월 23일				04월 24일				04월 25일				04월 26일			
과목	국	영	수	과	국	영	수	과	국	영	수	과										시험						
시간	3h	2h	3h	3h			2h	3h	2h																			
	04월 27일				04월 28일				04월 30일				05월 01일															
과목						시험																						
시간																												

4주~2주전

읽고, 요약하기

시험공부의 핵심 구간입니다. 본격적으로 시험 범위의 내용을 공부하는 단계입니다. 사실 이 구간이 제일 힘들기도 하지만 가장 쉬운 구간이기도 합니다. 세워진 계획을 그대로 실행하면 되니까요.

이 시기에 가장 중요한 것은 구조를 중심으로 공부하는 것입니다.

백지 테스트를 해보자

앞에서 우리는 먼저 목차를 외워뒀습니다. 처음에는 대단원, 중단원 중심으로 외우고, 각 단원 간의 관계를 익혔습니다. 이 작업이 익숙해지면 교과서의 내용을 따라 가며 소단원까지 외웁니다.

이 단계를 점점 낮은 단계까지, 점점 자세한 내용까지 확장해가는 것이 이 시기의 핵심 목표입니다. 위에서 예시를 들었던 사회 과목에 대해서 내용을 요약해보면 다음과 같습니다.

2. 우리와 다른 기후, 다른 생활

1) 세계 기후 지역
기후는 무엇으로 구분할까?
기준
기온
강수량
대표적인 기후 구분
열대 기후
온대 기후
건조 기후
한대 기후
핵심 키워드
기후 / 기온 / 강수량 / 기후 구분

2) 열대 우림 기후 지역의 생활
특징
고온 다습한 기후
적도 부근
대표 지역
아마존 강
생활 특징
강을 중심
강 이용 이동
고상 가옥
플랜테이션 농업
핵심 키워드
열대 우림 / 고온 다습 / 플랜테이션

3) 온대 기후 지역의 생활
특징
사계절이 뚜렷
대표 지역
우리나라
일본
유럽 일부
생활 특징
농업 발달
인구 밀집
핵심 키워드
온대 기후 / 사계절 / 농업

4) 건조 기후 지역의 생활
특징
강수량이 매우 적음
대표 지역
사하라 사막
아라비아 반도
생활 특징
유목 생활
오아시스 농업
핵심 키워드
건조 기후 / 사막 / 유목

5) 툰드라 기후 지역의 생활

특징	생활 특징
매우 추운 기후	순록 유목
영구 동토층 존재	사냥과 어업
대표 지역	핵심 키워드
시베리아	툰드라 / 한대 기후 / 순록 유목
북극권	

목차를 보고 이 정도 내용을 써내려갈 수 있으면 성공입니다. 책을 읽고 기억나는 내용을 써보는 과정을 반복하면 점점 자세한 내용까지 적을 수 있습니다. 처음에는 10분도 안 걸려서 더 이상 생각나는 것이 없다고 목차만 써놓던 아이들이 2주 정도 지나면 과목당 한 시간도 넘게 무엇인가를 적고 있는 것을 쉽게 볼 수 있습니다. 이 과정을 "백지 테스트"라고 부르고 있습니다. 생각이 날 듯 말 듯한 상태에서 기억을 짜내고 공부할 때의 맥락까지 생각해내면서 한 줄 한 줄 적어나가는 이 과정이, 책의 앞부분에서도 여러 번 강조한 '지식의 인출'이 이루어지고 있는 시간입니다.

이 과정에서 아이들에게 주의시키는 점이 3가지 있습니다.

첫 번째는, 예쁘게 보기 좋게 정리하는 것이 목표가 아니라는 것입니다. 시험 기간에 가장 중요한 것은 보기 좋은 것보다 효율입니다.

두 번째는, 이 단계에서 섣불리 문제를 풀려고 하지 말라는 것입니다. 수학, 영어 과목을 제외하고는 이 단계에서 문제를 풀어야 하는 과목은 없다고 봐도 됩니다. 내용이 정리되지 않은 상태에서 문제를 많이 푸는 것은 효율이 떨어지는 것을 넘어서 공부에 방해가 되기도 합니다.

세 번째는, 절대 내용을 요약하는 데 AI를 사용하지 말라는 것입니다. 남이 해준 공부를 자기가 한 것으로 착각해서는 안 됩니다.

표로 만들어서 선생님처럼 강의해보자

시간의 여유가 있다면 2가지 작업을 더 해볼 수 있습니다. 첫 번째는 교과서의 내용을 가능한 표로 만들어보는 것이고, 두 번째는 본인이 선생님이 된 것처럼 강의를 해보는 것입니다.

지금까지 문장으로 써내려가던 내용들을 표로 만들어보면서 교과서의 내용을 재편집해보세요. 예를 들면 교과서를 가지고 고려와 조선을 순서대로 공부했었다면, 표를 만들 때는 고려와 조선의 건국, 정치, 경제, 문화 등을 비교하는 표를 만들어보는 것이죠. 표를 어떤 형태로 만들어야 하는지 모르겠다면 과목별로 참고서에 있는 많은 표들을 참고하면 됩니다. 표에 어떤 항목이 들어갈지 고민해보는 것만으로도 큰 도움이 됩니다.

백지 테스트로 써 내려가던 내용을 다른 사람에게 설명해보세요. 스스로 강의를 해보는 과정에서는 여러 가지 감각을 쓰면서 더 쉽게 정보들을 정리하고 저장할 수 있습니다. 따로 시간을 내기 어렵다면 걸어다니거나 대중교통을 이용하는 시간을 활용하는 것을 추천합니다.

2주전~D-day

확인하고 점검하기

지금까지는 내용을 이해하고 정리했다면, 이제는 실제로 지식을 인출하고 활용해서 시험에서 문제를 풀 수 있는지 확인하는 과정이 필요합니다.

연습문제 기출문제 순으로 문제를 풀어보자

처음에는 교과서와 참고서에 있는 연습 문제들을 풀어보세요. 각 과목의 단원별로 강조하고 있는 점들을 잘 숙지하고 있는지, 각 단원에서 출제자가 자주 파놓는 함정들은 어떤 것이 있는지 파악하는 것이 필요합니다. 이 단계에서는 문제를 풀기 전에 '어떤 개념을 묻는 것인지' 스스로 확인을 하고 적으면서 문제를 푸는 것이 중요합니다. 예를 들면, "이 문제는 각 기후 지역의 특징이 생겨난 이유를 묻는 문제구나", "이 문제는 닮은 도형을 찾아보라는 문제구나"라고 적는 겁니다. 특히 사회, 한국사, 세계사 과목에서는 출제자가 어떻게 오답을 유도하는지, 과학에서는 실험의 요소들이 각각 어떤 의미를 가지는지 잘 파악하면서 문제를 풀어보세요.

연습 문제들을 충분히 풀었고, 참고서의 문제들에서 90% 이상의 정답률을 보인다면 기출문제를 풀어볼 차례입니다. 기출문제는 반드시 시간을 재고 정해진 시간 내에 풀어보아야 의미가 있습니다. 이 단계에서는 몇 점을 받는지도 중요하지만 맞은 문제, 틀린 문제들을 어떻게 다루느냐가 더 중요합니다. 틀린 문제는 내가 이 문제를 틀린 이유를 반드시 찾아내야 합니다. 이 단계에서는 '실수'라는 말이 '실력'이라는 말과 같은 의미로 사용되어야 합니다. 즉, 본인이 실수하는 패턴도 파악해서 그 실수를 방지할 수 있는 방법도 스스로 찾아내야 합니다.

시험공부의 끝판왕, 시험 문제를 직접 만들어보자

마지막으로 꼭 추천하는 과정이 있습니다. 바로, 스스로 문제를 출제해보는 작업입니다. 물론 수준 높은 문제를 오류 없이 내는 것이 쉽지 않을 수 있지만, 문제를 만들어보는 과정에서 출제의 프로세스를 익힐 수 있습니다. 이 과정은 최상위권의 마인드를 가지는 데 큰 도움이 됩니다.

예를 들면, 세계사 과목에서 "다음 중 중세 시대 유럽 문화의 특징이 아닌 것은?"이라고 문제를 낸다면 선택지 중 하나는 아마 고대 유럽 혹은 르네상스 유럽 문화의 특징을 가지고 오게 됩니다. 이런 과정에서 더 이상 문제를 '풀어야 할 문제'로만 보지 않고, '출제자가 무엇을 확인하려고 만든 문제인지'를 읽어내려는 눈이 생기기 시작합니다. 그리고 바로 이 지점이, 단순히 공부를 많이 한 학생과 출제자의 의도를 읽을 줄 아는 최상위권 학생을 가르는 중요한 차이가 됩니다. 마음이 맞는 친구와 서로 문제를 내고 바꾸어서 풀어보세요.

여기까지의 모든 준비가 끝났다면 이제는 컨디션 조절을 잘하면서 시험을 맞이할 차례입니다.

시험 직전

다시 읽고 요약하기

드디어 시험 날입니다. 긴장을 낮추고 실수를 줄이는 것이 중요합니다. 이때 디폴트 모드 네트워크를 잘 활용해보세요. 머릿속에 지식을 놓치지 않기 위해 애쓰기보다는 빈 종이에 내 이름을 쓰면서 최대한 불안한 감정을 비우세요.

백지 테스트를 다시 한번, 틀린 문제를 다시 보자

시험을 보기 직전까지 계속 정신없이 문제를 푸는 것은 추천하지 않습니다. 시험 직전에는 다시 한번 읽고 다시 한번 요약하는 것이 오히려 도움이 됩니다. 틀린 문제들을 다시 한번 보는 것도 좋습니다.

뇌에게 "나는 이 지식들을 사용할 거니까 인출하기 쉬운 곳에 저장해둬"라는 메시지를 주는 작업이 필요합니다. 그런 의미에서 시험 전날에는 꼭 시간을 내서 다시 한번 백지 테스트를 하고 표를 그려보는 작업이 효과적입니다. 백지 테스트를 하면서 약점이나 빠진 부분을 발견했다면 그 부분을 확인하기 위해 문제를 풀어보세요.

디폴트 모드 네크워크를 활용하자

마지막으로 시험 전에 빠뜨려서는 안 되는 작업이 있습니다. 바로 디폴트 모드 네트워크를 활성화시켜서 지식들이 효과적으로 구조화되도록 돕고, 심리적으로도 안정을 찾는 것입니다.

마지막까지 책을 뒤적이며 긴장 가득한 상태를 유지하는 것보다 심리적으로 편안하고 뇌를 효과적으로 쓸 수 있는 상태를 유지하는 것이 지식을 효과적으로 인출하여 사용하는 데 유리하다는 것은 뇌과학적으로 증명된 사실입니다. 물론, 충분한 준비를 통해서 마음의 여유를 가지고 있어야 이런 작업이 가능합니다.

특별히 긴장을 많이 하는 아이들에게는 시험 보기 직전 급한 마음으로 책을 넘기지 말고, 심호흡을 하면서 연습장에 천천히 자기 이름을 20번 쓰라고 당부합니다. 이름을 쓰라는 것은 하나의 예시이지만, 이와 같은 단순 반복 작업을 하는 동안 디폴트 모드 네트워크가 활성화되면서 지금까지 쌓인 지식이 정리되고, 감정도 정리됩니다. 실제 시험을 보고 온 친구들이 자기 이름을 천천히 반복해서 쓴 것이 긴장을 낮추는 데 큰 도움이 되었다고 이야기하는 경우가 많습니다.

마지막으로, 휴대폰과의 싸움에서 이기자

지금까지 소개한 6주간의 시험 공부를 수행하는 데 가장 방해가 되는 것은 무엇일까요? 바로 휴대폰입니다. 저는 아이들을 가르치면서 휴대폰과의 싸움에서 이기지 못하는데 시험을 잘 보는 경우를 보지 못

했습니다. 열심히 하는 것처럼 보이는데 효율이 떨어지고 지식이 서로 구조화되지 않는 친구들과 대화를 해보면 휴대폰과의 싸움에서 이기지 못하고 있는 경우가 대부분입니다.

최소 시험 전 3~4주간 동안은 휴대폰을 포함한 미디어의 사용을 평상시와는 다르게 사용해야 합니다. 사실 아예 사용하지 않는 것이 가장 좋겠지만 현실적으로 어렵다면 아래 3가지를 포함하여 부모님과 함께 룰을 정하는 것이 필요합니다.

① 쇼트폼 영상은 보지 않는다.
② 공부를 하는 중간 쉬는 시간, 공부를 한 직후에는 미디어를 보지 않는다.
③ 하루 사용 시간을 평소보다 절반 이하로 줄인다.

학원에 있다 보면 부모님들이 저에게 묻는 질문은 다 비슷비슷합니다. 이렇게 겹쳐지는 질문 중에서 정말 중요한 질문만 쏙쏙 뽑아 모았습니다.

아이들의 불안함을 이겨낼 수 있는 건 부모님의 현명함입니다. 어른이 공부의 좋은 안내자가 되길 바라는 마음으로 중요한 내용을 꾹꾹 눌러 담았습니다.

부록 2

중요한 것만
쏙쏙 뽑은
Q&A

Q 초등학교 고학년이 중학교로 넘어갈 때(겨울방학) 무엇을 준비해주면 좋을까요?

초등학생이 중학생이 되면서 가장 달라지는 점은, 정기적으로 시험을 보게 된다는 것입니다. 태어나서 한 번도 정기고사를 본 적이 없는 아이들은 시험을 대비하는 일에 익숙하지 않습니다.

이제 평가와 시험에 익숙해지도록 돕는 것이 필요합니다. 다만, 제가 이 책에서 계속 강조했듯이 문제집을 푸는 등 시험공부를 미리 하는 것은 큰 의미가 없습니다. 중요한 것은 수업시간에 새로운 것들을 배우면서 구조화되도록 돕는 것입니다.

가장 좋은 방법은 목차를 숙지하고 수업에 임하는 것입니다. 방학 때는 가능하다면 중1 주요 과목 전체 범위의 대단원부터 중단원까지의 목차를 살펴보고 각 단원의 주요 내용이 무엇인지 살펴보는 것이 가장 유효한 활동입니다.

초등학교에서 배웠던 내용들 중 중학교 과정에서 도구로 다루어지는 부분들에 대해서는 복습이 필요합니다. 예를 들면, 수학에서는 분수와 소수를 자연수처럼 쓸 수 있는지, 비와 비례의 개념을 잘 이해하고 있는지 살펴보는 것을 놓치면 안 됩니다.

정리하면, 중학교에서 배울 내용을 미리 공부하는 것보다 더 중요한 것은 중학교에 가서 공부를 잘 할 수 있는 상태를 만드는 것입니다. 지식을 구조화하면서 질문하고 설명하는 습관을 가지도록 하는 가장 확실한 방법은 목차를 이용해 흐름을 파악하고 초등학교 때 배운 것들이 어떻게 활용되는지 다시 한번 복습하는 것입다.

Q 초등학교 때 억지로라도 시험을 경험하게 해주는 게 도움이 될까요?

도움이 된다고 생각합니다. 다만, 아이가 아닌 어른의 태도에 따라 이런 경험은 독이 될 수도, 득이 될 수도 있습니다. 시험을 '네가 얼마나 잘하고 있는지 한번 보자'라는 의도로 활용하는지, '이제부터 시험을 볼 테니 미리 적응하고 준비하는 기회를 갖자'라는 의도로 활용하는지는 아이들의 심리에서 큰 차이를 만들어냅니다. 시험 결과에 따라 부모님의 반응이 달라지거나, 다른 사람과 비교당하는 경험은 대다수 아이들에게 오히려 공부를 안 할 명분을 만들어주는 일이 될 수도 있다는 점을 꼭 기억하셨으면 좋겠습니다.

이런 위험성만 피할 수 있다면, 시험 준비를 계획해보는 과정, 시험에 대비해 시험에 나올 만한 문제를 예상해보는 과정, 시험 시간과 동일하게 시간을 정해서 문제를 푸는 과정, 시험 결과를 통해 내가 몰랐던 부분을 개선하는 과정을 겪어보는 것은 큰 도움이 됩니다.

Q 고교학점제를 위해서 초등학교 때 미리 준비해줘야
할 게 있을까요?

고교학점제가 시행된 이후에 대입과 관련해서 가장 주목해야 하는
부분은 '능동적이고 적극적인 아이'들에게 매우 유리한 구조라는 점입
니다. 고교학점제는 교실에 앉아 있으면 선생님이 들어와 수업을 하는
방식이 아닙니다. 학생이 과목을 선택하고, 그 선택의 과정과 결과가
학생부에 기록되며, 학습에 임하는 학생들의 모습에 대한 선생님들의
평가가 입시에 중요한 영향을 미칩니다.

이런 구조만 놓고 보면 '타고난 성격이 적극적인 아이'가 유리해 보
일 수 있습니다. 하지만 여기서 말하는 '적극성'을 성격이나 태도로 이
해하면 문제가 생깁니다. 발표를 잘하고, 활동을 많이 하고, 앞에 나서
는 아이만 유리한 구조로 오해되기 쉽기 때문입니다. 실제 대입에서 평
가하는 것은 아이의 외향성이 아닙니다. 고교학점제에서 진짜로 요구
하는 역량은 '스스로 선택하고, 그 이유를 설명할 수 있는 힘'입니다.

누군가가 정해준 길을 따라간 것이 아니라, 본인이 고른 선택이라는
점이 분명해야 하고, 그 선택이 이후의 학습과 어떻게 연결되는지가 드
러나야 합니다. 수행평가를 통해 학생을 평가하는 비중도 커질 것으로
예상됩니다. 이런 수행평가를 가능한 한 논술·서술형으로 바꾸겠다는
의도도 확고합니다.

위에서 말씀드린 내용들을 종합해보면 결국 아이들에게 가장 필요한 역량 중 하나가 논리적으로 판단하고, 그 이유를 말과 글로 표현하고 설명하는 역량이라는 생각이 들 수밖에 없습니다. 수학, 국어, 영어, 과학, 사회 과목까지 모두 글로 쓰고 말로 설명하는 것에 대비되어 있어야 합니다. 수학 과목도 정답을 고르는 방식보다는 식을 전개하고 풀이를 설명하는 과정이 강조될 것으로 예상됩니다. 몇 년 앞서 나가는 선행학습 자체는 큰 의미가 없어지고, 글로 쓰고 말로 설명하는 수학 공부가 필요하게 된 이유입니다.

아이들과 함께 진로와 미래를 주제로 이야기해보고 그 이유에 대해 토론하고, 이를 일기나 보고서로 써보는 연습이 중요합니다. 이런 활동은 사교육으로 해결할 수 없고, 부모님과 함께 이야기하면서 가장 잘 준비할 수 있는 부분입니다.

고교학점제를 준비한다는 것은, 아이를 조기 진로형 인간으로 만드는 것이 아닙니다. 대신 자기 생각을 이유와 함께 정리하고, 글로 표현해보는 아이로 키우는 일에 가깝습니다. 그래서 초등 시기에 필요한 고교학점제 준비는 선행학습이 아니라 표현하고 설명하는 연습입니다. 생각을 묻고, 이유를 듣고, 그것을 짧은 글로 남겨보는 연습. 이 단순한 반복이 고교학점제라는 낯선 제도 앞에서 아이를 가장 단단하게 만들어줄 겁니다.

공부에 필요한 기본적인 도구들은 대부분 초등 4학년까지 배우게 됩니다. 저학년 때는 도구를 '익히는 것'이 중요하고, 고학년 때는 그 도구를 '사용하는 법'을 잘 익혀서 그 토대 위에 중고등학교에서 배우는 내용들을 확장할 수 있도록 준비하는 것이 중요합니다.

초등학교 4학년까지 배우는 내용들은 아이들이 대부분 '처음 접하는 개념들'입니다. 수학에서는 사칙연산, 분수와 소수, 비교 등의 개념을 처음 배우고, 국어에서는 맞춤법, 문법을 처음 접합니다. 초등학교 4학년 때까지는 이런 생소하고 체화되지 않은 지식들을 처음 배울 때 잘 받아들일 수 있는 태도를 길러주는 것이 핵심입니다. 정리해서 이야기하면, 초등 저학년 시기에는 '정답을 빨리 맞히는 아이'를 만드는 것보다 궁금해하고 질문할 줄 알며 논리적으로 생각하는 습관을 가지도록 돕는 것이 무엇보다 중요합니다.

초등학교 고학년 때부터는 이미 배운 적이 있는 지식들을 활용하는 연습이 필요합니다. 즉, 고학년 시기에는 새로운 개념을 처음 접하는 경험보다 이미 배운 내용을 어떻게 활용하고 연결할 수 있는지가 훨씬 중요해집니다. 같은 사칙연산이라도 단순 계산에서 끝나는 것이 아니라 문제 안에서 어떤 관계를 설명하는 데 쓰이기 시작합니다. 국어 역시 글자를 정확히 읽는 수준을 넘어 글의 구조와 핵심을 파악하는 단계로 넘어갑니다. 즉, 고학년의 공부는 '아는 것'을 늘리는 공부라기보다 아는 것을 써보는 공부에 가깝습니다.

이 시기에 특별히 길러야 할 역량은 이유를 설명하는 힘입니다. 왜 이 식을 세웠는지, 왜 이 문장이 핵심이라고 생각했는지, 왜 이런 선택을 했는지를 말이나 글로 정리해보는 연습이 필요합니다. 답은 맞았지만 설명을 못 하는 상태와 답은 틀렸지만 생각의 방향이 드러나는 상태는 전혀 다릅니다. 고학년에서는 후자가 훨씬 중요합니다. 중학교 이후의 공부는 점점 '풀이 과정'과 '사고의 흐름'을 요구하기 때문입니다.

결국 초등 저학년과 고학년의 차이는 공부량의 차이가 아니라 공부를 대하는 관점의 차이라고 할 수 있습니다. 저학년이 공부의 기본 동작을 몸에 익히는 시기라면, 고학년은 그 동작을 활용해 생각의 깊이를 넓혀가는 시기입니다. 이 두 단계가 자연스럽게 이어질 때, 중학교와 고등학교에서 요구하는 학습도 무리 없이 받아들일 수 있습니다. 초등 시기의 교육은 이 연결을 만들어주는 데 초점이 맞춰져야 합니다.

평범한 아이들은
어떻게
최상위권이 되었을까

초판 1쇄 4월 10일
초판 2쇄 4월 15일

지은이 이창준
펴낸이 김경애
펴낸곳 스틸당(STEALDANG)
출판등록 제25100-2025-051호(2025년 6월 16일)

홈페이지 stealdang.com
블로그 blog.naver.com/stealdang
인스타그램 @stealdang
전자우편 bigcat@stealdang.com
전화 02)6951-0928

디자인 정윤경
마케팅 김종우
제작 재영P&B

© 이창준, 2026
ISBN 979-11-993374-2-8 03370

스틸당 출판사는 독자 여러분의 투고 원고를 기다리고 있습니다.
원고가 있으신 분은 전자우편으로 기획 의도, 원고, 연락처 등을 보내주세요.